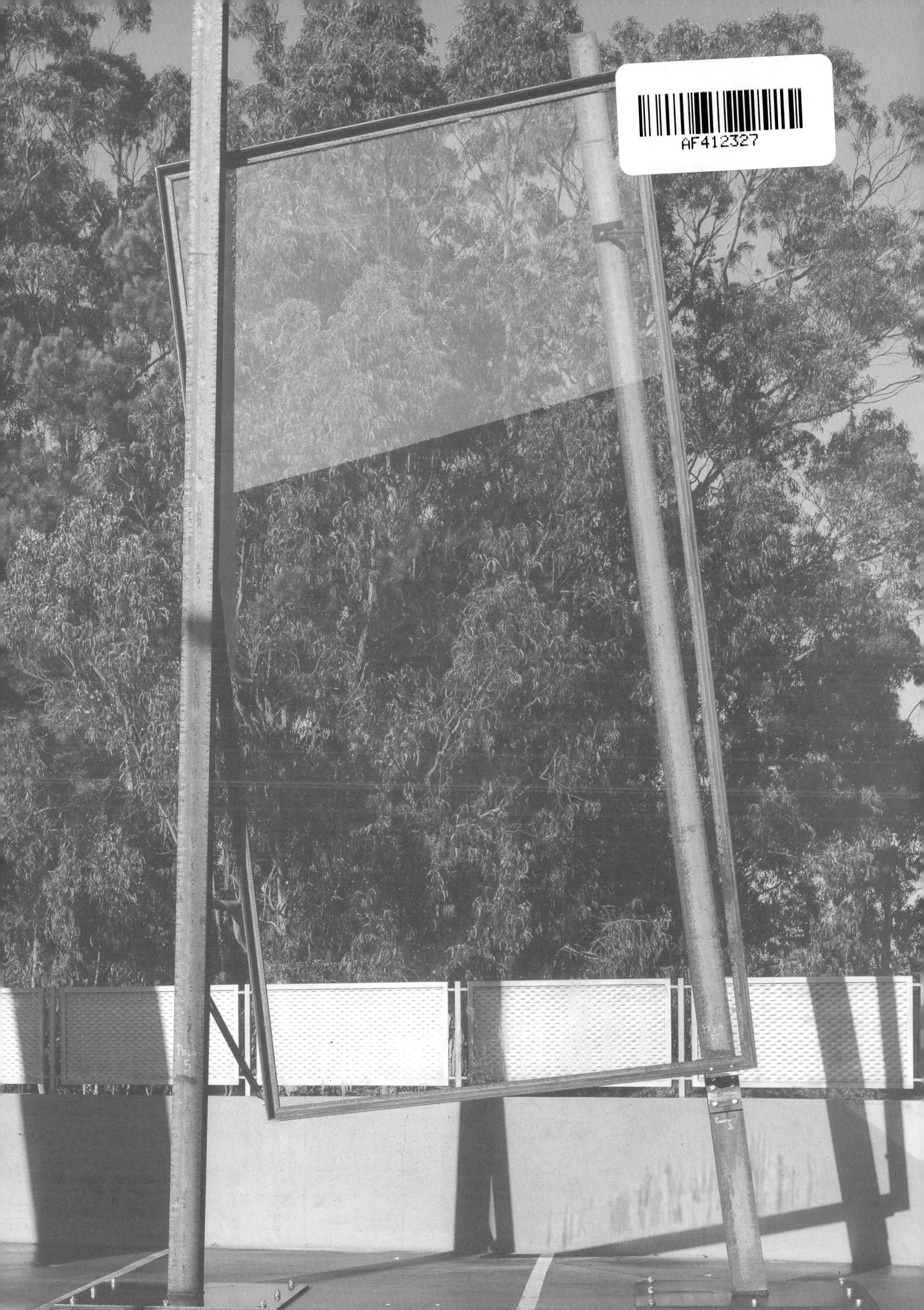

AF412327

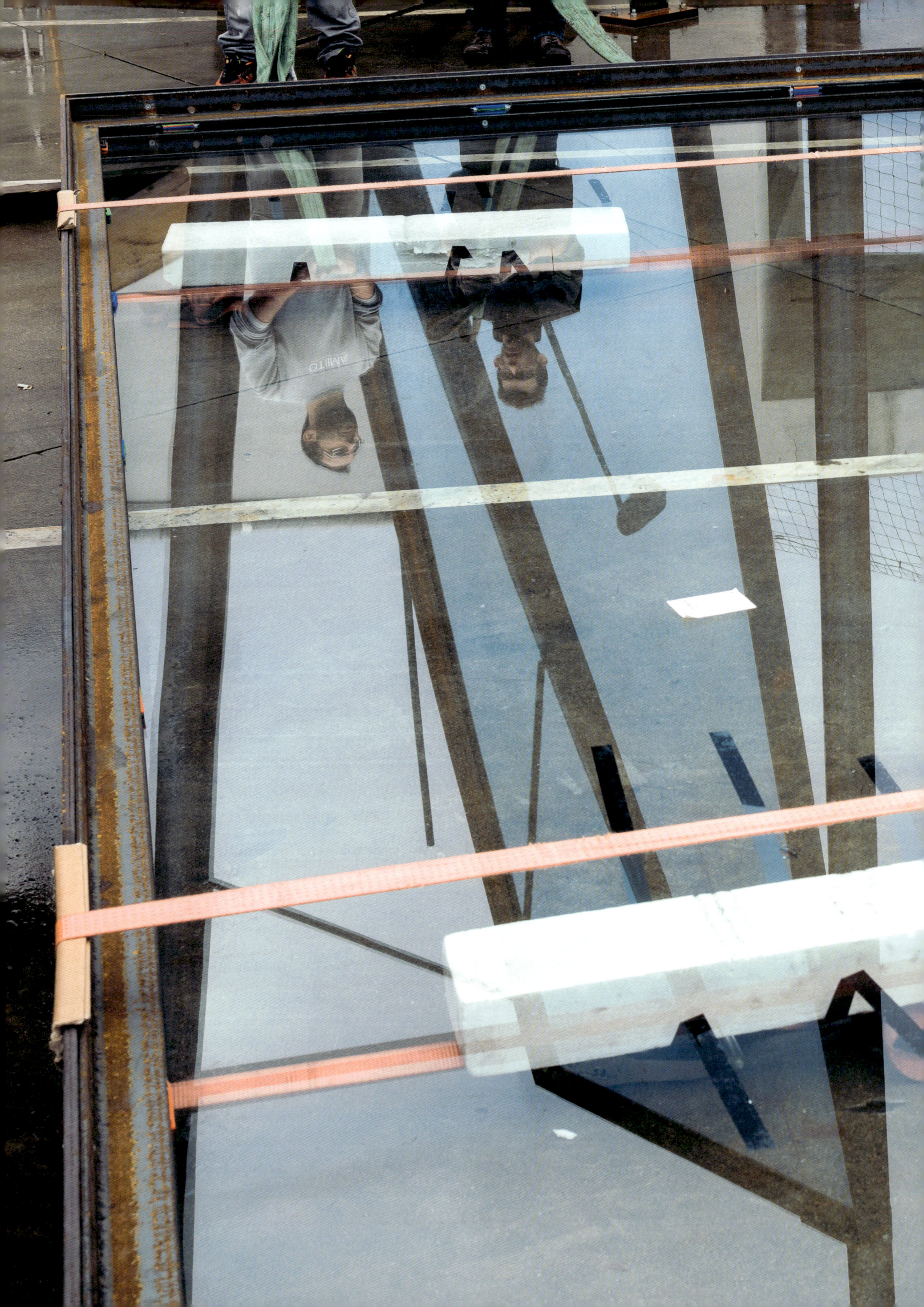

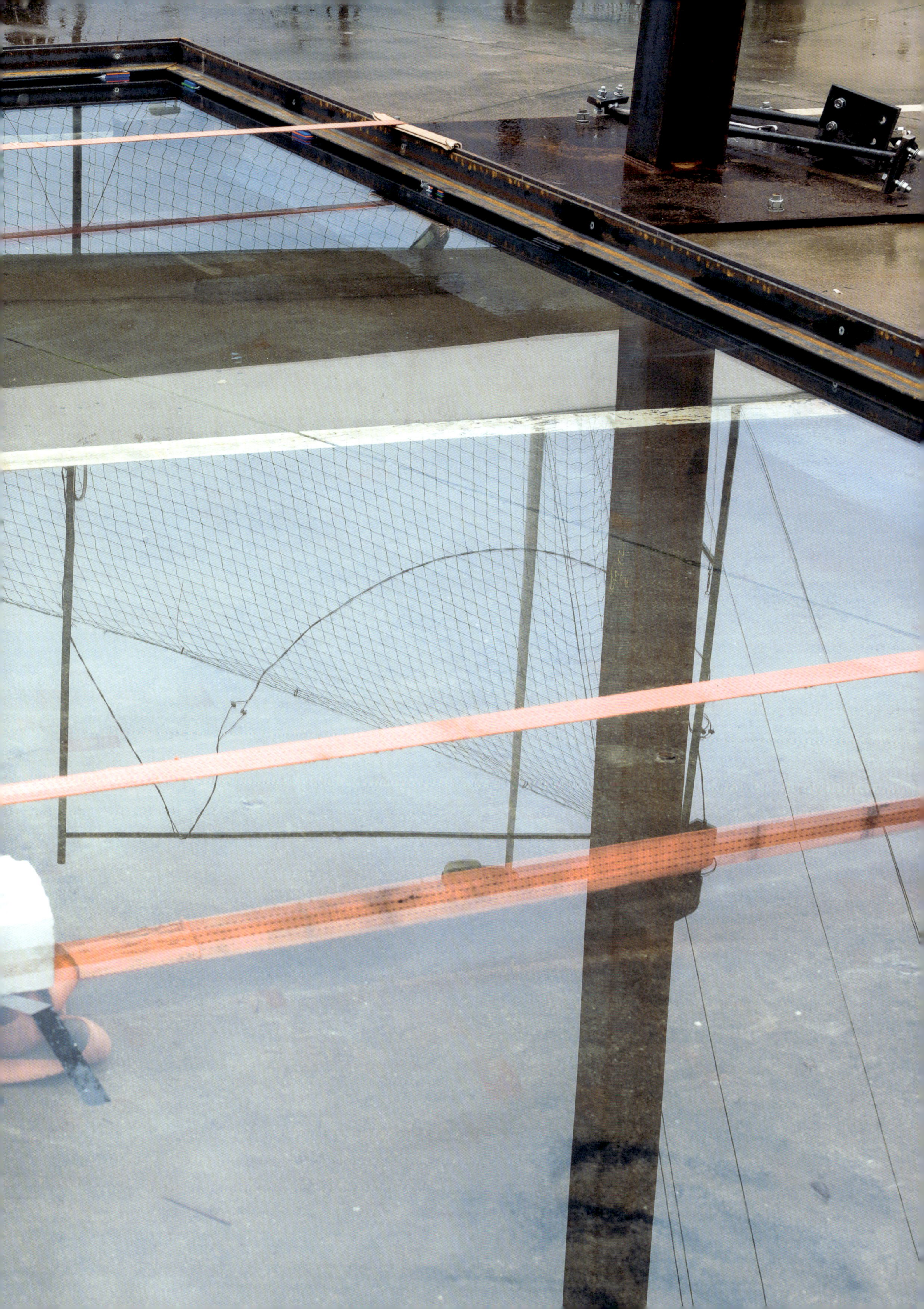

Representação Oficial Portuguesa
Official Portuguese Representation

Biennale Arte 2017
13.05 — 26.11

Curadoria / *Curator*
João Pinharanda

JOSÉ PEDRO CROFT

MEDIDA INCERTA
UNCERTAIN MEASURE

HATJE CANTZ

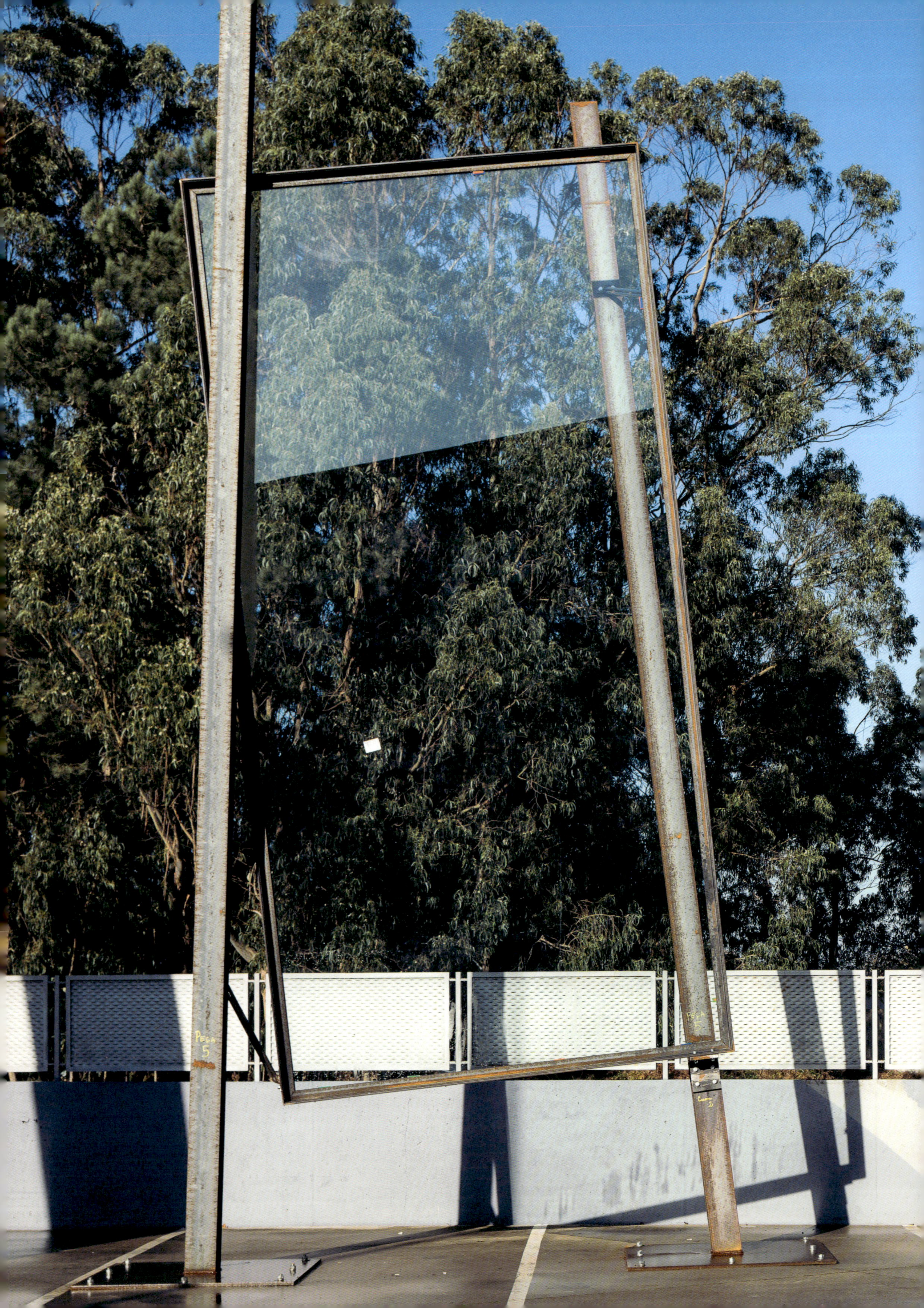

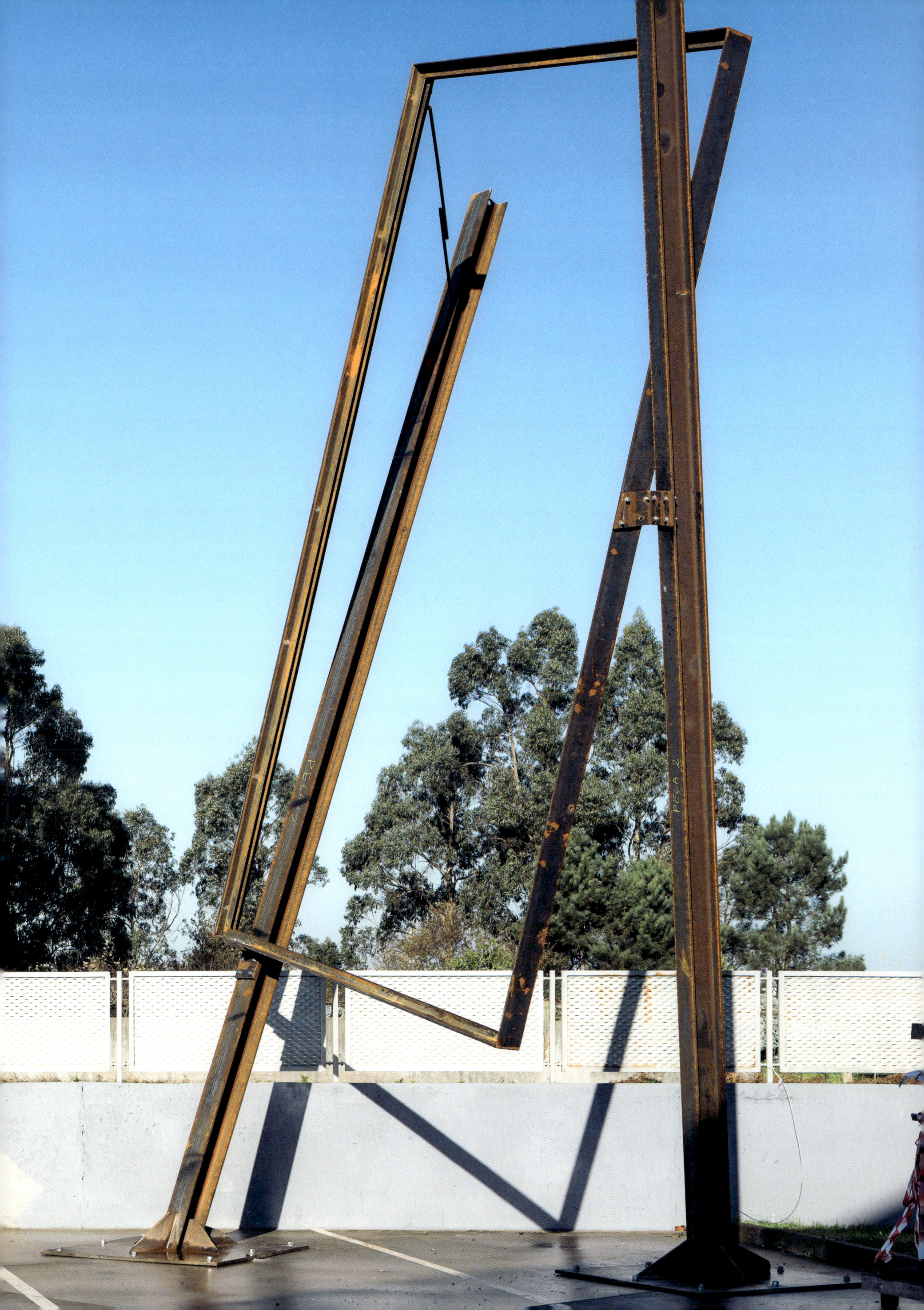

José Pedro Croft is the artist invited by the Portuguese state to represent the country at the 2017 Venice Biennale.

José Pedro Croft is a unique artist on the international scene; a man of an unrivalled elegance and discernment, notable for his intense focus on detail and formal precision in his work. He has consolidated his career over the last thirty-six years and has exhibited his work regularly since the early 1980s. His pieces can be found in the foremost public and private collections, including that of the Portuguese Republic. Having shown his work in countless solo and group exhibitions, José Pedro Croft is one of the artists who wrote the history of contemporary art in Portugal, following the Carnation Revolution, thus helping our country to make its mark on the international scene.

Having trained as a painter, his work has an intimate connection with the line, drawing and engraving, from which the conceptualisation of three-dimensional, large-scale objects arises. José Pedro Croft uses sculpture, the examination of its limits and the exploration of its possibilities, or indeed its impossibilities, as a springboard into the field of action.Thus he goes beyond the threshold of the museum or gallery and extends into public space, where his installations interact and integrate the landscape, as though they had always been a natural part of them. His imposing, yet delicate, sculptures are suspended and simultaneously inserted into its context, and over time end up taking root and a life of their own.

The unstable volumetry of Croft's works coexists in a kind of harmonious tension with nature and with the elements and states particular to the surrounding area: space, time, light, content and matter comprise the work itself. For the Venice Biennale, José Pedro Croft conceived a number of imposing frameworks made of aged iron to be installed within the green spaces of the gardens of the Villa Hériot, suspended in the air and with a view over the waters that lap the island of Giudecca. These windows, which sometimes enhance the viewer's gaze and perspective, and sometimes contain it, open the way for countless different readings: spaces that multiply in a kaleidoscope-like fashion through the use of mirrors, landscapes that are reconfigured and fixed in place with the frames, perceptions that are altered by chromatic schemes, densities and textures, which undergoes an ongoing play of formal construction and deconstruction. Within one of the villa's buildings we can access the artist's studies themselves, the fragmented memory of his artistic process.

In Medida Incerta (Uncertain Measure) *visitors are invited to look at the history of the arts, to travel through the exhibition and experience it; throughout, we are always accompanied by the power of José Pedro Croft's creative act. From sculpture to installation, drawing to photography, from communication to the organisational arrangements and the transportation of the works, nothing has been left to chance. The whole process, including this very catalogue, bears the artist's imprint. As such, we can, to some degree, define the work of José Pedro Croft as a total artwork.*

This creative journey has been impacted by various people who have proven themselves to be absolutely indispensable. José Pedro Croft's greatest ally has, of course, been João Pinharanda, the curator who enabled the artist and us, at the Ministry of Culture and General Directorate for the Arts, to bring forth and present Medida Incerta *at the Venice Art Biennale this year.*

International cultural events serve as unique stages for charting the course of a country and positioning it within an international context. The field of possibilities that arises with the creation of a project that both represents an artist's work and holds up a mirror to the cultural identity of a particular territory is in itself both a tremendous experience and a massive opportunity. For Portugal, these moments of showcasing work, fostering dialogue and enabling our artists to cross paths with key international scenes are a priority when it comes to consolidating external cultural policy. They are also the culmination of many months of intense work in bringing together countless facilitators, sponsors, supporters and collaborators, who we would like to acknowledge here for having helped us in putting together Medida Incerta, *which this year will mark Portugal's presence in the world.*

Luís Filipe de Castro Mendes
Minister of Culture

José Pedro Croft é o artista convidado pelo Estado português para representar o país na Bienal de Veneza em 2017.

José Pedro Croft é um artista singular no panorama nacional. Um autor de uma elegância e discrição inigualáveis que vive intensamente dedicado ao detalhe e à precisão formal do seu trabalho. Com um percurso artístico consolidado ao longo de trinta e seis anos, expõe regularmente desde o início dos anos 80 e as suas obras encontram-se nas mais relevantes coleções públicas e privadas, incluindo a do próprio Estado português. Com inúmeras exposições individuais e coletivas, José Pedro Croft é um dos artistas que, no pós 25 de abril, escreveu a história das artes contemporâneas em Portugal e inscreveu as artes visuais do nosso país no panorama internacional.

Formado em pintura, o seu trabalho está intimamente ligado ao traço, ao desenho e à gravura, e daí parte para a conceptualização de objetos tridimensionais em grandes escalas. Da escultura, do questionamento dos seus limites e da exploração das suas (im)possibilidades, José Pedro Croft expande o campo de ação e ultrapassa as fronteiras do museu ou da galeria, ocupando também o espaço público, onde as suas instalações interagem e integram a paisagem, como se esta sempre lhes tivesse sido natural. As suas monumentais, mas delicadas, esculturas ficam simultaneamente suspensas e inseridas no contexto e, com o tempo, nele acabam por se enraizar e ganhar vida.

A volumetria instável das peças de Croft convive numa harmoniosa tensão com a natureza e com os elementos e estados naturais envolventes: o espaço, o tempo, a luz, conteúdo e matéria constituem a própria obra. Para Veneza, José Pedro Croft projetou monumentais molduras de ferro envelhecido, instaladas nos verdes terrenos dos Jardins da Villa Hériot, suspensas no ar e com vista sobre as águas onde mergulha a ilha da Giudecca. Estas janelas, que ora expandem ora contêm o olhar e a perspetiva, permitem a descoberta de infindáveis leituras: espaços que se desdobram em caleidoscópio através de espelhos, paisagens reenquadradas e fixadas através de molduras, perceções alteradas por planos cromáticos, densidades ou texturas, num permanente jogo de construção e desconstrução formal de uma mesma realidade. Já no interior de um dos edifícios podemos aceder aos estudos do artista, à memória fragmentada do seu processo artístico.

Com *Medida Incerta* somos convidados a percorrer a história das artes, mas também o percurso expositivo e a experiência do visitante; nela somos sempre acompanhados pelo poder do ato criativo de José Pedro Croft. Da escultura à instalação, do desenho à fotografia, da comunicação à implantação ou transporte das peças, nada foi deixado ao acaso. Todo o processo, incluindo este mesmo catálogo, recebeu a marca do artista. Logo, podemos definir, em certa medida, o trabalho de José Pedro Croft como uma obra total.

Em toda esta viagem de criação existem intervenientes absolutamente incontornáveis. O maior cúmplice de José Pedro Croft é, naturalmente, João Pinharanda, o curador que permitiu, ao artista e a nós — Ministério da Cultura e Direção-Geral das Artes, criar e apresentar *Medida Incerta* na Bienal de Arte de Veneza este ano.

Os eventos culturais internacionais são palcos únicos no percurso e no posicionamento de um país. O campo de possibilidades que se apresenta na criação de um projeto que, por um lado represente um autor e por outro, seja o espelho da identidade cultural de um território, são em si mesmos uma experiência e uma oportunidade imensas. Para Portugal, estes momentos de apresentação, de diálogo e de cruzamento dos nossos artistas com contextos internacionais de referência são prioritários na consubstanciação das políticas culturais externas. São ainda o culminar de intensos meses de trabalho que reúnem inúmeros agentes facilitadores, patrocinadores, apoiantes e colaboradores, que gostaríamos aqui de enaltecer pelo facto de, connosco, criarem *Medida Incerta*, que este ano inscreve Portugal no mundo.

Luís Filipe de Castro Mendes
Ministro da Cultura

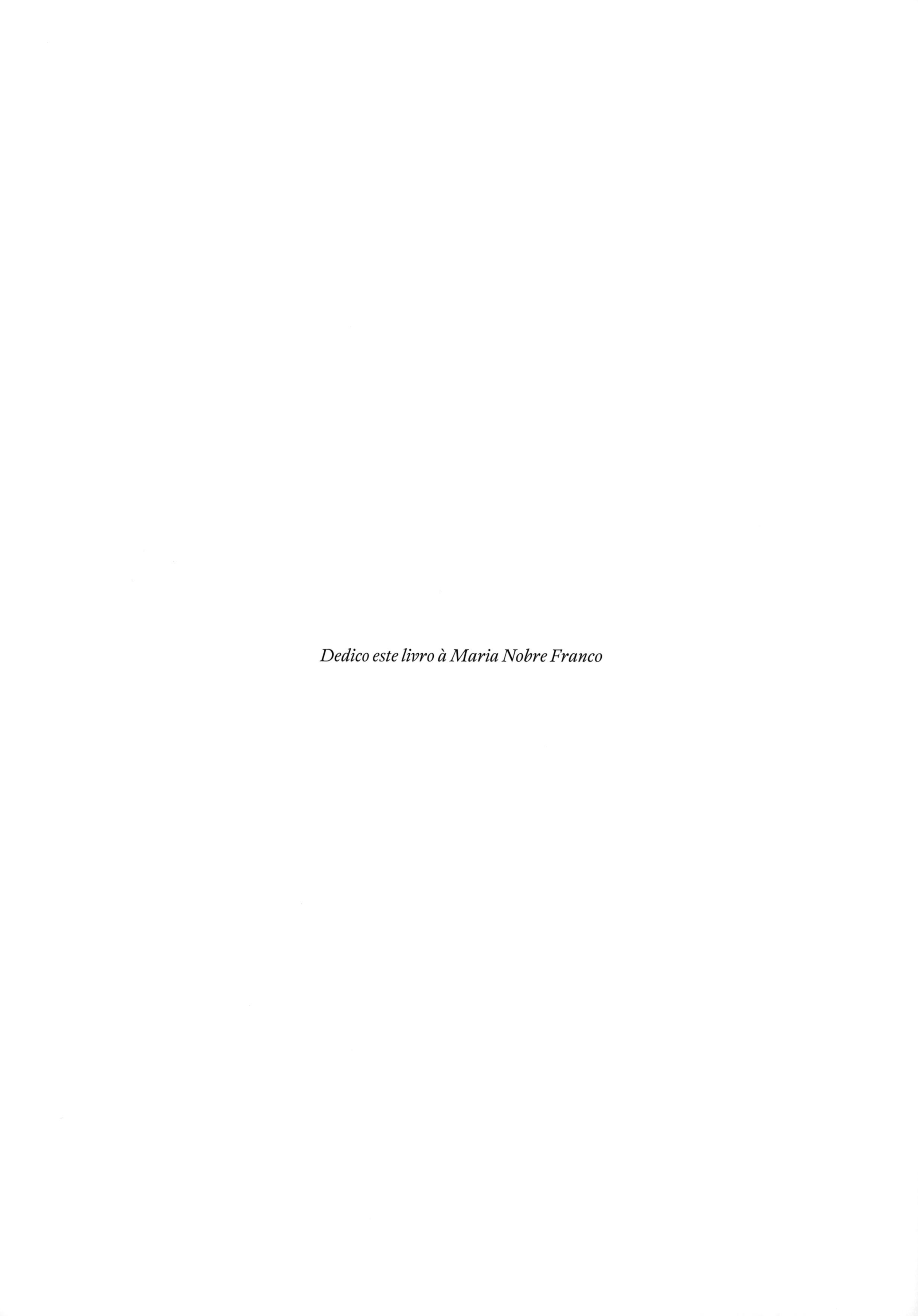

Dedico este livro à Maria Nobre Franco

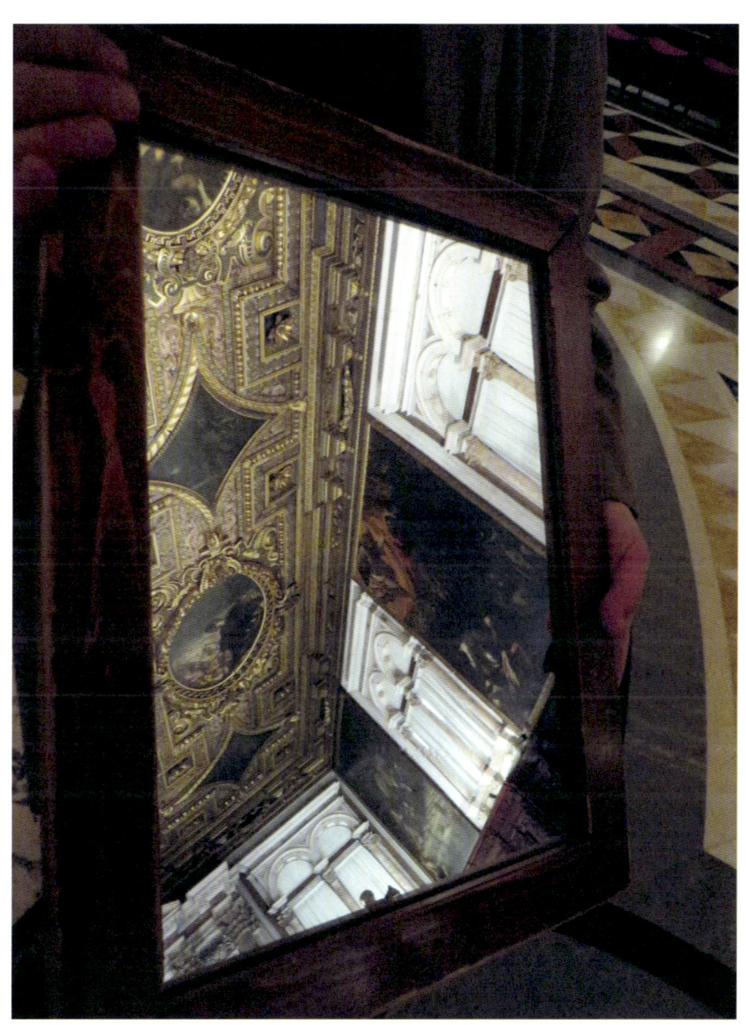

VOCABULÁRIO: AS SEIS ESCULTURAS DE JOSÉ PEDRO CROFT EM VENEZA

João Pinharanda

Regras de uso deste Vocabulário

O leitor pode ler o texto como lhe aprouver: seguindo a ordem alfabética ou saltando entre os verbetes, como faz ao folhear um dicionário, um livro de poemas ou de prosas soltas.

Cada uma das entradas remete-nos para as esculturas de José Pedro Croft implantadas na Giudecca, para obras anteriores ou paralelas do artista ou, finalmente, para factos, realidades, conceitos e ideias abstractas, personagens, elementos ou momentos da cidade de Veneza, do seu ambiente humano e artístico, das experiências de trabalho nela vividas, referências próximas ou longínquas, pesos ou fulgurações.

Características deste Vocabulário

As seis esculturas apresentadas são concebidas de modo a simularem a instabilidade da sua própria estrutura. O facto de apresentarem todas os mesmos elementos construtivos, embora articulados segundo soluções diversas, de serem os espelhos e vidros colocados em planos desencontrados das molduras, provoca desacertos e desvios, vertigens e arritmias, alterações de cor, aproximações e afastamentos de planos e de reflexos.

O aspecto fragmentário dos verbetes deste dicionário, o que de racional e de ilustrativo mas também o que de aleatório e poético podem ter as "entradas" escolhidas, corresponde ao aspecto fragmentário das obras e da realidade em torno das obras, corresponde à própria essência das obras. Porém, estes verbetes procuram a coerência da composição rítmica das esculturas: repetem palavras que, sem se sobreporem, esclarecem ideias e sentidos que um só ângulo de visão empobreceria; abrem, sem os desmanchar, alguns dos laços internos que unem estas múltiplas palavras entre si; e, tal como as peças escultóricas (individualmente e em conjunto), desenvolvem um processo contínuo de aproximação e afastamento, de separação do que está unido e de junção do que está separado.

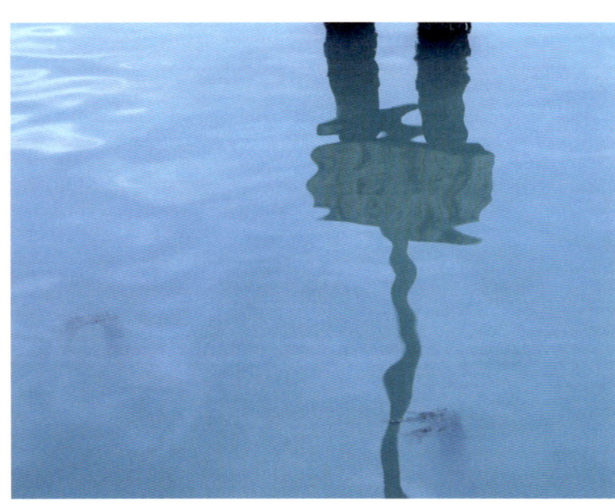

Veneza, 2016

Água

Em Veneza, a água é a superfície onde assenta a realidade. A cidade flutua e tudo com ela e nela flutua. As esculturas de José Pedro Croft vivem da água, tanto como vivem da terra, de onde inesperadamente se erguem, como vivem do ar sobre o qual se desenham ou contra o vento ao qual resistem como rígidas velas ou bandeiras intemporais.

Veneza nasceu, viveu e sobreviveu da água. Águas que ameaçam, há décadas, submergi-la (exemplo de um universal mito urbano), divertindo turistas de galochas. Águas da Laguna ou de Lepanto, águas que traziam as galeras carregadas de mercadorias do Oriente. Águas que receberam Byron quando escorregou a caminho de uma das suas aventuras amorosas.

Os valores da água surgem em Veneza revelados na sua totalidade simbólica: porque, na Laguna, a água é vida e é morte: vinda dos rios e do mar, estagna nos pântanos longínquos e adormece nos pequenos canais, é a estrada líquida da cidade mecanizada dos *vaporetti* e o berço da caça arcaica que o coronel Richard Cantwell espera nas madrugadas geladas como quem espera a aproximação da morte (*Across the River and Into the Trees*, Hemingway). De noite, a água brilha, tão artificial como nos cenários de oleado negro onde baloiçam as gôndolas de Giacomo em busca de secretas aventuras (Fellini, *Casanova*, 1976).

Como viverão as esculturas de José Pedro Croft essas noites serenas? Os seus espelhos, tornados espelhos negros, os seus espelhos repetindo a noite até ao infinito do céu, registando o movimento real das luzes dos navios e das lanternas dos pequenos barcos, vão atrair peixes e estrelas para a cerimónia antiga da pescaria nocturna?

De dia, a representação da imagem aquática depende de muitos factores; ao mesmo tempo, também os determina. Integrando uma sucessão de realidades interdependentes que sobrepõem, repetem ou desdobram significados (luz, nuvens, vento, atmosfera, céu…), a água faz-se e refaz-se, faz e desfaz.

A cada instante, influenciará as imagens, que se farão nas esculturas de José Pedro Croft (ver *Medida Incerta*). Estas vão recebendo e reflectindo a luz, recebendo e despedindo as nuvens, vibrando e resistindo ao vento, pintando e repintando os céus, como os tectos luminosos de cores pastel evanescentes de Tiepolo, de igreja em igreja, vão incorporando a terra verde do jardim, fazendo corpo com a arquitectura dos pálidos ocres verticais da Villa Hériot (ver). E a água que ali mesmo bate no cais, uma água aberta ao céu e ao grande espaço que nos separa da linha do Lido, ao longe, a água circular da Laguna, é o que lá ficará da obra de José Pedro Croft depois de se perderem as esculturas.

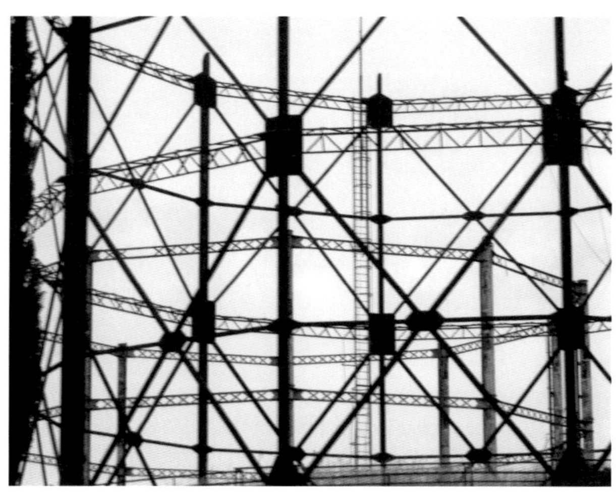

Ar

Seria mais correcto usar a palavra atmosfera e discorrer a partir dela? Para abordar a questão da pintura, essa opção seria ideal. Provavelmente também passará a ser necessário usá-la para falar das esculturas de José Pedro Croft implantadas nos jardins da Villa Hériot (ver). O ar é, de qualquer modo, uma das "matérias" (a essencial) de que se "faz" a atmosfera – sempre associada ao vapor de água em suspensão, no caso, à humidade que sobe da Laguna, que filtra e reflecte a luz de modos nunca similares, ao vento (ver) que tudo movimenta e desloca. Todos são elementos essenciais na compreensão de Veneza.

Porque é a pintura renascentista de Veneza colorista e a de Florença, desenho e forma? Ainda assim, é necessária a contribuição contemporânea para transformar as *vedute* e os *capricci* de Veneza em pura festa de luz e cor pintadas. Pois, o que pinta Turner nas suas estadas de intenso trabalho: a cidade, a luz que a revela ou a atmosfera que a envolve? A cidade, cuja revelação (mitificada em personagem feminina) Turner recebeu de Byron, que chega a citar nos seus títulos, cobre-se de mantos de luz ofuscante, mais do que se revela. Essa mesma cidade chega já desfeita a Monet, a quem importa pouco a historiografia que suporta os estudos arquitectónico-artísticos aprofundados por Ruskin e recebidos por Proust. As visões de Monet são de pura reverberação impressionista: Veneza é exercício e pretexto abstracto; e assim se junta ao sol sobre o Tamisa, sobre as fachadas mutantes de Chartres ou sobre os penhascos da Normandia.

A atmosfera é, por tudo isto, mais do que a composição do ar ou o modo como a refracção dos raios solares acontece: a atmosfera é sinónimo de um sentimento subjectivo e civilizacional. E, por isso, pode ser também nocturna, brumosa, invernal, gelada, húmida, poluída, doentia e mortal,

Veneza, 2016

a atmosfera de Veneza. Assim a sentem alguns turistas higienizados pela pasteurização da vida urbana. Mas também a sentiu assim, pestífera, Thomas Mann e fez disso uma obra-prima, criando, com Visconti (*Morte em Veneza*, 1912 e 1971, respectivamente), uma das mais fortes imagens míticas da cidade: a sua imagem negativa. Gustav von Aschenbach (ou Mann ou Visconti ou algum de nós) perdido; e perdido nos seus dédalos de ruelas em perseguição de um único, fugidio, raio de luz, à sua frente: Tadzio – que julgou capaz de poder usar para trespassar a ameaça do seu mal interior e foi, afinal, uma lança que virou contra si.

As esculturas de José Pedro Croft (ver *Medida Incerta*) justificam-se no entendimento concreto do lugar onde se implantam. Se procuram e revelam todo o seu poder transformador sob o sol, o vento claro e o liso brilho das estrelas ou das noites de luar sobre a Laguna, também aceitam receber nos seus corpos dispersos pelo jardim da Villa Hériot (ver) os ecos da Veneza negra, metaforicamente revelada na chuva, no frio, no vento, na cegueira dos seus espelhos foscos e embaciados, dos seus vidros escorrendo humidade, dos metais gelados, da impossibilidade de recolherem nos seus planos reflectores sequer um raio vivo de luz (ver).

À vol d'oiseau

Hoje, a melhor maneira de chegar a Veneza será de avião. Ao longo dos séculos havia o barco, no século XX acrescentou-se o comboio e o carro. Paul Morand, que abominava as novidades, fala-nos ainda da chegada por barco vindo do Adriático. Mas quem hoje assim lá chega talvez não o mereça já: esquece-se o turista sequer de olhar: tem um ecrã de telemóvel onde regista a entrada na cidade nacarada pela luz da manhã – pode ver depois, melhor, em casa.

As simplificações gráficas da comunicação actual pretendem reduzir a forma infinita e fractal de Veneza à de um peixe: um peixe-logotipo que, evidentemente, sorri um riso sem espessura, porque é essa tranquilidade superficial que se vende hoje ao turista. Mas quando o avião descreve o seu largo gesto descendente sobre as ilhas da cidade não percebemos nenhuma simplificação gráfica no labirinto que nos espera: se estiver sol, o modo como a água brilha pode ofuscar-nos e as sombras mudam rapidamente de direcção, vemos como as torres se inclinam para o céu como esculturas; se tivermos um véu de neblina lançado sobre a paisagem atrasamos apenas o tempo de nos confrontarmos com a mais complexa das cidades invisíveis de Italo Calvino.

A descida é demasiado rápida para mais considerações. Em breve cruzaremos longamente a Laguna num barco em violenta e ruidosa marcha batida sobre a água a caminho de um cais. A água desmultiplica-se em escamas de prata e placas de múltiplos cinzas e verdes, esmaltes quebrados, espelhos baços, gemas preciosas, desperdícios flutuantes de vidros coloridos de Murano, odores intensos chegados e levados pelas rajadas.

As esculturas de José Pedro Croft (ver *Medida Incerta*), nos jardins da Villa Hériot (ver), talvez invisíveis do ângulo de descida deste céu veloz de onde caímos, reúnem todas estas reverberações e sentidos num jogo concreto de planos abstractos constituído por reflexões de espelhos e reflexos de luz sobre vidros coloridos.

Barragem (Baixo Sabor)

Num local e num contexto muito longínquos do lugar de culto e cultivado que é Veneza, mas em simultâneo com a operação da Bienal e no contexto de um programa através do qual a EDP (empresa portuguesa de energia) articula arquitectura e arte nas suas barragens, José Pedro Croft implanta também um conjunto de esculturas (cinco, como os sentidos) em ambiente rural. O interesse desta obra para este Vocabulário é esse conjunto resultar de novo num diálogo de José Pedro Croft com a obra do arquitecto Álvaro Siza (ver). Em comunicação directa com as esculturas de Veneza, as do Baixo Sabor podem reunir-se como etapas de um mesmo discurso que geografia e a paisagem afastaram.

O arquitecto interveio na fase final (desenhando a casa de comando) de uma obra de engenharia hidráulica sem felicidade estética particular. A paisagem é, ela também, baça, sem o heroísmo geológico que estamos habituados a associar a este tipo de equipamentos: as colinas seguem baixas em ambas as margens; na margem de implantação das construções e das esculturas, o conjunto termina numa pendente delicada que se vai afundar nas cansadas curvas do planalto, tal como um cabo antigo se afunda no mar.

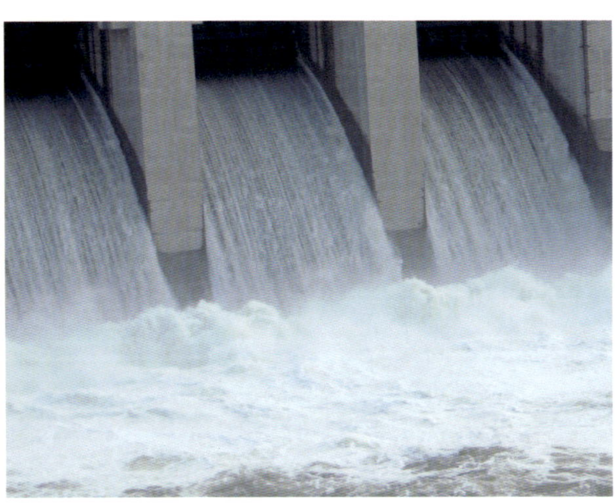

Baixo Sabor, Barragem do Feiticeiro, 2016

O cimento, nas mãos dos homens, reteve o rio e criou um lago sereno. Sem fundas gargantas nem altas margens, o desafio de ambos os artistas tornou-se mais exigente. Siza realçou a frágil expressão da encosta criando um conjunto de linhas de contorno (um muro baixo limita a base da colina, correndo em direcção ao seu fim), volumes encastrados, vazados na base da colina, e outros que coroam a linha superior dessa colina. Croft escolheu ocupar todo o plano que desce desde a casa de comando até ao vértice poisado desse quase triângulo rectângulo. Nascido ao mesmo tempo que o convite para Veneza, ocupando espaços manobrados pelo mesmo arquitecto, tendo que vencer também um desafio de monumentalidade (aqui no campo aberto de uma paisagem híbrida entre industrial e rural), este trabalho reflecte tais realidades.

A disposição das peças destina-as a serem "máquinas" de ver e devolver a paisagem. Com os mesmos materiais e pesos (aço e espelho, totalizando o peso de cada peça cerca de duas toneladas), as peças assentam horizontalmente, espelhos e molduras que transferem as proporções e ritmos encontrados nos edifícios venezianos de Siza no Campo di Marte (ver). Mas aqui desempenham um papel muito diverso: são mais simples nos seus propósitos, como o mundo que as rodeia é mais simples. Meros meios de reflexão, estabelecem relações directas com o acto de percepção e descrição da paisagem (montanha e planalto, espelho de água e a torrente das descargas, o céu diurno e nocturno). Porém, todo o processo se torna mais complexo pela intervenção de algumas realidades complementares: a distância entre cada margem do rio e a necessidade de potenciar a visão do espectador (de a intermediar) através da acção de um meio auxiliar (é um óculo de longo alcance colocado na margem contrária que nos vai aproximar de cada um desses fragmentos ou do seu conjunto) acelera ou precipita artificialmente valores básicos da consciência visual renascentista, mas também pós-renascentista. Diferentemente da obra veneziana (ver *Medida Incerta*), parece aqui predominar um diálogo com a tradição da pintura e da fotografia: o ponto de fuga, a perspectiva, a perspectiva atmosférica, mas também a fragmentação do campo de visão e a separação de planos obtidos pela autonomia da pincelada ou pela sobreposição da imagem, num arco vertiginoso que pode ir de Cézanne a Hockney.

Bienal

Não cabe aqui historiar a Bienal, de salão oitocentista a vitrina fascista-futurista, de lugar de consagração da arte americana no pós-guerra a mostra pós-moderna no *Aperto* de Achille Bonito Oliva. Nem sequer ser minucioso quanto à presença portuguesa nessa mesma história. Pessoalmente, fui um visitante precoce, depois regular por benefício profissional de jornalista especializado e, desde os anos 2000, visitante irregular. Antes do Erasmus, o Interrail era, nos anos 70, o que levava a juventude em férias a todo o lado. Assim, em 1980 desembarquei numa das mais significativas edições, exactamente a que mostrava ao mundo a energia desregulada de que se faria a década.

Ernesto Sousa expunha, no Pavilhão de Alvar Aalto, alugado à Finlândia, uma colectiva, *A Palavra e a Letra*, com escolhas ainda na linha da *Alternativa Zero*, com a qual, em 1977, fizera em simultâneo a apresentação e o balanço do neo-conceptualismo em Portugal.

Houve um longo intervalo interrompido por um ensaio de regresso, em 1995, num comissariado de Monterroso Teixeira, com obras de Rui Chafes, Cabrita Reis e Croft, e o regresso, já estrategicamente organizado pelo Estado, em 1997, em tempo de eufórica autonomia da gestão cultural, através do IAC (Instituto da Arte Contemporânea). As representações tornam-se sustentadas, embora sempre em locais alugados, sem nunca se decidir a aquisição ou construção de um espaço permanente, e aquela autonomia rapidamente se perdeu. Porém, a lista de presenças tornou-se regular e Portugal nunca mais deixou, em soluções de escalas tantas vezes diferentes entre si, de estar representado neste único compromisso internacional de grande peso assumido pelo Estado para celebração e difusão da arte portuguesa.

É nessa lógica, com etapas (ver Processo) perfeitamente transparentes, que se insere a representação à 57.ª Bienal, a de 2017, que aqui tratamos.

Caderno de Significados

Um caderno de significados é pequeno caderno de linhas, em geral de tamanho A5, que reúne, em torno de um eixo central que divide verticalmente cada página, o vocabulário sinónimo de duas línguas diferentes. No fundo, é um esboço de dicionário, preenchido à mão, ao sabor das necessidades escolares ou urgências de viagem do seu proprietário. Fragmentário e empírico, quase caiu em desuso, por causa da facilidade dos dicionários de viagem e, mais ainda, das respostas imediatas dadas pela *net*. Nunca levei a termo o preenchimento dos cadernos de significados que me mandavam comprar na escola. Comprei um em Veneza, recentemente. A presunção de perceber ou "ir percebendo" tudo o que me iam dizendo em italiano e a inutilidade de listar, em Berlim, onde viajei no âmbito desta Bienal para tratar do catálogo, palavras em alemão e a sua tradução, acabou por deixar livre o volumezinho para ordenar as entradas deste texto de apresentação das esculturas de

José Pedro Croft e os primeiros rascunhos das definições que viria a desenvolver directamente no computador.

Camaradagem

O trabalho marca as pessoas como uma tatuagem. Pessoas que fazem o mesmo trabalho têm marcas próximas no corpo, nas palavras, na alma (mesmo se, de todo, se trata de almas não-gémeas). As mãos dos gondoleiros de Veneza, as mãos dos escultores, a tinta indelével nos dedos e unhas dos pintores prenunciam o fluxo coincidente dos termos que usam – vocabulário para pensamentos e inflexões, gestos da mesma família.

Que forma assume e onde se marca então a tatuagem que junta seres tão diversos como aquele que escreve sobre arte e aquele que a faz? Primeiro, reconheça-se, o artista não trabalha para que sobre ele escrevam – ou o escritor para ter recensões nos jornais. Logo essa independência os autonomiza, lhes dá uma liberdade sem limites e os coloca perante perigos incomparáveis. Os que trabalham para a crítica são escravos sem mérito.

Já aquele que escreve sobre os artistas depende do que lhe é dado a ver (a ouvir ou a ler): o seu prazer, a sua liberdade (o perigo que lhe garante esse prazer e essa liberdade), ganha-os juntando o que vê com o que sabe. Estará gravada nos olhos a marca de similitude que junta a comunidade dos que fazem as coisas e os que as vêem, as juntam, as mostram, sobre elas escrevem e delas falam.

José Pedro Croft e João Pinharanda percorreram as mesmas ruas e saltaram para os mesmos *vaporetti*, comeram nos mesmos restaurantes, visitaram juntos museus, palácios e igrejas, pararam nas mesmas pinturas e esculturas ou chamaram-se para ver coisas já conhecidas descobertas em separado, falaram do que viram, comentaram ideias iniciais, soluções achadas e deitadas fora, exaltaram-se com as mesmas injustiças e incoerências.

No final do processo é evidente que se encontra, gravada na retina de ambos, uma marca de água similar: a imagem estereoscópica do projecto – tão intensamente trabalhado que apenas a última maré de Veneza a apagará.

Campo di Marte

O nome remete sempre para uma estrutura urbana de memória militar. Todos os Campos de Marte estão de modo real ou simbólico ligados à actividade desse deus do panteão romano, a guerra. Nas imediações há uma caserna da Guarda Fiscal que leva o nome do Palácio de Verão dos Mocenigo, velha família da aristocracia veneziana.

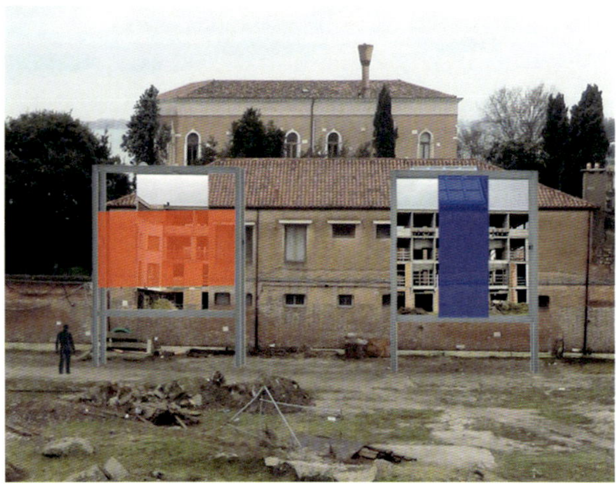

Limitando dois dos lados dessa extensa praça (70 × 30 m), erguem-se os edifícios de habitação social desenhados por Siza nos anos 80, num processo que teve como parceiros Rossi e Moneo. Num dos lados maiores, ainda não construído, está previsto o edifício de Rafael Moneo que fechará a praça. Finalmente, o segundo lado menor faz fronteira com o muro que delimita o lado norte dos jardins da Villa Hériot (ver).

Os edifícios de Siza tiveram uma longa história de vida. Foram objecto de um dos capítulos da exposição dedicada ao arquitecto, como representante de Portugal durante a Bienal de Arquitectura de Veneza, em 2016. O tosco do edifício não terminado albergou essa mesma exposição, tornando-se Pavilhão português na Bienal de 2016. A sinergia desta presença portuguesa teve um resultado inesperado e altamente positivo: permitiu reunir os esforços desencontrados de todos os inúmeros organismos que gerem a vida de Veneza e desencadear a finalização da própria obra de Siza.

Referimos aqui esta praça porque foi a localização inicial anunciada para as peças de José Pedro Croft do Pavilhão português, agora em versão de espaço público (ver Processo). O escultor fez para esse espaço os primeiros estudos e foi nela que colheu parte dos elementos para o seu trabalho: a austeridade de meios, a métrica, as proporções e o ritmo das fenestrações de Siza. Porém, o cronograma da obra de construção civil (coincidindo com as datas da Bienal de 2017) impediu a libertação do vasto espaço da praça para a implantação das obras de José Pedro Croft, que acabaram por ser colocadas nos jardins da Villa Hériot.

Casinos

Veneza produz permanentemente duplos de si mesma. Duplica-se, antes de mais, nas águas de que se rodeia – a partir daí, é de multiplicação (em progressão geométrica) que teremos que falar. Multiplica-se, certamente, nos céus, por nuvens de madrugar e entardecer que lhe captam e reflectem as suas cores orientais e do sul, as neblinas do norte e da Laguna; multiplica-se nos espelhos envelhecidos e nos brilhantes, naqueles onde Brodsky descobriu o lastro de todas as personagens que por eles tinham passado (dos seus prazeres e culpas) e naqueles que se vendem nas lojas de vidros para turistas; multiplica-se nos livros, nos filmes e nas pinturas, que são os lugares mais verdadeiros da multiplicação fragmentária desta cidade fractal.

Mas esta Veneza, metaforizada nos jogos de reflexos e espelhamentos, é uma irrealidade poética muito exigente que necessita materialização mais directa: os públicos consumidores podem viver de simples cópias e os empresários podem oferecer-lhes isso sem esforço.

Em Veneza, o jogo sempre foi essencial à vida urbana, a par da liberdade de costumes, da festa, da intriga política. Nos EUA e na China, em dois casinos (que entre si se duplicam, também), essa realidade foi levada ao paroxismo do *kitsch* contemporâneo. O *Venetian Las Vegas* (1999) e o *Venetian Macao* (2007) oferecem passeios de gôndolas e canções, fachadas de palácios e denominações, praças, torres e pontes aos que no *pastiche* encontram um *aide-mémoire* à altura da profundidade das suas recordações ou desvendam a cidade aos que nunca lá foram e que, provavelmente, se desiludirão, um dia, das imperfeições do original.

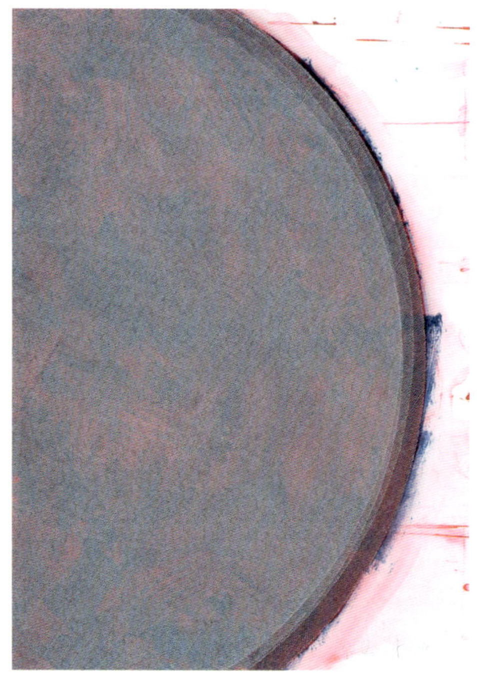

José Pedro Croft, Sem título, 2016

Desenho

José Pedro Croft desenvolve o seu triângulo de trabalho entre os vértices da gravura (ver), do desenho e da escultura (ver). Move-se no interior desse triângulo de vida e no abismo dos seus lados segundo a disciplina de uma geometria variável. Embora não predomine em qualquer hierarquia pessoal do artista, para quem olha de fora a sua obra, o desenho surge estruturante das restantes áreas de trabalho. Nesse particular não faz mais do que confirmar a sabedoria de todos os artistas que o têm pensado, escrito ou praticado desde o Renascimento.

A revelação da sua prática não foi, porém, imediatamente perceptível na obra de José Pedro Croft, e só se manifestou em crescendo de importância ao longo dos anos de 1990 (a par da gravura). Uma das características mais interessantes dessa prática prende-se com o diálogo permanente que se estabelece entre as três práticas — sem que se possa falar de ilustração de uma nas outras, também é impossível falar de autonomia ou desligamento. Devemos falar de complemento: para um artista que não faz desenhos preparatórios (esquiços) das esculturas (para as que exigem produção exterior apenas usa desenhos técnicos) o desenho, como disciplina, serve como laboratório de desenvolvimento das suas ideias; é um modo de José Pedro Croft pensar (antes e depois) as sucessivas fases da sua escultura: explorando e sujando as cores-base do seu trabalho (o azul, o amarelo e o vermelho do modernismo mondrianesco), explorando, na bidimensionalidade, a dobragem e desdobramento (especular) dos planos e explorando o uso da linha como suporte desses mesmos planos.

O desenho é ainda um meio de fazer avançar a gravura (pelas formas que lhe fornece) ao mesmo tempo que recebe dela meios que lhe permitem avançar em direcções cada vez mais complexas — nomeadamente através das densas redes, riscadas a régua em todas as direcções sobre as transparências cromáticas. Aliás, embora partilhando a mesma fonte de energia e direcção, o diálogo desenho/escultura tornou-se actualmente menos evidente que o diálogo desenho/gravura.

Escultura

José Pedro Croft desenvolve um triângulo de trabalho entre os vértices da escultura, da gravura (ver) e do desenho (ver). Move-se no interior desse triângulo de vida e no abismo dos seus lados seguindo a disciplina de uma geometria variável. Sabemos que não usa o desenho como preparação das suas esculturas; o desenho é, pois, uma disciplina autónoma que lhe serve para pensar a escultura

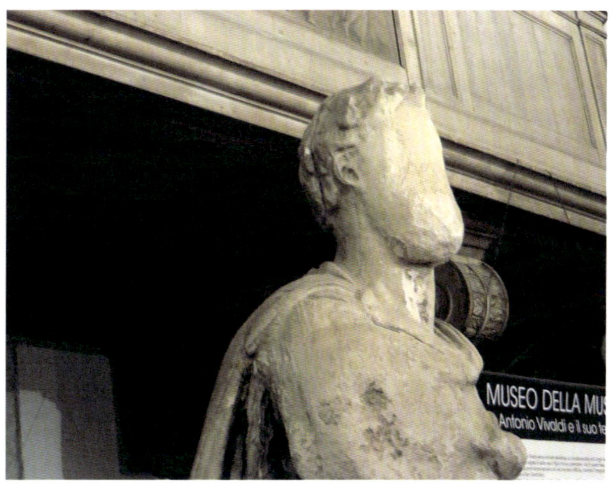

— ao mesmo tempo que se pensa a partir dela. Na sua prática escultórica José Pedro Croft usou, por um escasso período de tempo, no final da década de 1990, a modelação para reproduzir moldes de objectos de manufactura humana e valor icónico ou modelos idealizados do real (recipientes de água, volumes geométricos, maquetas de casas, que por vezes associava a elementos reais, como bancos, mesas e cadeiras). Antes disso, nos anos iniciais de 1980 empilhava e encaixava, em pesadas, complexas e frágeis estruturas verticais, horizontais ou porticadas, desperdício de mármores. No novo século, passou a usar objectos "encontrados", objectos básicos de um quotidiano desperdiçado ou em perda (velhas portas, bancos, caixilhos, mesas, cadeiras...), associando-os, alterando-lhes a estrutura, incorporando planos de espelho, vidro, gesso ou mármore, estruturando o conjunto com perfis metálicos industriais.

Foi nestas peças, com espelho e vidro, inicialmente de pequena escala (o lado doméstico dos elementos conduzia-o a isso), que José Pedro Croft iniciou as suas experiências de desmultiplicação e fragmentação de imagem, de ilusão e desmaterialização do espaço. Ao mesmo tempo, o artista desencadeou, no desenho e na gravura, séries que analisam exaustivamente (e com auxílio da cor e das texturas) todas as possibilidades de desconstrução de formas arquetípicas paralelepipédicas, dando ao plano o protagonismo decisivo da imagem.

Na escultura, esses mesmos planos também podem funcionar por si: sustentados pelas linhas das estruturas metálicas (linhas que realmente desenham as arestas de volumes cúbicos e paralelepipédicos, empilhados ou cruzados entre si), são verdadeiros desenhos tridimensionais onde a cor é introduzida pelos vidros e o espaço é trazido e absorvido, desmultiplicado e iludido por inesperados jogos de espelhos. As obras do conjunto *Medida Incerta* (ver), apresentado em Veneza, integram o ponto culminante desta fase: tornam essencial a procura dos pontos

Museo della Musica, Veneza, 2016

de fuga da imagem, a variabilidade do real percepcionado no interior/exterior da peça, a desmaterialização e complexa compreensão da sua materialidade.

Espelho

Algumas das profissões mais celebradas e sacrificadas de Veneza estavam associadas à fabricação de vidros e espelhos. Obrigados a manter o segredo de uma complexa fabricação que dava glória e riqueza à República, os seus praticantes viviam quase um sequestro em Murano, impedidos de viajar e de contactar estrangeiros.

Ao usar espelho nas suas esculturas de Veneza (ver *Medida Incerta*), José Pedro Croft não está a trazer "cor local" ao seu trabalho; está a confirmar uma linha de trabalho com muitos anos de prática.

A palavra espelho mantém-se felizmente, em português (como em italiano ou espanhol), muito próxima da raiz latina que tudo explica. Guardando em si a raiz do substantivo *speculum*, origem também do verbo especular, o espelho aproxima-nos do acto de conhecer. Conhecer o que nele se vê (falamos apenas do espelho plano, sem distorções propositadas): e podemos ser nós ou as estrelas, uma longínqua paisagem ou arquitectura, a alma humana ou a erva que cresce a nossos pés. Essa verdade, dada através da imagem visual, é, porém, uma imagem que temos que aprender a ver: porque ilude, na sua bidimensionalidade plana, a profundidade do que reproduz; e, mais do que isso, porque é uma "verdade", desde logo, que inverte, na imagem, a esquerda e a direita do que reflecte.

Mas era com espelhos (de metais polidos) que os antigos registavam o movimento dos corpos celestes; do mesmo modo olhamos nós, agora, em modo turístico, os tectos de Tintoretto na Scuola Grande de San Rocco.

É para conhecer o que os espelhos escondem, ou podem talvez esconder, que há quem ficcione entrar neles. É por não se reconhecerem nele ou não gostarem do que reconhecem que a vaidade ou o horror ou o luto de alguns os parte, os cobre de panos, os esconde – opções invertidas da de Oscar Wilde, que leva Dorian Gray a apunhalar uma tela onde a sua imagem não envelhece, até ela se tornar espelho do real monstruoso que realmente era.

O espelho, multiplicador de imagens, tem usos científicos, práticos, lúdicos, decorativos, artísticos: pode ser arte de feira ou exaltar a cenografia arquitectónica (as galerias de espelhos dos palácios), teatral e cinematográfica (Orson Welles / James Bond), ser desafiado (de Van Eyck a Ticiano, de Velázquez a Bonnard ou Picasso) a fazer-se pintura ou desenho, até se tornar matéria (de Amadeo a Pistoletto, de Dan Graham a Tony Craag).

Figuras de referência (algumas outras)

Comecemos pelo fim: quatro enormes desenhos de Sol Lewitt, apresentados no Museu da Punta della Dogana (ver Lugares), na exposição "Accrochage" (Abril/Novembro 2016), pertencendo à sua longa série de *Wall Drawings*. Uma cruz, um triângulo, um círculo, um quadrado – modo de recordar as obras fundacionais de Malevitch, de celebrar uma das fontes históricas do Modernismo criando ao mesmo tempo uma realidade aumentada que funciona como lente crítica e acaba por obliterar os seus princípios. Foi lá, no interior de um edifício, depurado por Tadao Ando, que José Pedro Croft viu estes desenhos de parede, integrando no seu primeiro projecto para as esculturas de Veneza (ver Campo di Marte e Processo) alguma da informação que continham. A relação, sempre presente na sua obra, entre desenho (ver) e escultura (ver), tal como a vocação de diálogo que estabelece em permanência com a arquitectura (de interior ou de exterior), encontraram ali um campo de expansão imediato. Do mesmo modo, o facto de estar perante o conjunto de figuras geométricas e arquetípicas que todo o seu trabalho bidimensional (incluindo também as obras de gravura – ver) e tridimensional usa como referência facilitou o trânsito das formas, que ganharam realidade no projecto de espelhos e vidros coloridos circulares, quadrados ou rectangulares sobrepondo-se em cruz.

O resto do dispositivo físico do primeiro projecto foi encontrado no diálogo com a realidade exterior, com a arquitectura da cidade e com a arquitectura representada nas poderosas dinastias de pintores e escultores (de Quatrocentos a Oitocentos) dos seus museus e igrejas – nos pórticos e colunatas reais e idealizados, nas janelas serlianas ou nas simples janelas abertas sobre as paisagens de uma natureza naturada, sempre mais filosófica que naturalista. Por exemplo, na fixação do tempo em torno das

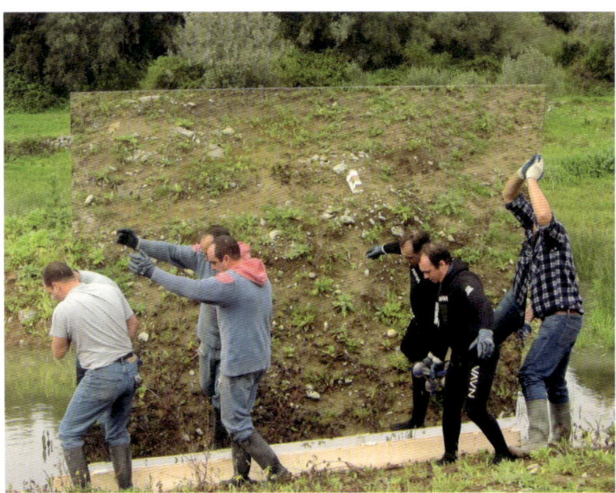

Quinta do Pizão, Portugal, 2012

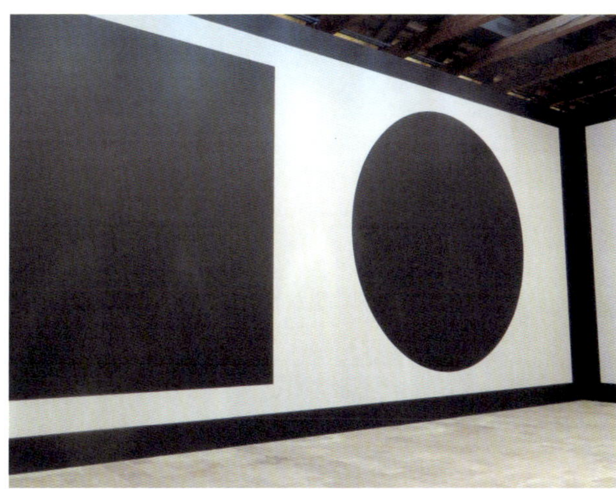

Madonas de Giovanni Bellini ou na inquietação de tempo, espaço e acção, natureza e humanidade na *Tempestade* de Giorgione ou, então, na tão simples e tão extraordinariamente complexa arquitectura que enquadra a pintura do altar-mor, *São Vidal a Cavalo com Oito Santos*, de Carpaccio, que todos os dias podemos ver mesmo da rua, indo da Ponte da Accademia para o campo de Santo Steffano; ou, finalmente, na aparentemente tão natural utilização de espelhos para aproximar e fixar a narrativa bíblica dos tectos de Tintoretto na Scuola Grande di San Rocco (ver Espelho).

Usando como ideia a complexidade contra-natura das fachadas (que muitas vezes parecem inverter as leis da física e colocar todo o peso dos muros sobre delicadas colunatas), depurando o rendilhado gótico dos palácios do Canal Grande e expandindo os valores cromáticos da arquitectura bizantina e dos seus panos de mosaico, José Pedro Croft criou a sua fachada descontínua de aço, vidro e espelho, capaz de dialogar com o passado que evoca e com o presente que enfrentava (a arquitectura de Siza), as imagens exteriores são incorporadas (em movimento), exigindo ao espectador deslocação e envolvência, como os percursos que permitem à figura do *flâneur* conquistar uma cidade.

Também os jogos de clareza e inteligência da arquitectura de Palladio tocam a deriva maneirista (nunca barroca) de José Pedro Croft, de onde todos os elementos decorativos sobrepostos às formas essenciais são eliminados. Distorções e ilusão de espaços, perspectivas impossíveis a partir de linhas de força e pontos de fuga inesperadamente encontrados ou acumulados de modo contraditório, planos roubados longe, torções da ortogonalidade, jogos de desequilíbrios que apenas acentuam o equilíbrio das oblíquas, a dominante das verticais e as tensões de suspensão (entre o peso e a leveza, o peso e a delicadeza, o peso e a gravidade) são elementos essenciais de um discurso que incorpora ainda toda a melancolia que se escreveu e filmou em Veneza:

entre pestes e festas, entre prisões e fugas, entre conventos e libertinagem, entre turistas cegos e a sobrevivência material de tudo o que (sabêmo-lo pelos testemunhos de todos os fantasmas vivos de todos os criadores antes de José Pedro Croft) foi vivido em Veneza.

Fonte

Há um espaço entre a empena do edifício do lado norte do Campo di Marte (ver) e a passagem para a entrada nessa praça que Siza (ver) sempre destinou à implantação de uma fonte. A história da entrega, por Siza, da autoria da fonte a José Pedro Croft pode ser contada com a seriedade que emprestamos à narração de uma cerimónia de passagem de testemunho. Mas a verdade é que nenhum gesto, nenhuma inflexão de voz, nenhum ritualismo esteve presente nessa passagem. Tudo foi tão rápido que a reconstituição das palavras se torna incerta. Siza, no pequeno *lobby* do hotel, rodeado de gente, debruçado do tamborete baixo sobre os desenhos de projecto que se espalhavam e cresciam sobre a mesa insuficiente e feia, aponta o local para onde previra (e desenhara já) uma fonte, e diz: "Você é que é o escultor, faça você". A fracção de tempo, de enorme densidade, em que um poderoso feixe de factos passados e futuros se encontrou, explodiu e se reconstitui de novo numa linha de tempo quase pareceu ter a leveza uma bola de sabão. Siza, que sempre confessa a nostalgia da sua vocação desviada de escultor, abre mão de uma oportunidade maior de trabalho escultórico (e em que local do mundo o faz) com a mesma simplicidade e determinação com que na rua pede um cigarro, cobre a cabeça com o carapuço ou esboça, na borda da toalha do restaurante, os volumes utópicos de um pavilhão permanente para Portugal.

Um paralelípipedo de pedra calcária (que será portuguesa, como o conjunto da pedra da praça do Campo di Marte a desenhar por Siza) eleva o terreno enquadrado na

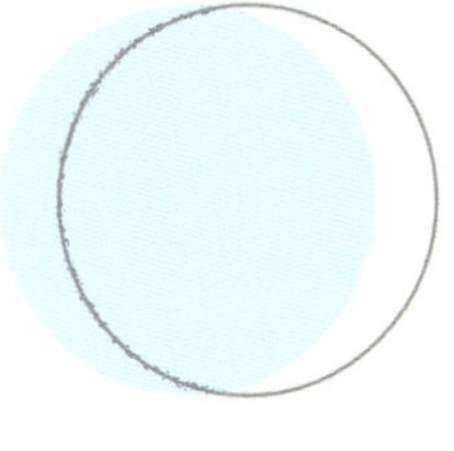

Sol LeWitt, Palazzo Grassi, Punta della Dogana, Veneza, 2016

José Pedro Croft, Fonte, 2016
João Moura

fachada lateral do edifício em finalização. A fonte que José Pedro Croft desenhou é um campo de intensas contradições simbólicas que vale a pena explorar. A imagem da fonte é associada à imagem da vida, da fecundidade, da permanência da vida, mesmo da imortalidade. No embasamento regular que referimos, um círculo que funciona como bacia de água é, desde logo, descentrado; a guarda de bronze (uma grelha de simplicidade quase industrial) desloca-se de novo, ficando assim desacertada a sua circunferência em relação ao círculo da bacia – e isso cria um segundo tempo de estranheza. Sendo esta uma fonte sem bica, a água surge do seu próprio interior. Ou seja, como um poço, lugar de confluência do mundo superior e inferior, espelho do céu e entrada no inferno. Aproximando-nos, percebemos que (por mecanismo de recolha e distribuição) a água não se apresenta tranquila mas num moto-contínuo de movimentos espiralados. A ideia positiva de crescimento infinito das volutas fibonaccianas é, porém, travada pelas paredes laterais de pedra, e de espiral da fecundidade passamos à inquietação constrangedora do labirinto ou do vórtice maelstromiano.

Esta complexíssima obra vai ficar como marca permanente de um artista contemporâneo em Veneza. Poucos terão tempo para fazer algo assim nesta cidade. A seu lado, vela a empena nua, a cal branca marcada pelo tempo, da arquitectura chã de Siza.

Fotografia (de Daniel Malhão)

Daniel Malhão, que é o fotógrafo desta embaixada artística de Portugal em Veneza, tem uma vida própria de autor, aqui não visível. A sua vida de autor está, porém, representada de modo invisível nos três tipos de fotos que fez para este catálogo e que ajudam a sustentá-lo visual e conceptualmente. Nas reproduções dos desenhos de José Pedro Croft é o rigor técnico das focagens e iluminação que transparece, nas fotos das pequenas e médias esculturas de interior é a criatividade dos ângulos de tomada de vista, a desvendar jogos de sombras, de linhas, de reflexos que dão sentido ao que parece ser um simples trabalho de reprodução. Finalmente, nas reportagens que realiza nos lugares de fabricação das esculturas de José Pedro Croft, Malhão revela outras características do seu trabalho de autor. Estas fotos revelam-nos os momentos de tensão da montagem e transporte das enormes peças, o jogo de escalas entre as esculturas e as estruturas fabris, entre as esculturas e os homens que as constroem e deslocam e instalam nos lugares de exposição, que se deslocam no meio, dentro e debaixo delas. São fotos que relevam jogos formais e cromáticos entre as peças (estacas, molduras, vidros), tudo

colocando em diálogo – e em tudo Daniel Malhão garante rigor (na prolixidade de elementos convocados), equilíbrio (no dinamismo imprimido), coerência compositiva (nos vazios abertos nas imagens).

Ao rodear as peças finalizadas (ver *Medida Incerta*) nos jardins da Villa Hériot (ver), o fotógrafo vai levar quem apenas tenha acesso às obras através das suas fotos a preencher o interior esvaziado das peças, a reconstituir a superfície movente de captura de imagens pelos espelhos, a penetrar na realidade através da cor transformadora dos vidros. A sua fotografia joga-se contra a imagem em movimento ao mesmo tempo que revela o movimento, joga-se contra o efémero ao mesmo tempo que dele se alimenta.

Gôndola

Os humildes gondoleiros que asseguram os *traghetti*, transportando de um lado ao outro do Canal Grande gente que trabalha e tem urgência em vencer os grandes desvios impostos pelas pontes de Rialto e da Accademia, parecem-nos eticamente mais dignos que os que servem os turistas; têm os calos nos mesmos dedos mas na cabeça transportam coroas diversas. Os que, sob as pontes e na estreiteza dos canais, cantam os seus *medley* de canções napolitanas e outros *hits* italianos universalmente reconhecíveis a visitantes ocasionais e distraídos pelas *selfies* que estão a tirar, são vendedores e vencedores, salvam Veneza pelo seu comércio cobrado à hora. Os outros têm destinos perdedores de funcionários comunais mas mantêm-se dignos herdeiros de uma Veneza trabalhadora. Ambas as categorias herdam o mesmo instrumento: o desenho negro da gôndola, hieróglifo negro baloiçando agora ao ritmo das pequenas vagas ou da esteira perturbadora dos *vaporetti* que se cruzam.

Gravura

José Pedro Croft desenvolve um triângulo de trabalho entre os vértices do desenho (ver), da gravura e da escultura (ver). Move-se no interior desse triângulo de vida e no abismo dos seus lados segundo a disciplina de uma geometria variável. A gravura atinge, no conjunto, uma importância tão decisiva como as restantes disciplinas. Relativamente ao modo como serve de campo de reflexão pré- e pós-escultórico, o seu papel é similar ao do desenho. Embora seja uma actividade sempre "mais lenta" e também menos contínua (feita em grandes campanhas concentradas no tempo) que a prática quotidiana do desenho, a gravura prossegue essa prática noutros suportes e instrumentos,

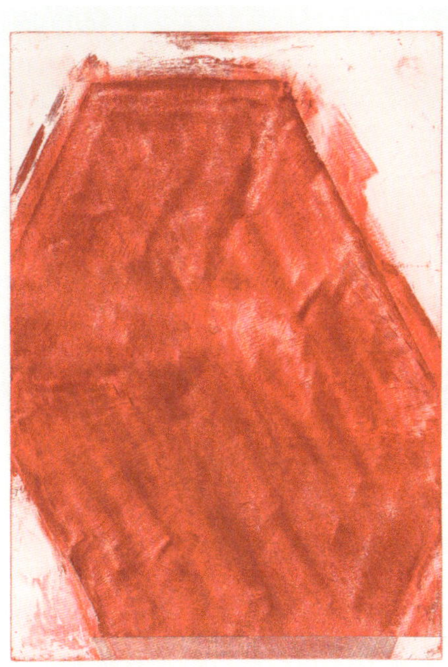

desenvolvendo os mesmos exercícios formais e mantendo o primado do riscar como meio de definir as linhas de contorno, o preenchimento dos planos ou o seu esvaziamento. E fornece ao desenho duas características que José Pedro Croft incorpora: a ideia de uma rede de linhas cobrindo vastas zonas do papel, interrompendo-se, prosseguindo, e o uso de manchas (de referência líquida) mais ou menos nítidas, mais ou menos translúcidas ou espessas, podendo introduzir cor ou podendo ser sombra na explicação de formas impossíveis e de espaços inconstantes, de planos em movimento de deslocação uns sobre os outros, de interpenetração, de saturação visual e súbito esvaziamento.

Hermes Trismegisto

Talvez Veneza seja ideal para a verificação da sabedoria alquímica do Hermes "três vezes grande" quando nos ensina que *o que está em baixo é igual ao que está em cima e o que está em cima é igual ao que está em baixo*.

Chegamos num dia de neblina fria; e a chuva oblíqua (vinda como que de um outro poema que não este onde estamos imersos) ajuda a confundir céu e terra, as luzes moventes dos enormes barcos de turismo e as dos palácios que deslizam ao nosso lado. Da água dos canais parece subir também chuva em direcção ao céu.

Mas se chegamos cegos pelo sol, que no calor intenso dos dias atira limalha de ouro sobre as linhas cruzadas dos rastos motorizados, tudo se reflecte em tudo, o branco da pedra de Ístria (ver) das igrejas, das janelas e dos cais, a

água tomando as cores do céu. Turner e Monet, Byron e Ruskin, Brodsky e Matvejevich foram alguns dos que conseguiram perceber melhor o potencial desta cidade submersa em luz e água, sombras e cintilações. As esculturas espelhadas de José Pedro Croft invertem as imagens e iludem os espaços, o longe aproxima-se (e não sabemos de onde vem), o perto escapa-nos (e perdemo-nos nos pontos de fuga): outro modo de confirmar a verdade alquímica.

Itaipava

No Brasil, José Pedro Croft terminou, já em 2016, um dos seus mais ousados projectos antes de responder ao desafio de Veneza (ver *Medida Incerta*). Desenvolvido desde 2014, o projecto remete directamente para uma experiência de 2013, realizada no âmbito de um festival anual de escultura comissariado por Luísa Soares de Oliveira (*Landart Cascais*, 2013).

No lago de uma propriedade particular do Estado do Rio de Janeiro, Itaipava, o artista dispôs cinco espelhos (medidas 580 × 220 cm) dispersos pela superfície do lago de modo a aproveitar as diferentes possibilidades fornecidas pelas massas de árvores, aberturas de céu, terras barrentas das margens. Pesando cerca de 700 quilos cada, os espelhos são, afinal, verdadeiras jangadas, sustentados por flutuadores e presos ao leito por um sistema similar ao da ancoragem, permitindo-lhes alguma mobilidade conforme aos ventos e suportando as subidas e descidas das águas do lago.

Essa subtil mobilidade acrescenta valor visual ao projecto e ajuda à desmaterialização das películas espelhadas. Estas membranas *infra-mince*, dispostas aqui entre dois meios diversos, o ar e a água, capturam para a larga superfície pacificada do lago fragmentos do mundo exterior, que assim se reflecte ou se revela duplamente num jogo entre o que está focado (sobre o espelho) e o que se mantém

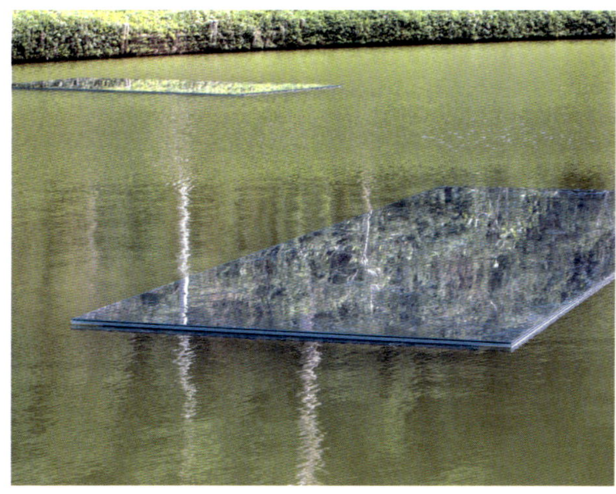

José Pedro Croft, Sem título, Gravura, 2015

José Pedro Croft, Sem título, Itaipava, 2016
Colecção Tuiui

desfocado (sobre a água), trazendo à nossa memória culta as experiências de Monet nos lagos de Giverny e recordando-nos o valor pictórico que devemos acrescentar à leitura destas esculturas de exterior de José Pedro Croft.

Lugares (alguns outros)

O lugar é Veneza, cidade de mil lugares e afinal de um só lugar de inconfundível identidade. Já tudo se escreveu, já tudo foi dito a propósito de tudo e, mais ainda, a propósito desta cidade tantas vezes repetida, recontada, copiada (ver Casinos). Terá alguém escrito ser esta uma cidade impossível? Mais impossível que todas as cidades ficcionadas por Calvino, que todas as bibliotecas e jardins desenhados por Borges, que todas as Utopias, de Platão a Moore e daí para diante. Impossível, porque nasceu desafiando as leis da história das cidades, impossível porque existe desafiando a história da sobrevivência das cidades, impossível porque não pôde ser imaginada antes de ser criada assim – como se de uma obra de arte se tratasse.

Ao percorrê-la hoje, somos personagens voluntárias de uma naumaquia à escala de uma cidade (que é uma cidade-mundo): tomamos o partido dos *vaporetti* que venceram as gôndolas e dos gases que aceleram o vagaroso trabalho das águas e da humidade sobre as pedras; tomamos o partido das imagens digitais em tempo real sobre o tempo da pintura mas também já sobre o tempo dos tanques de revelação fotográfica, imagens que inundam de imagens de água e cenografias de pedra colorida as recordações do mundo inteiro. Neste contexto, em que tudo (todos) aqui desagua(m) e em que tudo, a partir daqui, é inundado, Veneza é uma verdadeira cloaca máxima (com trânsito nos dois sentidos) da religião turística. Nela, até a acção desestabilizadora da *acqua alta* se encontra em curso inevitável de domesticação e é, afinal, momento de gáudio para "os de fora".

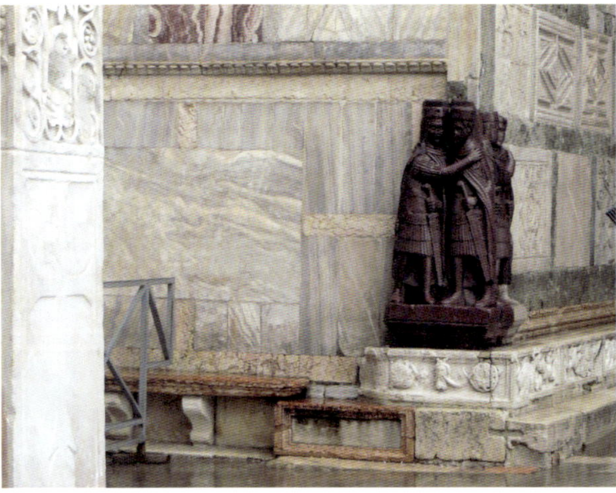

Tetrarcas, Veneza, 2016

As pontes, mesmo sem nome ou lenda romântica, são lugares de suspiros e marcas de amores passantes. A realidade veneziana da cidade como labirinto é uma banalidade cuja nomeação, ou sequer insinuação, apenas resiste nas grandes obras (de Henry James a Mann, de Casanova a Byron). Há quem dê como moribunda (Paul Morand) e quem dê como viva (Philippe Sollers ou Matthias Zschokke) esta cidade do Oriente no Ocidente, este lugar de sobreposição de dois Impérios (o de Constantinopla e o de Roma), fenómeno que a escultura muda dos Tetrarcas, pedra de ângulo da Basílica de São Marcos, discretamente testemunha. Mas Veneza, hoje, é lugar de sobreposição do mundo inteiro em redor dos seus eternos temas históricos: o luxo e a cor em lojas de marcas exclusivas (para ricos) ou fileiras de intermináveis lojas de ouropéis para o vulgo, mas também na persistência das tapeçarias e fachadas de renda, nos seus restauros e reconstruções. Se fugirmos para a Giudecca (ver Periferia), ilha de várias ilhas unidas por sucessivas pontes, e que é onde as esculturas de José Pedro Croft se encontram (ver *Medida Incerta*), temos uma realidade diversa, podemos encontrar o que alguns ainda podem achar que é o povo intocado mas afinal são apenas proletários, perdidos da missão histórica que lhes tinha sido confiada pelo marxismo e que a desindustrialização reduziu a desempregados ou empregados do terciário turístico.

Do topo nascente da Giudecca é que se acede, a partir da estação de *vaporetti* de Zitelle, à Villa Hériot (ver) e às esculturas de José Pedro Croft passando pela arquitectura de Aldo Rossi e de Álvaro Siza (ver Campo di Marte). Se não seguirmos para poente, ao encontro da mais bela Igreja de Palladio, a mais depurada e mais complexa, a Igreja do Redentore, e seguirmos pela Fondamenta de S. Giovanni, chegamos à vista de uma de uma outra obra de Palladio, a Igreja da ilha de S. Jorge Maior; do lado de lá do Canal e ao longo dos diferentes cais dos Zattere (Ai Gesuiti, allo Spirito Santo, Ai Saloni) somos conduzidos, pelo olhar, da igreja dos Jesuítas à Punta della Dogana, tendo por cima de tudo as traseiras quase orientais do templo barroco della Salute. Mais longe ainda, dobrada a Alfândega, e depois da abertura do Canal Grande, avistamos as duas praças de S. Marcos, com todos os seus sinais de identidade, poder e riqueza. Finalmente, seguimos a linha que leva da Riva dei Schiavoni até aos Giardini, onde se acumula a maioria dos pavilhões nacionais das Bienais de Arquitectura e Artes. Mas podemos ainda passar os olhos para o Lido, ao fundo de tudo, sobre a esquerda. Sollers que tudo isto viu da Giudecca, da janela do seu quarto de longas estadias, diz-nos ser este o mais belo lugar do mundo – sou tentado a concordar com ele.

São estes alguns dos lugares recorrentes das peregrinações devidas a uma cidade onde os olhos (como nos ensina Brodsky) se autonomizam como órgãos especiais de visão

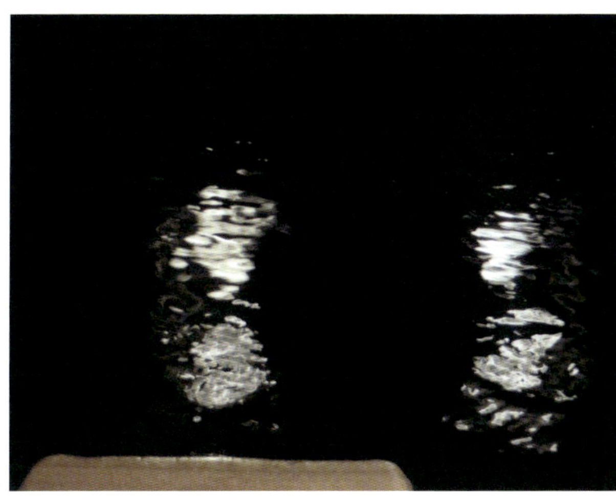

e posse, de sonho e realização, mas onde a marcha é essencial para vencer as distâncias enoveladas entre os museus e as igrejas; e onde o descanso é crucial para nos deixar sentar nos degraus de um poço, num portal de sombra, ao sol de uma *piazzetta* ou nos fazer entrar no ruído alegre de uma *trattoria* – por exemplo, em dia de trabalho na Giudecca, procuramos o Altanella, só porque era refúgio de Mitterrand; ou, em noite de copos, entramos no Harry's Bar, só porque figuras de um passado que merece a nossa homenagem por lá viveram, mesmo se os lugares onde foram felizes já não nos sirvam exactamente como lhes serviram a eles.

A impermanência do tempo (marcado na água, nos espelhos, no vento, na cor dos muros…) é marca decisiva de Veneza – é o que as esculturas de José Pedro Croft desejam captar e difundir.

Luz

E porque não reduzir todos os verbetes deste "vocabulário" ao desenvolvimento deste único verbete, *luz*?

Medida Incerta: Seis esculturas de José Pedro Croft no jardim da Villa Hériot

Expostas numa realidade complexa, que absorvem (ver Villa Hériot), as seis esculturas (quase 900 quilos de vidro e quase uma tonelada de aço) da série *Medida Incerta* colocam-nos muitas questões (físicas e metafísicas, metafóricas e metonímicas), sem nos darem nenhuma resposta. Há leis da ciência óptica que explicam e ajudam a prever os modos como as imagens se formam nos espelhos em função dos ângulos, das posições dos objectos, da fonte de luz, da imagem e da superfície espelhada. Não é a partir

de quaisquer dados rigorosos nem da procura de efeitos previamente calculados que se desenvolve o trabalho de José Pedro Croft.

Na escultura do artista, ao contrário da tradição do uso de vidros espelhados pela arquitectura modernista dos arranha-céus, não se trata de revestir volumes e de tirar realidade elidindo essas volumetrias no espaço urbano; trata-se de aumentar a realidade, de a recriar, iludindo os volumes e os espaços.

José Pedro Croft usa os espelhos quer como matéria "plástica" quer como estrutura; manipula-os de modo a garantir estruturas sólidas (seguras) e a obter efeitos visuais controlados, embora inesperados. Sustentado pelas linhas (caixilhos metálicos, molduras, estacas, etc.) ou planos (mobiliário doméstico ou de trabalho vertical ou horizontal, portas, etc.) que estruturam as formas, o espelho integra os elementos construtivos das esculturas e ajuda a definir a volumetria final das peças. Como matéria, desempenha (mas excede, ou boicota e pulveriza) o papel da cor, da textura, do próprio volume no entendimento da escultura que integra. A qualidade reflectora e a não-espessura que são inerentes ao espelho desmaterializam a escultura, negam afinal o volume ou amplificam-no, iludem sempre a própria presença física da obra e, ao mesmo tempo, contraditoriamente, desmultiplicam-na no espaço, dando-lhe portanto maior (mais) presença espacial. O espelho fixa o que está perto mas também nos afasta do que está perto; é atraindo a si o que está longe que o espelho coloca o céu e os seus movimentos no plano do nosso olhar directo, estabelecendo diálogos e confrontos, determinando fragmentações aleatórias de linhas e planos e incitando a sobreposições violentas na arquitectura envolvente, estabelecendo assim novas associações visuais entre ela e as paisagens.

O facto de algumas das esculturas suportarem superfícies de espelhos e outras vidros transparentes ou coloridos altera a percepção do espaço em redor. Mas é certo que, não poucas vezes, os espelhos parecem funcionar como

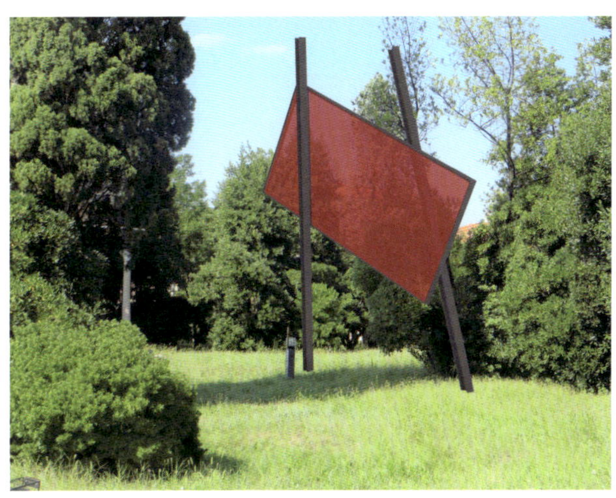

José Pedro Croft, Villa Hériot, Veneza.
Fotomontagem: João Moura

Veneza, 2016

vidros trespassáveis pelo olhar ou caixilhos vazios que podemos atravessar (apenas percebemos serem superfícies reflectoras quando surgimos neles); e há vidros que funcionam como espelhos, desenvolvendo, nas incidências da luz, ténues modalidades de reflexão. Os diferentes ângulos de implantação dos espelhos fragmentam, desmultiplicam e desestabilizam, de modo sempre inesperado, esse espaço, no permanente jogo entre perto e longe. Os planos de cor são películas *infra-mince* ou membranas vibratórias que separam/unem dois hemisférios que se desconhecem e reconhecem, são filtros que alteram a percepção cromática do mundo funcionando nos dois sentidos, enquadrando o espaço que se situa para cá e para além de cada um de nós e separando-o em duas realidades. É por isso que os espelhos de José Pedro Croft entram e saem do mero jogo da mimese e representação, entram e saem do campo de fixação da imagem fotográfica ou cinemática. O real é omnipresente mas surge fraccionado como resultado de um estado alterado de percepção e consciência. Como se ouvirá, de noite, a fricção das folhas na pele dos vidros e o crescer da relva em redor das estacas? Será a sua dinâmica conjunta no espaço (figuras de uma coreografia construtiva, de uma espécie de bailado mecânico) a única possibilidade de podermos, subitamente, ver de novo o passo grave de uma das *Mulheres de Veneza* de Giacometti?

Este outro jogo é entre a energia do criador e a sua memória (que é uma memória do mundo). O criador, como ponto de energia, é imparável; como repositório de memória, é portador de toda a melancolia do que o precedeu: a existência humana como abstracção, as perspectivas urbanas como prova da possibilidade de um infinito manipulável, a história da escultura moderna como referente e, finalmente, a realidade quotidiana (que referem os grandes espelhos venezianos, os que Brodsky encontra cobertos de pó e da humidade dos séculos nos velhos palácios de difícil acesso ou os espelhos "para turista ver" na sala de San Rocco – ver Lugares), mas principalmente a realidade material destas esculturas (os seus enquadramentos e reenquadramentos especulares) como *digest* de tudo isso.

Mestre

Um camião transporta as doze toneladas de material de que se fazem as peças de José Pedro Croft a construir nos jardins da Villa Hériot (ver). Saiu de Lisboa e chegou quatro dias depois a Mestre. Mestre, como Marghera, é a cidade de Terraferma onde Veneza se tornou moderna e industrial. Sofre agora os efeitos da desindustrialização e do desemprego. Nela, a dura beleza das máquinas, a sedução táctil

da ferrugem nos depósitos de combustível, a monumentalidade dos edifícios fabris é, para quase todos, pela proximidade de Veneza, exemplo de pura fealdade.

As peças das esculturas de José Pedro Croft, uma vez embarcadas, foram levadas até à Villa Hériot, onde uma grua as descarregou e foram instaladas sobre as sapatas previamente construídas, numa longa, pesada e delicada operação de construção. Nunca o cais da Villa assistira, desde os idos da primeira década do século XX, a uma operação de tão positiva energia e vontade de construção – imagem da energia da metalúrgica de Póvoa do Varzim, da fábrica dos espelhos em Ponferrada (Orense), da própria cidade de Mestre: as metáforas poéticas estão, afinal, como Brecht nos ensinou, assentes sobre a sólida vontade e todo o saber prático dos construtores.

Pedra de Ístria

Vem da Ístria, do outro lado do Adriático, terras longo tempo sujeitas ao domínio comercial e político de Veneza, o branco dos pavimentos e dos portais, o branco da espuma gótica das janelas e das escadarias que descem até à toalha esverdeada das águas e das pontes que as saltam, o branco das igrejas de Palladio. É um branco de pedra puída pelo sol, pela água, pelo vento, pelos passos, pelas mãos que a afagam, um branco que recebe e reflecte a luz que lhe chega já colorida pelos dourados, verdes e ocres das paredes, dos telhados, dos muros que definem os volumes das outras arquitecturas.

Nas esculturas dos seus anos primeiros, na década de 1980, José Pedro Croft (ver *Medida Incerta*) também usou a pedra branca como matéria fundamental: os brancos dos mármores portugueses. Antes de alcançar a falsa simplicidade formal e ilusão visual de leveza (às vezes de imponderabilidade) das obras actuais, a pedra dava peso e gravidade aos seus trabalhos; mas, ao mesmo tempo, inaugurava o jogo de desequilíbrios, de falhas, de *desvios* que marca a poética das suas criações.

Aqui, as películas translúcidas, coloridas ou espelhadas das esculturas de José Pedro Croft referem e radicalizam a metáfora de planos inclinados e desequilíbrios desta cidade de arquitecturas flutuantes. Vão buscar à atmosfera a luz mutante que ilumina a pedra de Ístria e o ocre do próprio entorno arquitectónico onde se implantam (ver Villa Hériot), vão buscar a planos longínquos da paisagem o eco visual daqueles brancos antigos – dialogam com as pedras em relação às quais existem por oposição.

Periferia

Veneza é um centro nascido de uma periferia. Periferia de um império desagregado pelos bárbaros, Veneza sobreviveu à invasão do centro até ela mesmo se ter tornado centro; como sobreviveu à mudança do eixo central do comércio europeu para as frotas atlânticas. Nem a imposição napoleónica, e depois austríaca, de facto, a derrotaram – tratou-se apenas de passar a ser uma periferia política e económica. De facto, nesses anos do século XIX, Veneza superou mesmo largamente o lugar que desde a Idade Média ocupava no imaginário europeu, tornou-se imagem e metáfora central de todas as reflexões românticas e neo-românticas sobre o esplendor e a decadência. Hoje, é o lugar centrípeto das mais dinâmicas energias do turismo de massas – tendo saltado de local de escolhida erudição e nostalgia britânica ou germânica para centro de um imaginário genérico e universal. Lugar de frenesi turístico americano, japonês ou, agora, chinês, o seu êxito económico é sismógrafo dos crescimentos ou das crises das economias e das classes médias de que se alimenta – espécie de relação simbiótica em que quem a consome é por ela consumido, permitindo-lhe que sobreviva: o turista que a degrada permite ao mesmo tempo angariar fundos para a sua conservação; o turista que a descaracteriza recebe ao mesmo tempo, ao visitá-la, as sementes básicas de uma lição de civilização que talvez o modifique.

Sendo o centro feito de muitas periferias e as periferias de muitos centros, a Giudecca, onde Portugal assentou o seu pavilhão em 2016 (Álvaro Siza, 15.ª Bienal de Arquitectura) e 2017 (José Pedro Croft, 57.ª Bienal de Arte), é periferia que já foi centro de algumas famosas casas de veraneio das grandes famílias centrais da República, que já foi centro da vida operária aquando da industrialização oitocentista que a segunda metade do século XX abalou, que é agora centro reencontrado de operações urbanísticas de requalificação onde Siza (ver) interveio (ver Campo

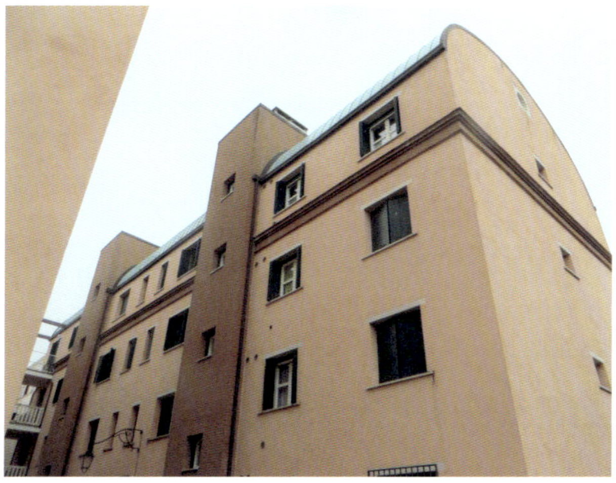

Aldo Rossi, Veneza, 2016

di Marte). Do mesmo modo, a obra de Croft é central à periferia que integra, a da arte portuguesa; arte essa, por sua vez, centro de irradiação de alguns dos mais significativos artistas da actualidade mundial que o discurso central da história e da crítica da arte, dominado pelos centros do mercado da arte contemporânea, não considera ainda – como já passou a considerar central (a partir da obra de Siza e até à geração mais nova dos arquitectos com 50 anos) a periferia a partir da qual se desenvolve a criação arquitectónica portuguesa.

Pórtico

O pórtico desenvolve o vocabulário trilítico mínimo e básico da arquitectura clássica: duas pedras ou colunas ao alto e uma pedra transversal unindo-as no topo. A partir da associação de dois esteios e uma pedra sobre eles deitada faziam já os neolíticos as suas arquitecturas funerárias. José Pedro Croft teve muita atenção a essa memória primeira no início da sua carreira, mas foi ao pórtico clássico, entendido pelos gregos como *stoa* e desenvolvido no Renascimento como galerias porticadas rodeando praças, definindo entradas dos edifícios públicos e particulares, religiosos e laicos, idealizados na pintura do século XV e seguintes (por exemplo o *São Vidal* de Carpaccio, na antiga Igreja de São Vidal – ver Figuras), que José Pedro Croft se referiu quando elaborou o primeiro tempo do seu diálogo com Álvaro Siza.

Um conjunto de elementos verticais composto por molduras rectangulares era interiormente preenchido, como se se tratasse de uma parede cega, por panos de vidro colorido e de espelho. A métrica encontrada para estabelecer os ritmos iniciais (e que persistiu nas versões posteriores) foi a da própria arquitectura de Siza que, em frente, em dois dos lados do Campo di Marte (ver) apresenta as suas fachadas lisas, de fenestrações e portas altas mas simplificadas. Do mesmo modo, José Pedro Croft procurou, nesta fase de gestação, referentes construtivos nos desenhos monumentais de Sol Lewitt referindo formas básicas da linguagem construtivista: quadrado, círculo e cruz. É ainda nesta fase de desenvolvimento de trabalhos para o local inicialmente pensado como destino das peças que José Pedro Croft desmantelou a rigidez do projecto: cada um dos elementos se autonomizou, saindo claramente do alinhamento a que estava, mais ou menos, circunscrito. A grande parede desmantelou-se e nasceram as seis esculturas agora apresentadas no espaço da Villa Hériot (ver). Também as formas interiores de "desenho" construtivista, que criara com espelhos e vidros, são simplesmente substituídas por rectângulos que se "desprendem" das molduras. Perdendo o peso literal que podemos atribuir a toda a citação, as esculturas tornam-se agentes de uma coreografia livre e tensa num discurso que desafia o saber da engenharia e instabiliza a arquitectura, o desenho, a linha e a cor, o espaço abstracto e real, que coloca o espectador em relação consigo mesmo.

Processo (parte do)

José Pedro Croft é o artista representante oficial de Portugal à 57.ª edição da Bienal de Veneza de Artes Plásticas de 2017. O processo da sua nomeação implicou o convite prévio ao curador, que indicou o artista. Na escolha do seu nome pesaram factores estéticos, históricos e circunstanciais: a convicção da grande qualidade do trabalho do artista que, ultrapassando as imediatas consagrações de geração, desenvolveu a sua obra no tempo longo de uma evolução coerente, implantando-se num território de melancolia crítica, consciente dos bloqueios do seu tempo histórico mas portadora e distribuidora de uma intensa energia; o facto histórico de nunca ter tido presença individual na mostra veneziana; e, finalmente, a necessidade de indicar um artista capaz de resolver um contexto de grande amplitude espacial e exigência urbana para o qual a sua obra surgia claramente vocacionada.

A Direção-Geral das Artes é a entidade comissária da Bienal. O processo iniciou-se no Verão de 2015 com o convite ao comissário por parte do então director, Carlos Moura-Carvalho. Confirmados, por parte do comissário, certos pressupostos de funcionamento, o processo prosseguiu em Dezembro do mesmo ano, com a revelação do convite ao artista (que fora escolha desde a primeira hora). Os nomes de ambos e a localização ideal das peças foram pela primeira vez tornados públicos pelo então Ministro da Cultura, João Soares, em Março de 2016, no Bairro da Bouça, no Porto, na conferência de imprensa em que a Bienal de Arquitectura de 2016, comissariada também

pela DGArtes (tendo como curadores Nuno Grande e Roberto Cremascoli e como convidado Álvaro Siza – ver), foi apresentada. Artista e curador foram finalmente nomeados, em boletim oficial, em Julho de 2016, já sob o ministério de Luís Filipe Castro Mendes, sendo Secretário de Estado Miguel Honrado e Directora-Geral das Artes Paula Varanda.

Trabalhando desde finais de 2015 no projecto, curador e artista confrontaram-se com algumas alterações significativas dos pressupostos iniciais. Primeiro a presença foi directamente articulada com os espaços (urbano e arquitectónico) previamente definidos pela obra de Siza Vieira: dois edifícios de habitação social – um em tosco; e uma praça de 70 × 30 m, o Campo di Marte (ver). A feliz solução de entrada em obra do edifício incompleto de Siza, a infeliz circunstância de ocupação de grande parte do Campo di Marte com o estaleiro dessa obra, noticiada em Julho de 2016, impediram a colocação, aí, das peças entretanto concebidas (ver Pórtico) e já em processo de produção por José Pedro Croft.

A solução foi deslocá-las para os jardins contíguos da Villa Hériot (ver) onde, no âmbito da Bienal de Arquitectura, tinha tido lugar uma conferência dedicada a Siza Vieira e uma exposição paralela de *design* curada por Guta Moura Guedes. Novos desafios se colocaram ao projecto, nomeadamente: manter a relação visual e rítmica entre as esculturas e a memória própria da depurada arquitectura de Siza; estabelecer em simultâneo uma nova relação com a arquitectura totalmente diversa, eclética e historicista, da Villa Hériot, com o jardim e com a Laguna; resolver uma série de problemas técnicos e patrimoniais de implantação (terrenos menos consolidados, vestígios arqueológicos, infraestruturas técnicas). No final, mantendo até comunicação visual com os edifícios de Siza, o projecto (ver *Medida Incerta*) complexificou-se e enriqueceu-se, acrescentando novos significados conceptuais e inesperados efeitos visuais aos elementos concebidos para o espaço inicial.

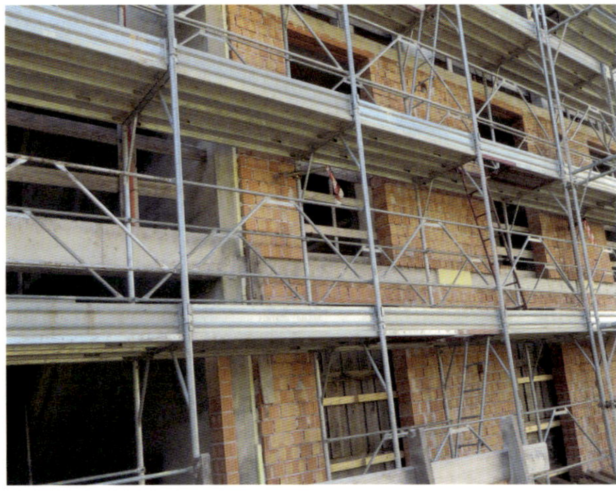

Álvaro Siza, Veneza, 2016

San Michele (ou Melancolia, hoje)

O barco da Linea Blu passa ao largo da ilha no seu caminho entre o aeroporto e a cidade. Mas podemos um dia tomar um *vaporetto* das linhas regulares, que nos deixa na sombra silenciosa dos muros de tijolo por trás dos quais os ciprestes se erguem como círios negros para o céu. Impossível não pensar em Böcklin, embora a topografia das várias *Ilhas dos Mortos* que pintou se carregue de um dramatismo que aqui não existe. Impossível não listar os nomes ilustres que ocupam este espaço, por ter o destino escolhido colher em Veneza as suas vidas: Diaghilev, Ezra Pound, Wagner,

Brodsky, Stravinsky, Luigi Nono, Emilio Vedova… Mas convém não desistir, apenas porque nem nós, nem os vivos que nos rodeiam, parecemos já merecer o repouso desta ilha. A Melancolia que cobre a cidade não é ilustrada por esta ou outra lista de "bens" perdidos: ela não é mero tom local ou cartaz turístico, mas sim expressão de uma realidade global da contemporaneidade que aqui parece mais refinada. Como convivem as fáceis rendas de espuma dos barcos a motor com as complexas manchas coloridas dos padrões de mármore, como convivem as memórias dos cafés históricos de São Marcos com a velocidade dos que neles hoje se sentam? Não é possível fazer (ou ver) arte em Veneza nem, mais simplesmente, comer numa *osteria* ou sequer dormir num quarto de pensão (que, de repente, se abre sobre o Canal della Giudecca e a Ponta della Dogana, como o quarto de Sollers; ou sobre uma *piazzetta* tranquila, como o quarto de Matthias Zschokke – ver Lugares) sem perceber que só dessa Melancolia (que vem sendo renovada do maneirismo até Rossi – como nos ensina Diogo Seixas Lopes no seu *Melancholy and Architecture: On Aldo Rossi*, 2015) pode ser tirada a energia que nos hoje move.

Siza

Esta entrada era para se chamar Mestre. Mas foi necessário separá-la da entrada Mestre (ver) dedicada ao porto que, com a zona de Marghera, faz a Terraferma industrial de Veneza. Siza, Mestre, pela obra, claro (celebrada como das mais significativas da arquitectura da segunda metade do século XX e destes dois decénios seguintes). Mas Mestre, sobretudo, é alguém que ensina pelo exemplo, que não impõe soluções mas coloca as questões sem as camuflar nem as inflacionar e de tal modo o faz que conduz quem o escuta pelos caminhos que lhe importam.

Siza debruça-se sobre uma mesa baixa e aponta as plantas, segura numa esferográfica e risca duas linhas, três, esboça um volume… Siza olha sobre as águas brandas do Canal Grande e chama a atenção para uma cor, para um frontão, para uma híbrida coluna… Siza descansa uma mão na guarda de uma ponte e indica, com a outra, uma colina baixa e descaracterizada… De que modo tudo isto configura uma atitude de Mestre? Porque em cada um dos momentos, a sua voz tão baixa e os seus gestos tão discretos prendem a atenção de quem o rodeia sem que ele pareça fazer qualquer esforço para que tal aconteça, porque as soluções que propõe parecem ser, imediatamente, as mais evidentes e as frases banais se tornam sentenças. Os habitantes das suas casas na Giudecca (no Porto, em Haia, em Berlim…) rendem-se às suas explicações (como se testemunha nas fotos de Jordi Burch e no documentário de

Cândida Pinto, SIC, 2016 – trabalhos realizados no âmbito da Bienal de Arquitectura de 2016 sob Curadoria de Nuno Grande e Roberto Cremascoli), Croft ganha a liberdade de imaginar uma Fonte (ver) e virá a colocar os seus espelhos na descaracterizada encosta do rio Sabor (ver Barragem). Passeamos nas *calle* e *piazze* venezianas, entre sol intenso e sombra escura, conversamos no *hall* do hotel… e, dos seus sucessivos cigarros, a discussão nasce como fumo, leve mas persistente, ascendente mas torsa, imagem de uma Grécia de infinitos diálogos, mestres e discípulos que todos inventamos para nossa pátria e recriamos em todos os lugares.

Vento

Esperamos o vento que transporta as nuvens nos céus pintados de Veneza. Ele sopra nos tectos de Tiepolo e sobre o Canal Grande e sobre o Canal da Giudecca. Decora, com todos os nomes da tradição grega e latina, as cartas de navegação do Museu Correr, do Palácio dos Doges ou da Biblioteca Sansoviniana. Esperamos dele a mudança das luzes diurnas da cidade ou a inconstância da prata nas noites de lua cheia (ver Ar). E esperamos o vento no corpo das esculturas de José Pedro Croft (ver *Medida Incerta*), no grande pano de vidro que o receberá como velas e madeiras de uma grande armada. Metáforas, agora em vidro e aço, das velas pandas de todas as antigas navegações (e daquelas das competições actuais), estes vidros e espelhos usaram, para se erguerem e sustentarem, precisos cálculos de engenharia civil e de estruturas que substituíram a sabedoria naval de outrora – mas as obras de José Pedro Croft ensinam-nos a mesma ousadia e ambição de cruzar o mundo.

Villa Hériot

O conjunto da Villa Hériot, onde se encontram implantadas as seis esculturas de José Pedro Croft (ver Medida *Incerta*, Pórtico e Processo), é composto por dois edifícios e por um vasto jardim. A casa insere-se ainda na tradição de usar a ilha como segunda morada dos senhores venezianos (ver Periferia), e, mais tarde, da burguesia local e europeia. Neste caso, o rico comerciante parisiense que, no terreno de uma antiga fábrica de sabões, fez construir, sob desenho do arquitecto local Rafaelle Mainella, esta morada de luxo. Em 1947, a viúva de Hériot cedeu o complexo ao Comune, com a intenção de que aí fosse instalada uma escola primária. Actualmente, este conjunto encontra-se envolto em polémica devido à intenção da sua alienação a privados pelo Município – intenção contestada pelas associações culturais e de moradores da Giudecca e de Veneza.

A sua arquitectura (de inícios do século XX) segue a linha de citação eclética do tempo, tentando coincidir com a tradição arquitectónica local por meio de citações pré-quinhentistas e bizantinas, como seja o uso da pedra de Ístria (ver), arcos de curva bizantina sustentados por colunelos coroados de capitéis pseudo-coríntios, etc. A divisão interior é porém moderna, pensada segundo os usos práticos novecentistas. A composição exterior do edifico exibe uma simetria axial frequentemente quebrada, como resposta à distribuição das janelas e balcões sujeitos à necessidade de se abrirem sobre a Laguna, permitindo uma visão global da paisagem. É com o conjunto destas características e também com este jogo de desacertos, acelerando-os e desmultiplicando-os, que dialogam as esculturas de José Pedro Croft (ver *Medida Incerta*).

Z para A (de)

Intervindo de A a Z (e de Z a A), José Maria Ferreira e Paula Santos formaram um par de personagens ímpares neste projecto. De tal modo que houve que os separar do grande retrato esboçado em Processo (ver). A bonomia feita acção e a energia feita desenho – em ambos, a generosidade transformada em horas de trabalho, em soluções de realização. Contra o possível e sobre o impossível: contra o tempo, contra os contratempos, contra a burocracia. A favor da obra – como se a obra fossem eles mesmos, vendo-se e desejando-se a crescer. O primeiro, ao encarregar-se da produção das esculturas, que pagou sem ter garantias sobre a sua colocação no mercado, ao organizar e pagar os transportes para Veneza. A segunda, ao desenhar, desenhar sempre, os desenhos técnicos das esculturas, os desenhos técnicos do mobiliário da exposição documental, ao fazer as maquetes dessa exposição, ao coordenar a equipa que calculou os delicados valores dos pesos brutos das esculturas assentes no solo instável, cruzado de vestígios arqueológicos, desenhando os seus pés bailarinos (as sapatas).

Esse elegante, sedutor e perigoso bailado nos jardins da Villa Hériot (ver) prolonga-se sem descanso até Novembro, à beira da Laguna. Haverá um banquete (devido ainda ao mecenas das esculturas). Uma multidão de admiradores vai regozijar-se pelos resultados sem saber como eles foram alcançados – mas nós sabemos que os heróis são sempre poucos, muitas vezes discretos, e feitos (de A a Z) contra os destinos e as vontades medíocres.

Nota final

Parte significativa do que aqui se escreveu deriva de experiências acumuladas em anos de viagens sucessivas aos mesmos lugares, de leituras repetidas dos mesmos textos, de visitas sucessivas aos mesmos pontos de vista, aos mesmos restaurantes, às mesmas obras nos mesmos museus, nas mesmas igrejas; também de anos de convivência com as obras de José Pedro Croft.

Evitando toda a erudição, principalmente a histórica e artística, que remeteria para tempos e áreas onde apenas me poderia valer da presunção, listam-se aqui autores e títulos de livros ou de filmes que foram mais sistematicamente revistos ou recordados nos últimos tempos e possam estar, de alguma forma, referidos ou intuídos nos textos anteriores – indicam-se com os títulos nas línguas em que foram lidos mas com as datas das edições originais.

Paul Morand (entre muitas possibilidades, *Venises*, 1971), Philippe Sollers (por exemplo, o seu mais generalista *Dictionnaire Amoureux de Venise*, de 2004, ou a versão abreviada deste, como *Petit Dictionnaire*) e ainda Predrag Matvejevitch (*La otra Venecia*, 2002) e Joseph Brodsky (*Marca de Água*, 1992) são o melhor antídoto ao provocador *Contre Venise*, de Régis Debray, em 1995. E são a melhor maneira de conhecer Veneza pela razão, sem deixarmos de a amar sem razão mesmo antes de a termos sequer vivido.

Pois (apesar dela parecer esconder-se em todas as diferentes e contraditórias *Cidades Invisíveis* que Italo Calvino, em 1972, dá a Marco Polo para contar) já a teremos todos visto antes mesmo de a tocarmos.

Vimo-la entre o sol e a sombra de erotismos diversos: quer no *Casanova* de Fellini, em 1976, quer na *Morte em Veneza* de Visconti, de 1971 (filmes, ambos, nascidos de livros: das memórias do célebre libertino, *Histoire de ma vie*, postumamente editadas em 1822; ou do romance homónimo de Thomas Mann, de 1912), quer, talvez apenas, no *Casino Royale*, de 2006, onde James Bond (Daniel Craig) vive Veneza a uma velocidade superlativa que o policial de Ian Fleming (1953) não podia supor possível.

Parece melhor aconselhar a lentidão na relação com a cidade. A lentidão com que Henry James traça a teia que o seu narrador lança (como a água e o tempo rodeiam Veneza) sobre duas aparentemente frágeis inglesas, numa longamente frustrada tentativa de se apoderar dos *Manuscritos de Aspern* (1888), poeta ficcionado de que elas possuiriam numerosos inéditos e cartas. Lenta é também a espera dessa outra morte veneziana que Hemingway faz sofrer ao seu herói em *Do Outro Lado do Rio entre as Árvores* (1950). Ou a fastidiosa correspondência de *e-mails* trocados (durante os intermitentes seis meses de uma bolsa) entre o suíço-alemão Matthias Zschokke e todas as suas relações profissionais e pessoais: testemunho de incompreensão, desconfiança e lenta descoberta, a escrita do autor vai adquirindo uma lenta impregnação de maravilhamento e, depois, de dependência. Citando-o para terminar: "Veneza é uma droga dura que te torna rapidamente dependente" (*Trois saisons à Venise*, 2014).

Sem título / *Untitled*, 2016
Guache, tinta sintética e tinta-da-china
Gouache, synthetic paint and Indian ink
80 × 60 cm
Cortesia / *Courtesy*
Galeria Senda

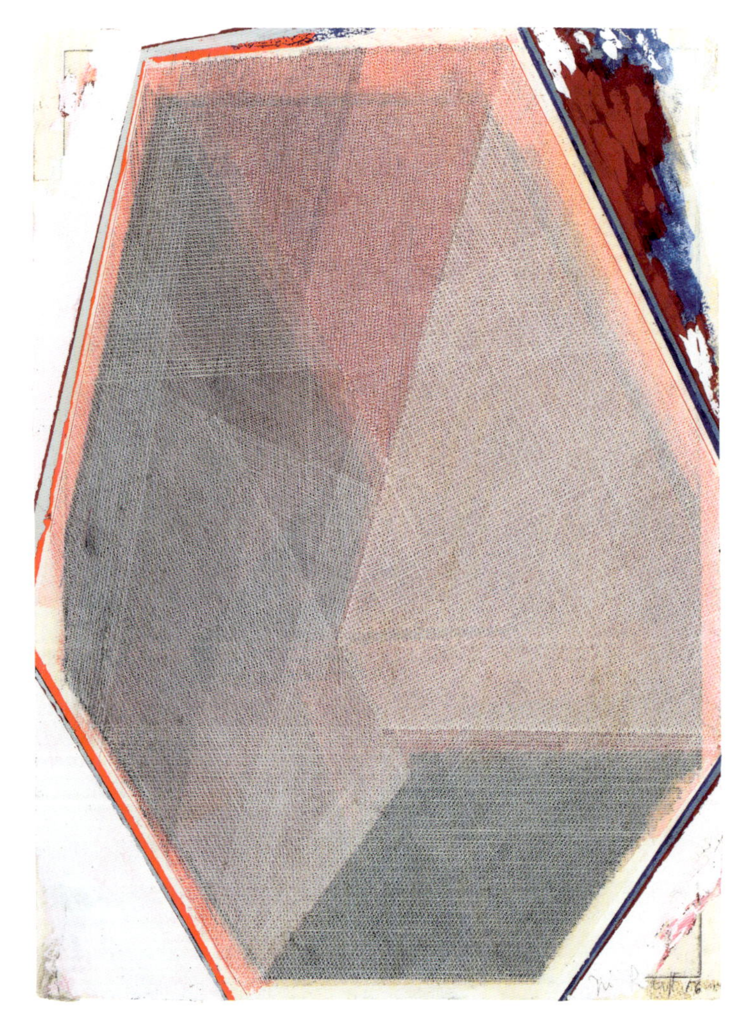

Sem título / *Untitled*, 2016
Guache, tinta sintética e tinta-da-china
Gouache, synthetic paint and Indian ink
45 × 32 cm
Cortesia / *Courtesy*
Galeria Vera Cortês

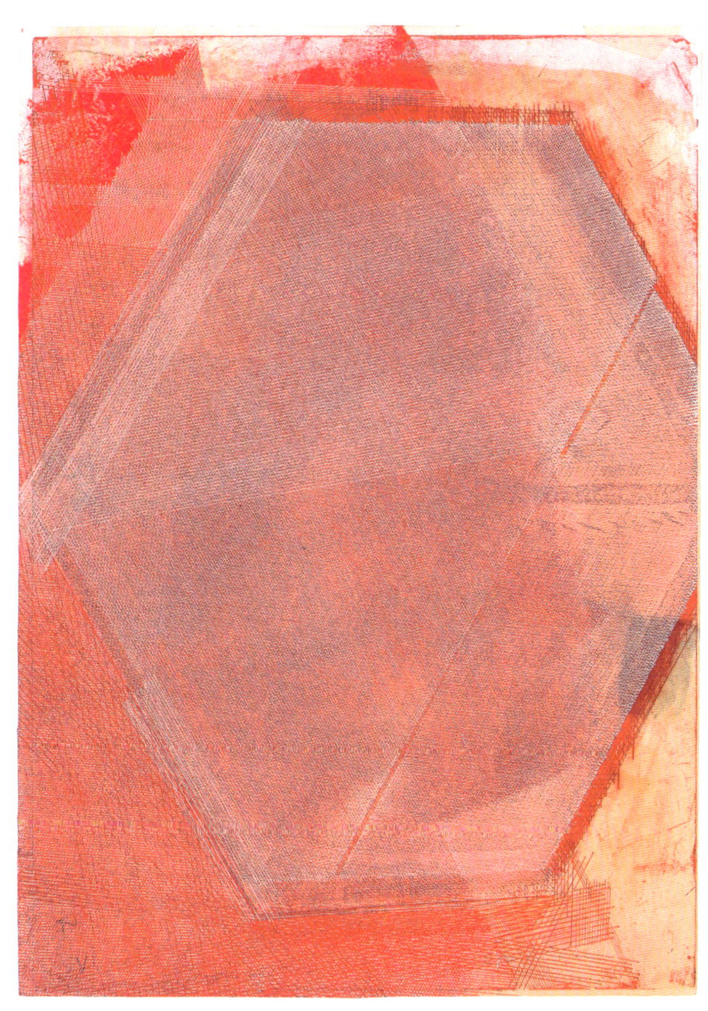

Sem título / *Untitled*, 2016
Guache, tinta sintética e tinta-da-china
Gouache, synthetic paint and Indian ink
45 × 32 cm
Cortesia / *Courtesy*
Galeria Senda

Sem título / *Untitled*, 2017
Guache, tinta sintética, verniz e tinta-da-china
Gouache, synthetic paint, varnish and Indian ink
120 × 160 cm
Cortesia / *Courtesy*
Galerie Bernard Bouche

Sem título / *Untitled*, 2017
Guache, tinta sintética, verniz e tinta-da-china
Gouache, synthetic paint, varnish and Indian ink
153 × 275 cm

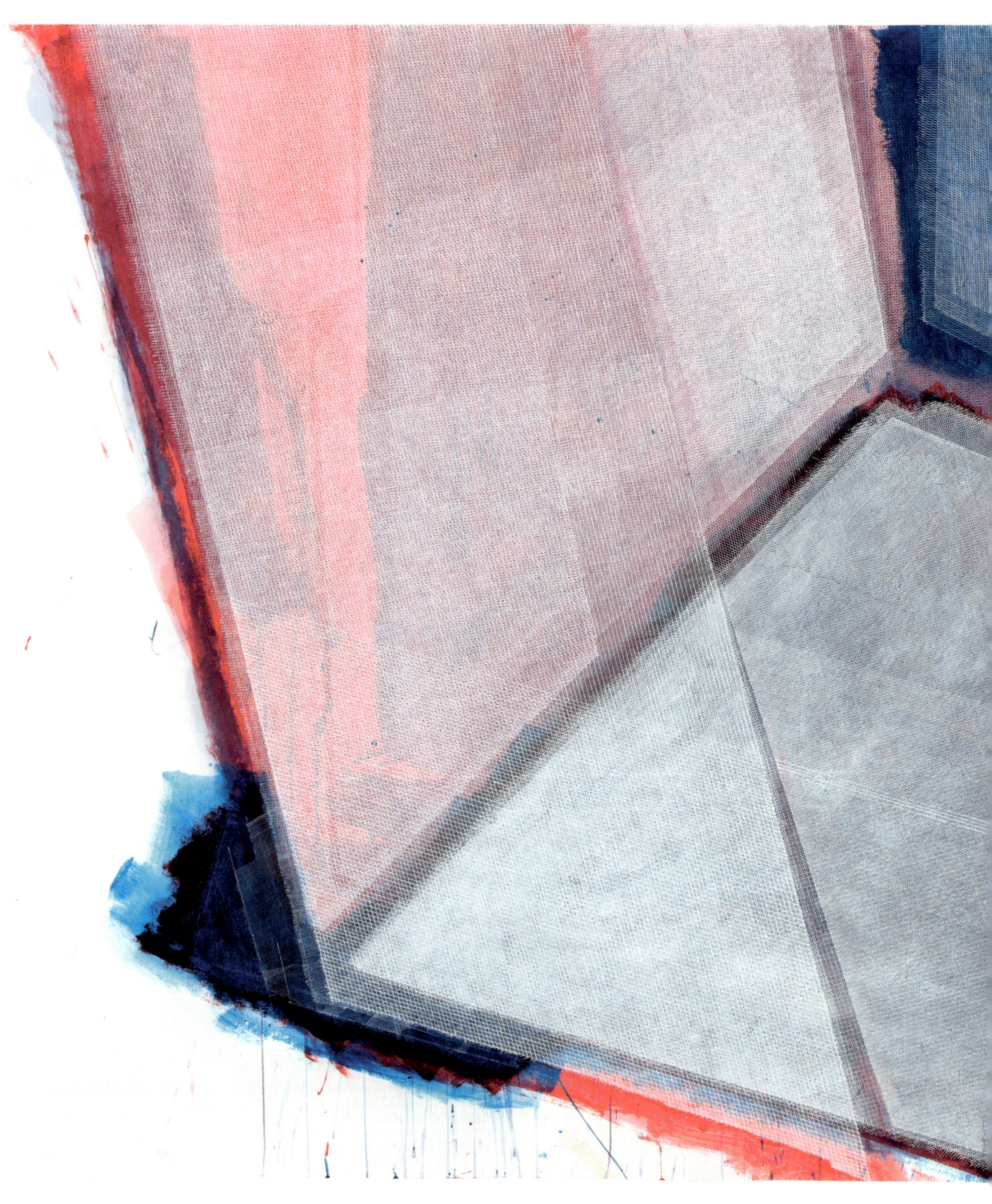

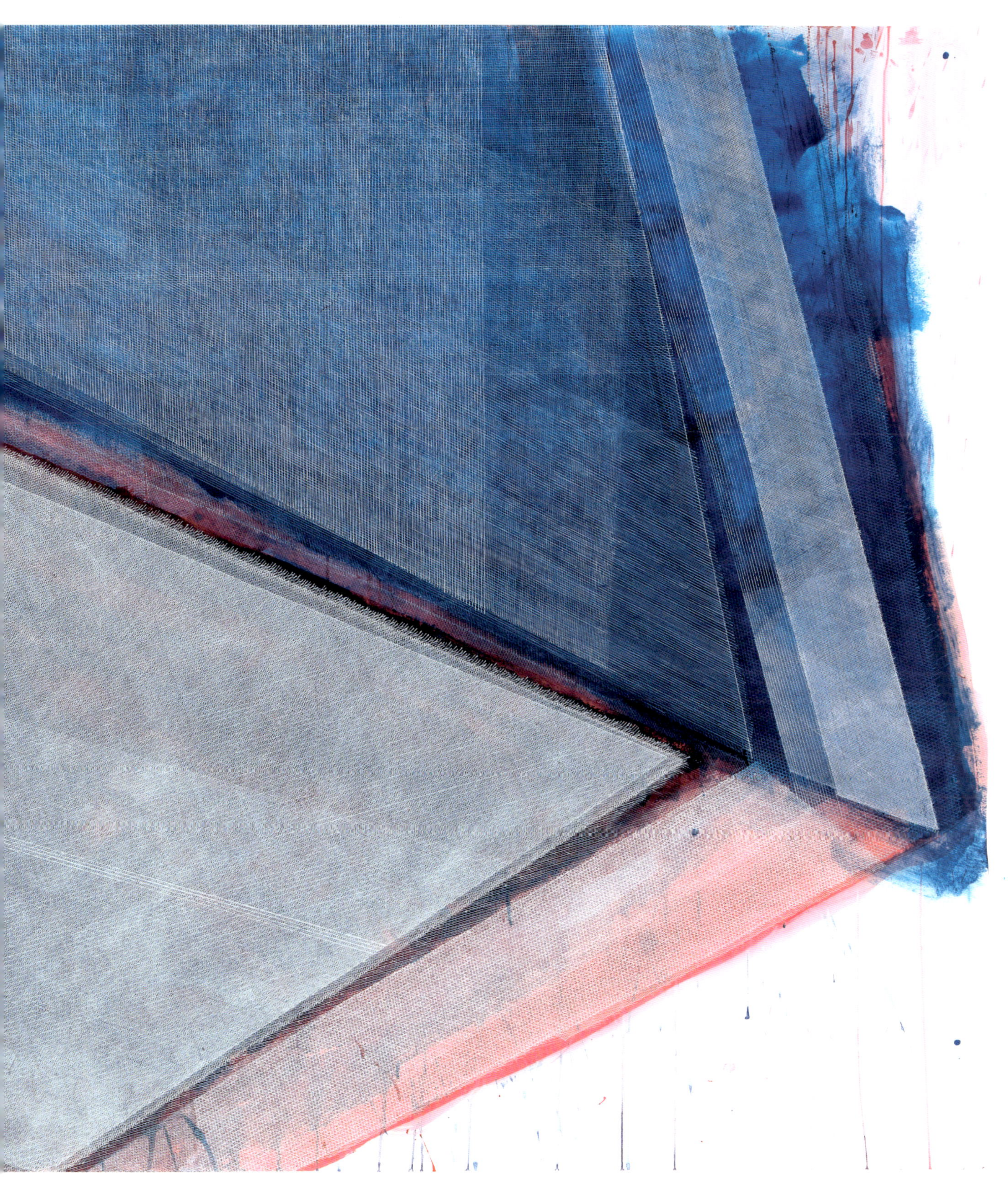

Sem título / *Untitled*, 2017
Guache, tinta sintética, verniz e tinta-da-china
Gouache, synthetic paint, varnish and Indian ink
153 × 275 cm
Cortesia / *Courtesy*
Galeria Vera Cortês

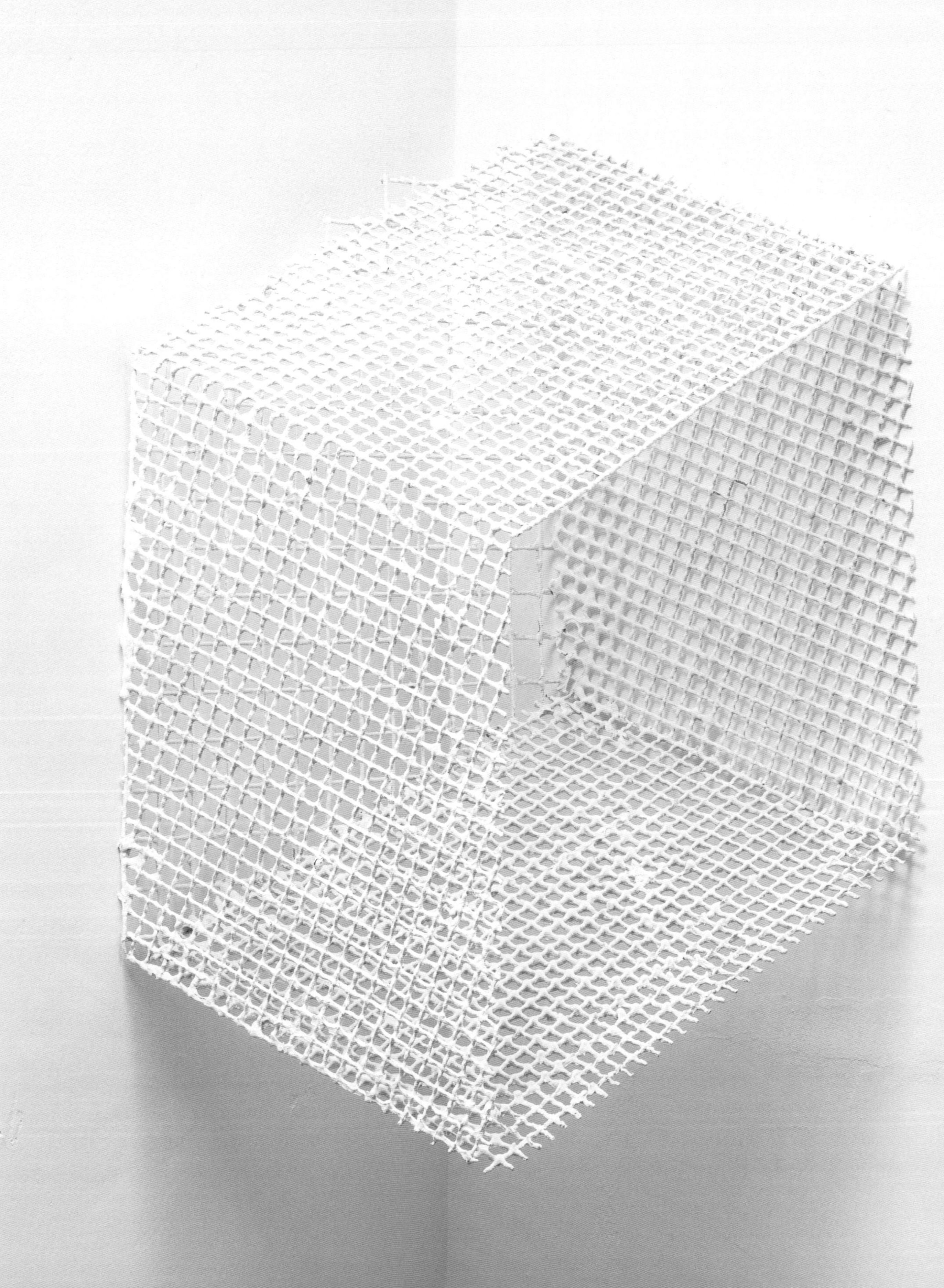

Sem título / *Untitled*, 2017
Malha de ferro e gesso
Rebar and plaster
100 × 70 × 62 cm
Cortesia / *Courtesy*
Galeria Helga de Alvear

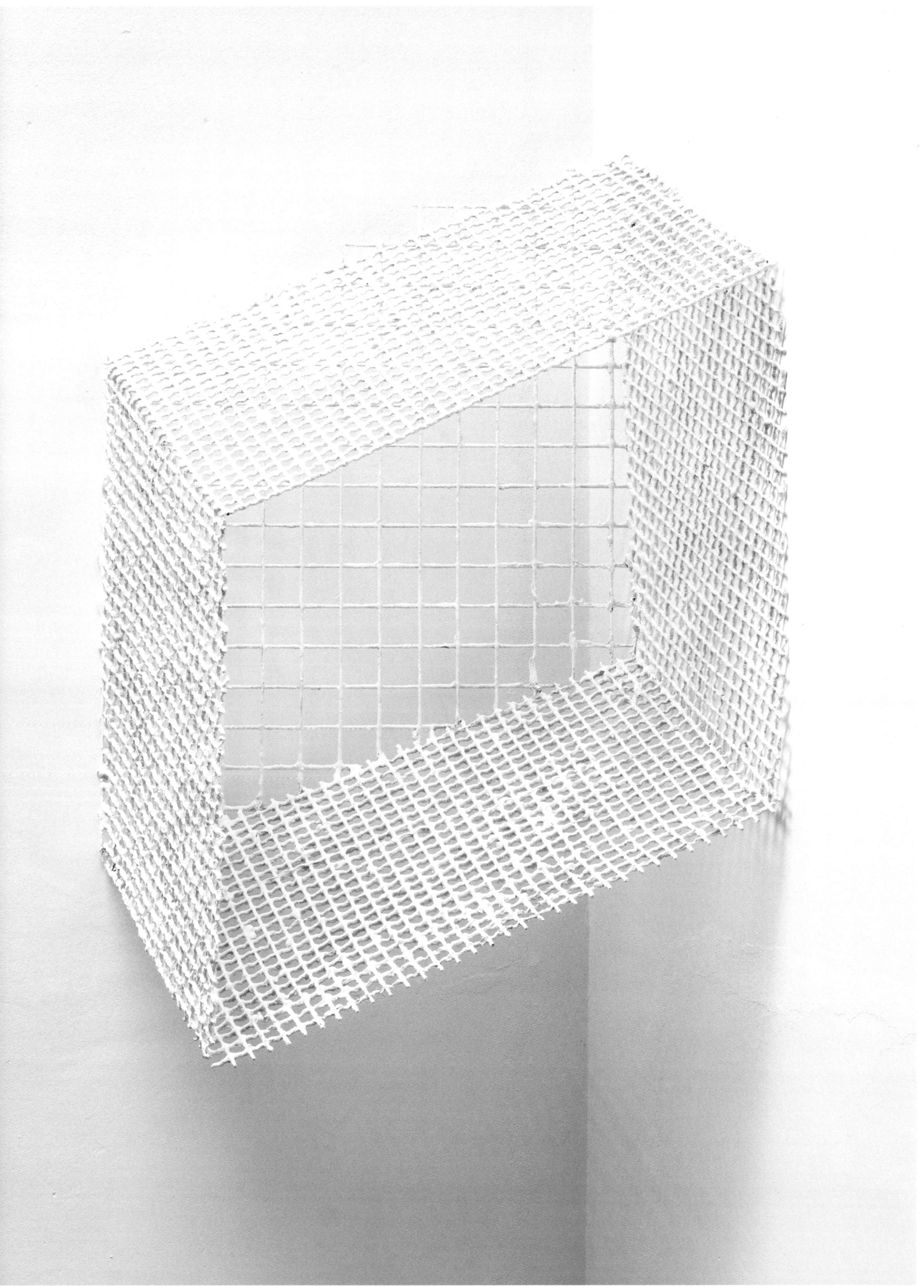

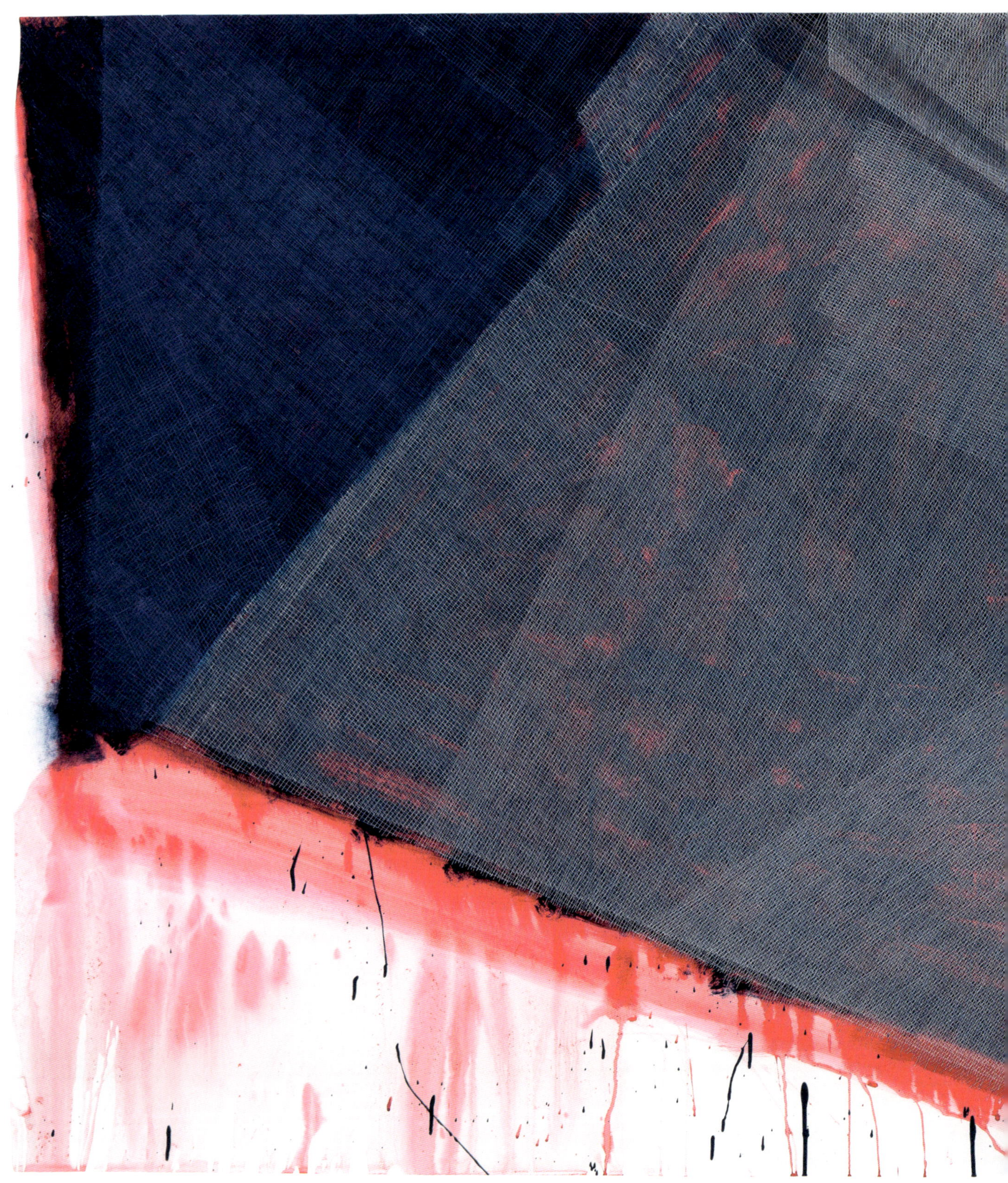

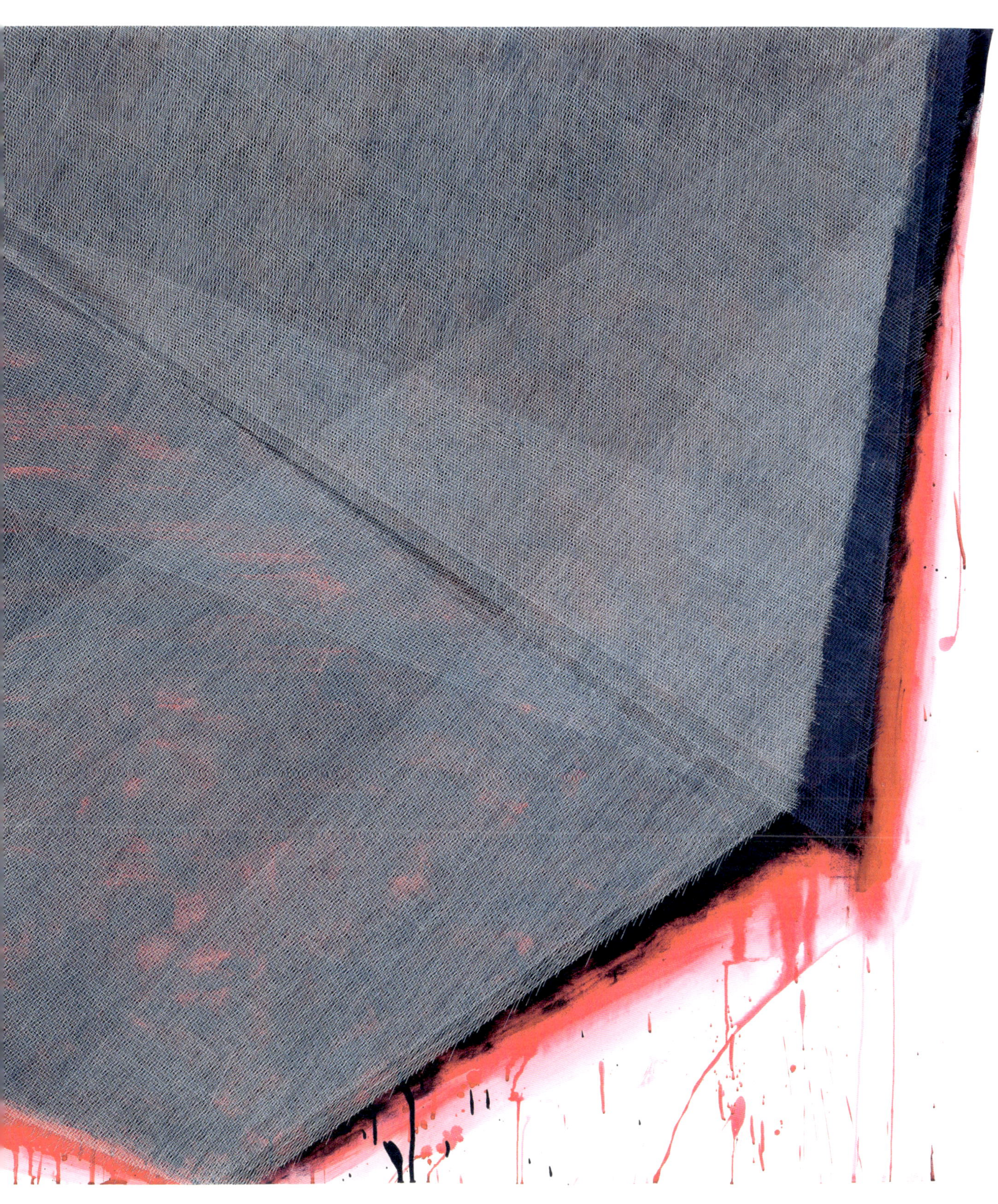

Sem título / *Untitled*, 2017
Guache, tinta sintética, verniz e tinta-da-china
Gouache, synthetic paint, varnish and Indian ink
153 × 275 cm
Cortesia / *Courtesy*
Galeria Senda

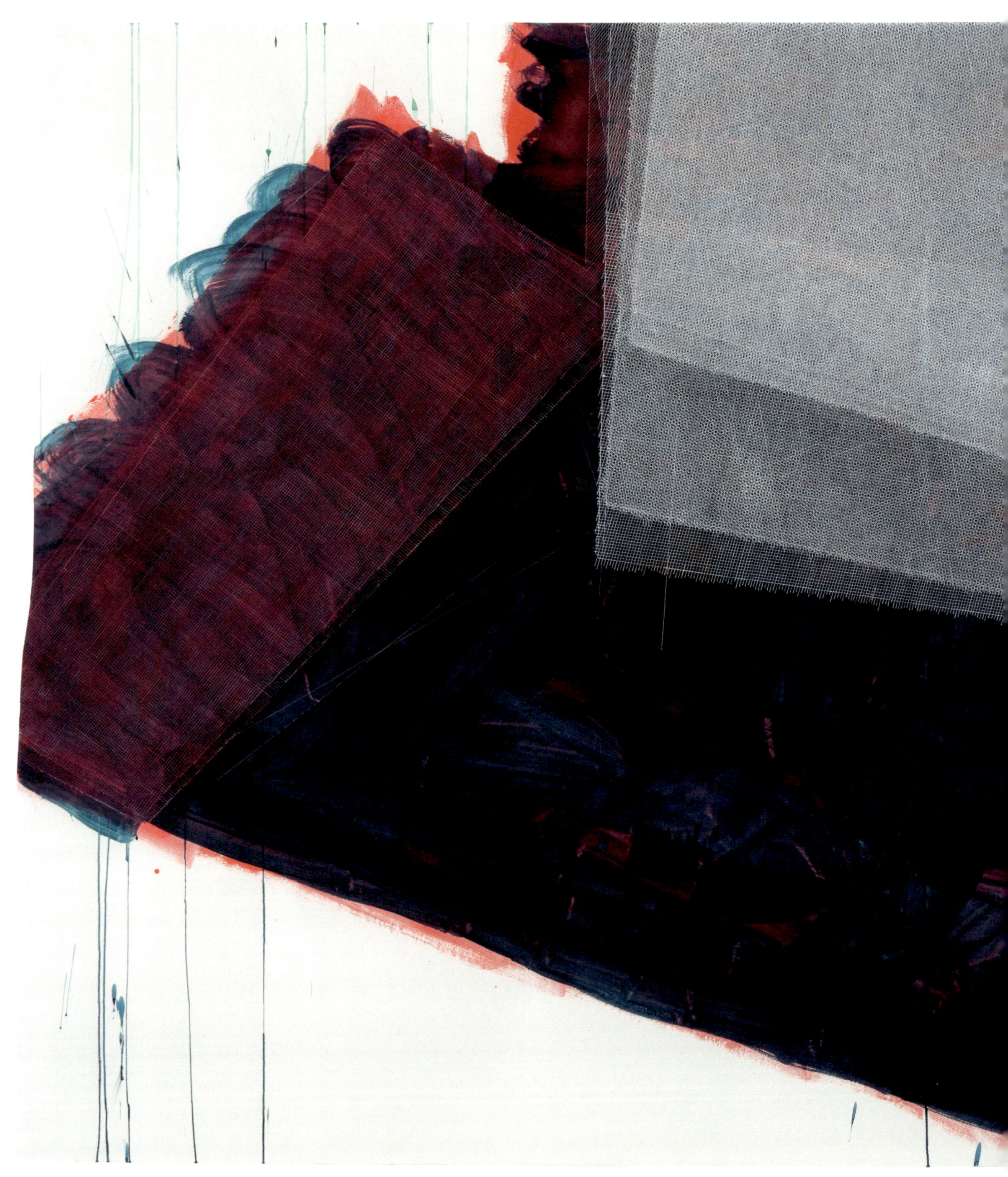

Sem título / *Untitled*, 2017
Guache, tinta sintética, verniz e tinta-da-china
Gouache, synthetic paint, varnish and Indian ink
153 × 275 cm
Cortesia / *Courtesy*
Galeria Helga de Alvear

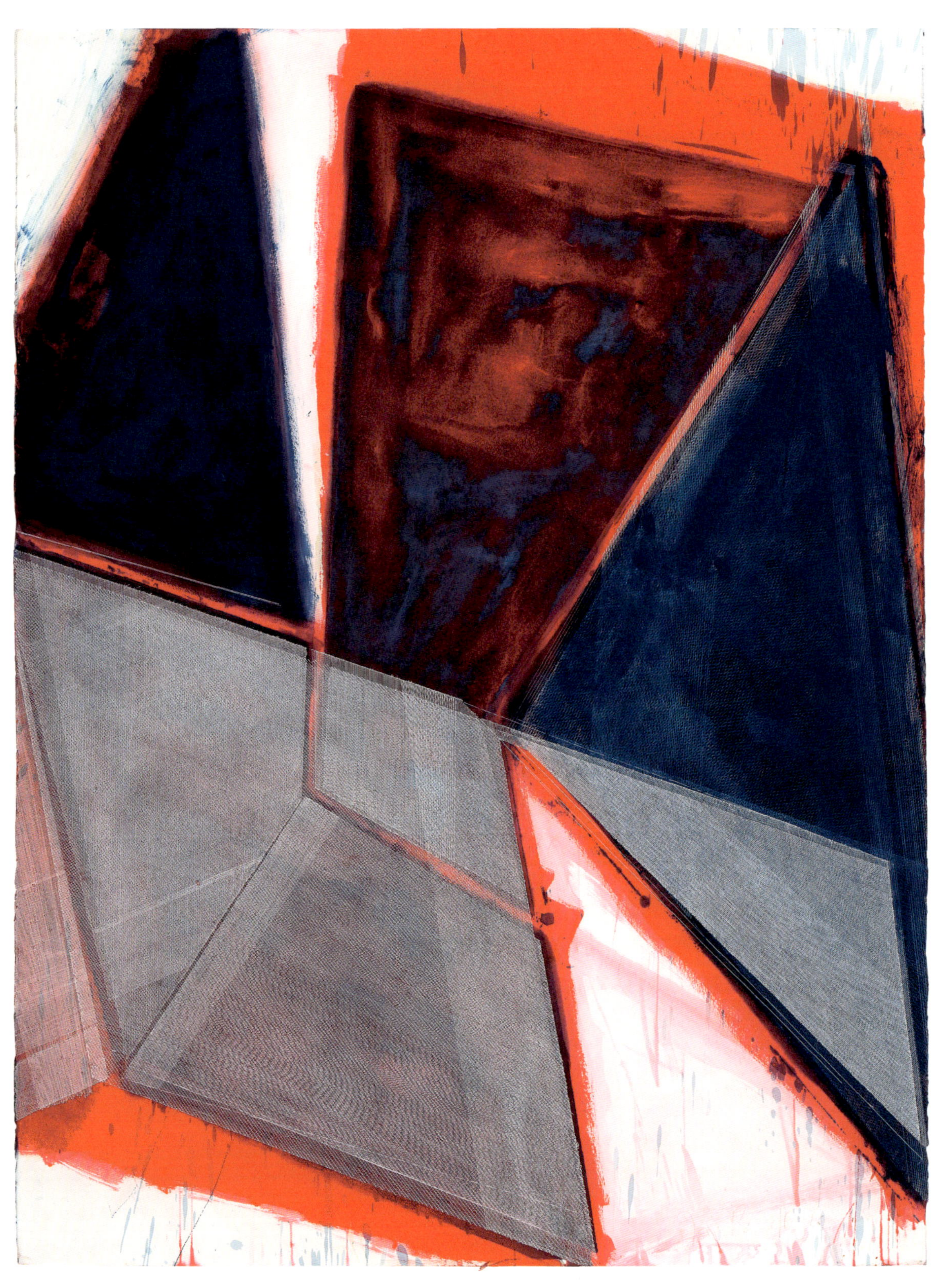

Sem título / *Untitled*, 2016
Guache, tinta sintética e tinta da china
Gouache, sintetic paint and indian ink
160 × 120 cm
Cortesia / *Courtesy*
Galeria Helga de Alvear

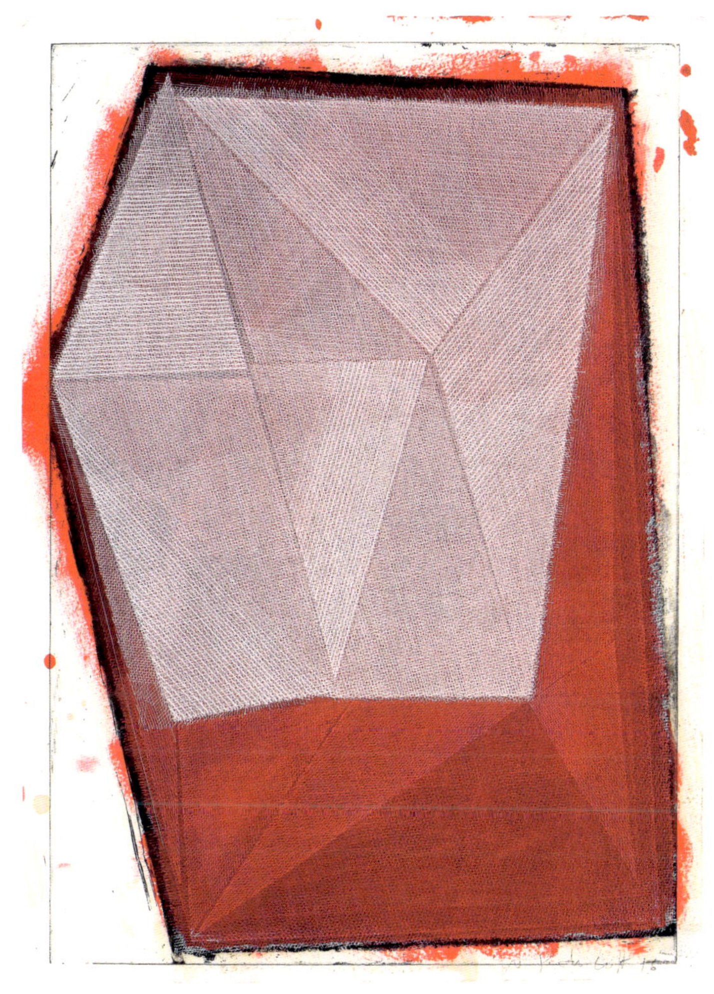

Sem título / *Untitled*, 2016
Guache, tinta sintética e tinta da china
Gouache, sintetic paint and indian ink
45 × 32 cm

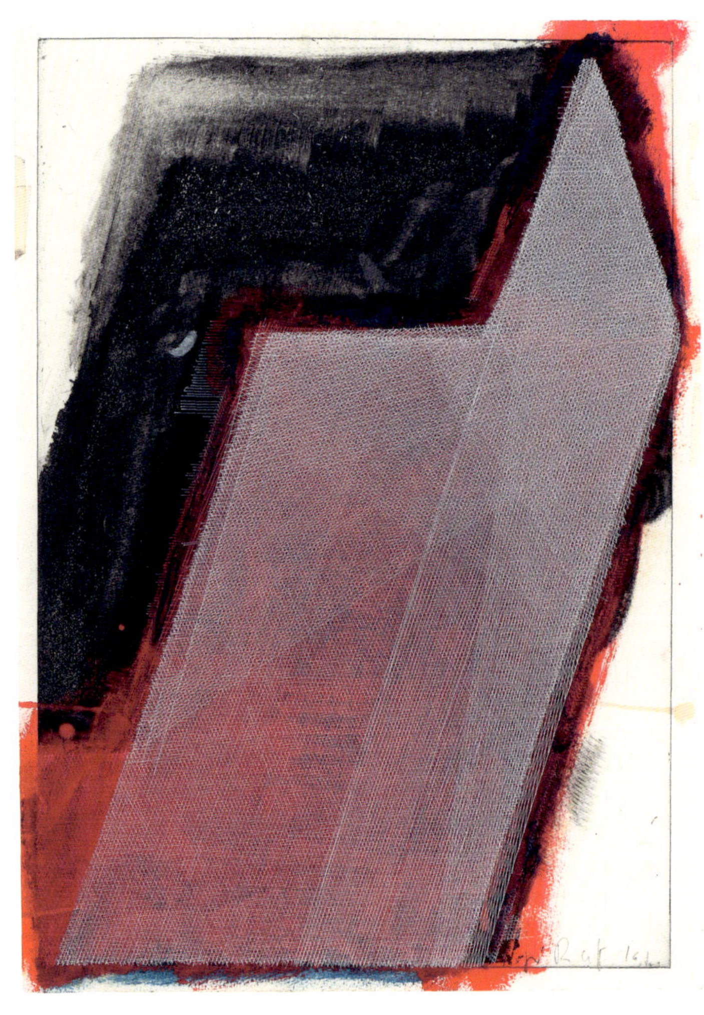

Sem título / *Untitled*, 2016
Guache, tinta sintética e tinta-da-china
Gouache, synthetic paint and Indian ink
45 × 32 cm
Cortesia / *Courtesy*
Galeria Senda

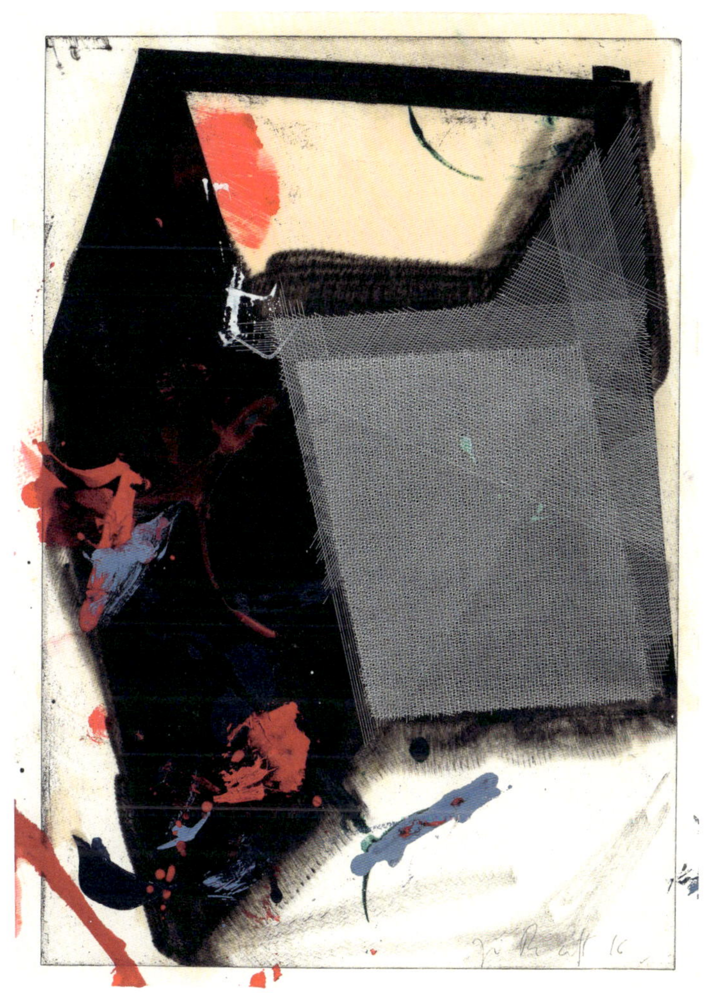

Sem título / *Untitled*, 2016
Guache, tinta sintética e tinta-da-china
Gouache, synthetic paint and Indian ink
45 × 32 cm
Cortesia / *Courtesy*
Galeria Helga de Alvear

UMA PERCEPÇÃO RENOVADA

Aurora García

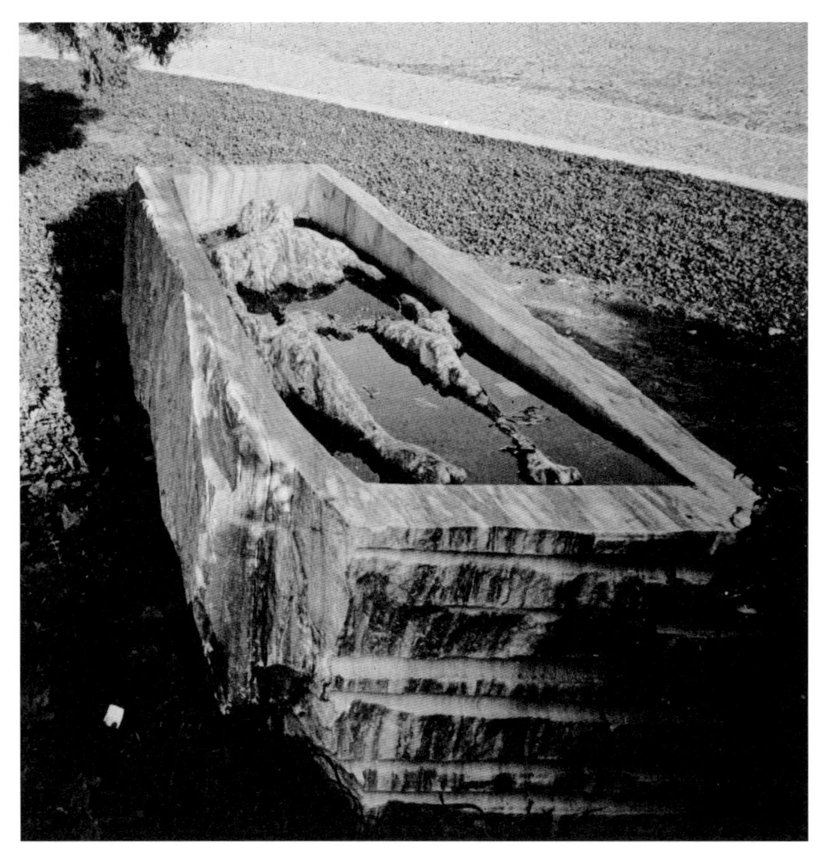

Sem título / *Untitled*, 1981
Mármore
Marble
60 × 250 × 80 cm
Câmara Municipal de Évora

Tanto as esculturas como os desenhos e gravuras de José Pedro Croft costumam partir formalmente de alguns padrões geométricos elementares, de arquétipos, onde a certeza lógica que em princípio os sustenta como tais vai ser levada com a intervenção do artista para o campo da aporia, do paradoxo. A Croft parecem interessar em primeira instância os aspectos generativos da arte, o que uma determinada forma e matéria é capaz de originar não como objecto ensimesmado, que apenas admite a confirmação isolada do seu *status*, mas como algo inevitavelmente relacionado com a complexidade do mundo e da existência, tendo em conta factores temporais e espaciais sujeitos a dinâmicas que comportam, além de nascimentos e variações, precariedade, contingência e inclusivamente morte.

As imagens básicas, de estreita filiação geométrica, das quais parte o trabalho deste artista respondem, em princípio, a códigos universais e secularmente aceites; acarretam, portanto, uma "objectividade" que Croft vai pôr em questão insuflando-as de subjectividade, de experiência pessoal na qual medeia a dúvida, as perspectivas multifocais, abertas e indefinidas. Hans Belting assinalou que "a mudança na experiência da imagem exprime também uma mudança na experiência do corpo, pelo que a história cultural da imagem se reflecte também numa análoga história cultural do corpo"[1]. Parece-nos interessante frisar aqui esta observação do historiador alemão, pois pensamos que no conjunto da obra de José Pedro Croft, expressa através de diferentes materiais, técnicas e suportes, está presente a impressão corporal, a do próprio corpo do artista que se abre ao diálogo com o corpo das coisas e com o do espectador. Está presente desde a eleição metonímica no âmbito da forma, que cedo descartou o que é directamente antropomórfico e animal para recorrer a um meio objectal, muito frequentemente relacionado com a medida e a experiência humana diária, um meio caracterizado às vezes por contentores hipotéticos de propensão abstracta e geométrica, e noutras ocasiões pela sua concretização formal em elementos de mobiliário e arquitectura que foram em tempos usados como tais e que agora o artista recupera sem anular a sua memória, antes modificando e expandindo o seu sentido inicial vinculado ao corpo. A este respeito, e paralelamente ao pensamento de Merleau-Ponty, Belting acredita que a percepção é algo de indissociável do corpo: não pode ocorrer sem que se estabeleça uma conexão necessária com o mesmo.

Assim, tudo isto nos leva à dinâmica da percepção, à sua complexidade e qualidade mutável. Croft recorre por princípio a imagens elaboradas por si ou a objectos préexistentes de aparente estabilidade e definição, embora por vezes tenham sofrido o desgaste do uso e do tempo para, em seguida, os levar à instabilidade e indefinição num exercício perceptivo ampliado que seria impossível de concretizar sem activar os impulsos energéticos do seu corpo, o embate das suas forças, um corpo que não se limita a observar, antes faz uso, além disso, de outros domínios sensoriais como base para a organização do pensamento. Agindo desta forma, o artista incita também o espectador a abandonar o seu papel tradicionalmente passivo, tornando-se num sujeito participante do que está ante si e ao seu redor, superando as múltiplas barreiras que limitam, para além da sua própria percepção, a percepção dos outros, das coisas e do mundo.

É hoje inegável que a arte foi expandindo aos poucos as suas velhas circunscrições em sintonia com o desenvolvimento de sociedades cada vez mais complexas, em boa parte devido aos avanços tecnológicos e ao alcance dos meios de comunicação, saturados estes últimos de imagens cujo destino frequente é o consumo, a publicidade e a influência interessada na opinião. Assim, tudo isso é capaz de produzir uma saturação perceptiva que pode mesmo levar ao atordoamento do receptor. No entanto, embora uma parte da produção artística actual prefira navegar comodamente numa direcção paralela à indicada, existem linhas de actuação na arte que tentam compensar essa ameaça real de atrofia da percepção que, a partir da esfera dos sentidos, inclui de igual forma o pensamento. A este respeito, nas imagens criadas por Croft, com recurso a diversos procedimentos, está presente a intervenção do gesto corporal para realizar acções que rompem com o cânone estabelecido sem temer o paradoxo, e nessas rupturas também entram abordagens de sinal múltiplo que contribuem para ampliar a perspectiva sensorial e conceptual do espectador. Por outro lado, as propostas espaciais do artista não esquecem um factor de grande importância, o tempo, que lhes está indissociavelmente ligado. Espaço e tempo, ambos ingredientes essenciais do fenómeno da percepção, indicados aqui na sua extensa ambiguidade – ou, noutras ocasiões, reduzida – para que o espectador os partilhe, os viva como algo de seu, já que Croft reivindica uma actividade a quem observa a sua obra, um corpo com uma mente aberta que entre nela – ainda que seja num sentido figurado – como o faz com o seu próprio.

A propósito da complexa dimensão temporal que capta o interesse de muitos artistas contemporâneos, Rosalind E. Krauss observou o seguinte: "Um dos aspectos mais surpreendentes da escultura moderna é a maneira como manifesta, através dos seus artífices, a consciência crescente de que a escultura é um meio entre o repouso e o movimento, o tempo parado e o tempo que flui"[2]. Mas há algo mais de suma importância: trata-se de mover a escultura para o espaço real da vida, "vivificá-la", para que compartilhe verdadeiramente o lugar onde se move o possível

1 — *Antropología de la imagen*,
Katz, Buenos Aires / Madrid,
2007, p. 30.

2 — *Pasajes de la escultura
moderna*, Akal, Madrid, 2002,
p. 12.

espectador, para que seja participante num tempo paralelo àquele que respira. Pretende-se que a obra de arte seja vivida como algo pertencente ao nosso próprio campo espacial, e não como um objecto auto-suficiente e imperturbável que está aí, indiferente ao corpo que a cria e ao corpo que a recebe. Chegados a este ponto, que consideramos crucial no momento de nos aproximarmos ao trabalho de Croft, torna-se inevitável ir abordando alguns aspectos da fenomenologia de Merleau-Ponty, começando pela sua discrepância face à dióptrica cartesiana no que se refere ao espaço, ao afirmar "eu não o vejo de acordo com o seu invólucro exterior, vivo-o por dentro, estou englobado nele. Ao fim e ao cabo, o mundo está à minha volta, e não à minha frente"[3]. Por outras palavras, vivo no espaço graças ao meu corpo vidente e visível e, "visto que vê e se move, tem coisas em círculo à sua volta, elas são um anexo ou prolongamento de si mesmo, estão incrustadas na sua carne, fazem parte da sua definição plena e o mundo está feito com o mesmo tecido do corpo"[4].

É inquestionável a influência do pensamento de Merleau-Ponty numa parte muito significativa do meio artístico ocidental, especialmente desde o início da década de sessenta do século passado, devido à edição em inglês da sua *Fenomenologia da Percepção* (1962), publicada pela primeira vez na língua original em Paris, em 1945. Contudo, na América, personagens relevantes da cultura, como o escritor e crítico de arte Harold Rosenberg – de Nova Iorque – ou o poeta Charles Olson, que foi professor e reitor do Black Mountain College (Carolina do Norte) nos anos cinquenta, parecem ter tido conhecimento, ainda antes da década de sessenta, das teses fundamentais da obra do filósofo francês. Acerca de Rosenberg, em concreto, Robert Hobbs diz enfaticamente que "leu em francês muitos dos mais relevantes ensaios fenomenológicos de Merleau-Ponty e (que) recorreu a eles em 1952 para desenvolver o seu conceito de *action painting*"[5]. A verdade é que, para além da pintura expressionista abstracta, o *corpus* teórico da fenomenologia influirá decisivamente na esfera renovadora da escultura americana concretizada por artistas como Robert Morris e Robert Smithson. De acordo com o que estamos a afirmar, Hobbs especifica que "Robert Morris, nas suas primeiras instalações na *Green Gallery* (1963) e Bruce Nauman, na sua série de peças de corredor, aplicaram com pleno conhecimento o pensamento de Merleau-Ponty"[6], em desacordo, como estavam, com algo que fora bastante antes rebatido pelo filósofo francês: o empirismo e o intelectualismo.

Pensando agora na escultura de José Pedro Croft, e concretamente naqueles contentores feitos em diversos materiais e com referência ao corpo humano desde o início dos anos oitenta até agora, trazemos à colação uma obra principiante, de 1981, feita de mármore, representando um sarcófago aberto deixando à vista restos antropomórficos e também marmóreos. São os primórdios do seu trabalho tridimensional, interessado por assuntos relacionados com a arqueologia, a arquitectura, a história de civilizações antigas, e a linguagem usada tem ainda notáveis correspondências figurativas, as quais, no que diz respeito à imagem humana e animal, irão desaparecer muito cedo. Mas o que aqui nos interessa, em particular, é a constatação de que essa estrutura rectangular volumétrica que compõe o caixão irá ser um *leitmotiv* ao longo de toda a produção do artista, não só como uma forma geométrica usada na sua escultura, mas também no desenho e na gravura. A estrutura da caixa cedo se incorpora no trabalho de Croft em relação directa com a medida corporal, como se fosse um contentor de um cadáver humano anónimo. O corpo presente na morte, inactivo, irá dando lugar à metonímia do paralelepípedo-caixa, que o nomeia a partir da ausência da sua imagem, mas convocando-o também na sua actividade e energia como motivo central da percepção. A caixa simboliza o espaço onde habita o corpo e é tão sensível quanto este às variações, à desmaterialização inclusive.

Há pouco mencionámos Robert Morris e a ele voltamos brevemente, seguindo o elo da caixa-contentor corporal. Em 1961, Morris realizou um *happening* no Living Theater, em Nova Iorque. Não seria a única vez que iria colaborar com o teatro experimental, mas esta intervenção, em que se pôs de pé numa caixa de madeira feita à sua medida e em posição vertical, *Box for Standing*, entrava em sintonia com aspectos da teoria fenomenológica de Merleau-Ponty, nomeadamente declarações como: "Perceber, no sentido pleno da palavra, que se opõe a imaginar, não é julgar, é captar um sentido imanente no sensível, anterior a qualquer julgamento"[7]; ou então, "o nosso corpo é um ser de duas folhas: por um lado, é coisa entre coisas e, por outro, é aquele que as vê e as toca; dizemos, porque é evidente, que reúne em si duas propriedades, e a sua dupla pertença à categoria do 'objecto' e à categoria do 'sujeito' desvela-nos, entre ambas as categorias, relações muito inesperadas"[8]. E é essa duplicidade no protagonismo do corpo que reivindica um novo conceito da arte, o qual também vai influenciar até certo ponto – por muito discutível que isto seja – os pressupostos minimalistas, como denota parte da escultura do próprio Morris e inclusive os seus influentes textos.

Não pretendemos afirmar, com o exposto até agora, que José Pedro Croft se tenha submergido directamente nas teses da fenomenologia da percepção, nem que ele seja um militante activo das mesmas. Mas sim, podemos constatar coincidências importantes com essas teorias, que já circulavam no ambiente cultural e artístico renovador desde o

3 — *El ojo y el espíritu*, Paidós Ibérica, Barcelona, 1986, p. 44.
4 — Ibidem, p. 17.
5 — "Merleau Ponty's Phenomenology and Installation Art", *Installations Mattress Factory 1990-1999*, University of Pittsburgh Press, Pittsburgh, 2001, p. 18.
6 — Ibidem, p. 20.

7 — *Fenomenología de la percepción*, Planeta Agostini, Barcelona, 1993, p. 56.
8 — *Lo visible y lo invisible*, Nueva Visión, Buenos Aires, 2010, p. 125.

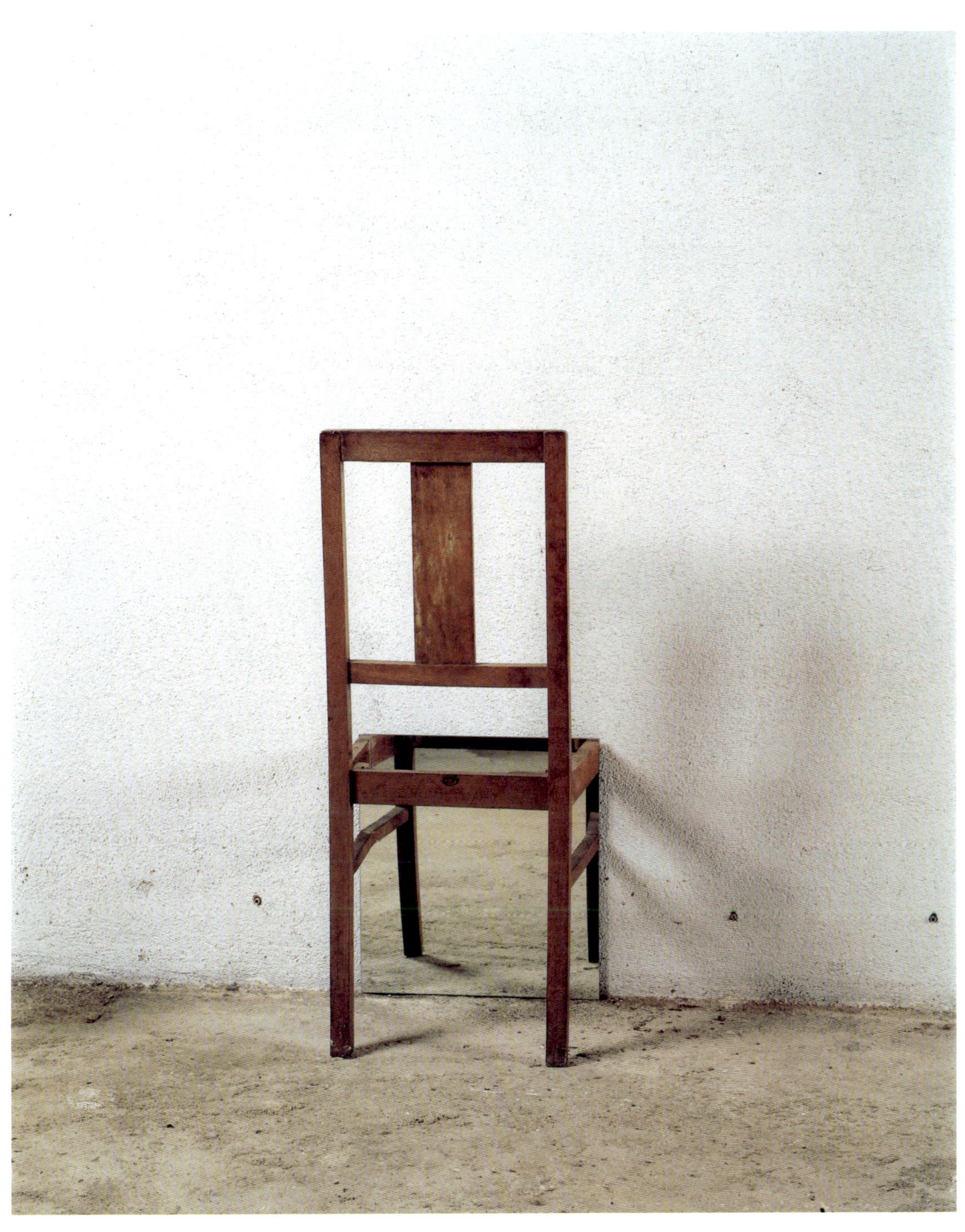

Sem título / *Untitled*, 1995
Espelho e fragmento de cadeira
Mirror and fragment of chair
90 × 38 × 15 cm
Colecção Particular /
Private Collection, Lisboa

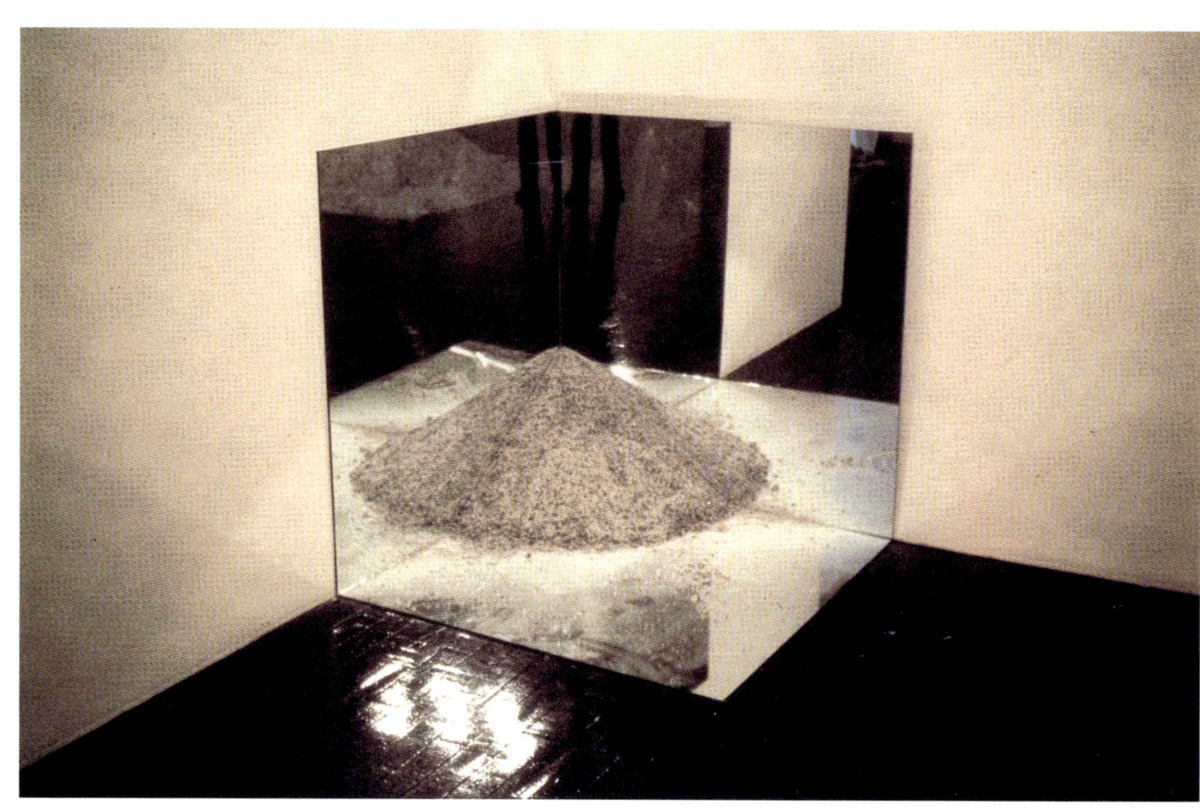

Robert Smithson
Corner Piece (Cayuga Salt Mine Project), 1969
Sal de rocha e três espelhos / *Rock salt and three mirrors*
121,9 × 121,9 × 121,9 cm
Colecção / *Collection* New Tokyo
Metropolitan Art Museum Project, Tokyo

pós-segunda grande guerra. É verdade que a sua abordagem artística se foi aproximando, de certa forma, do minimalismo na ênfase espacial e na eleição desses paralelepípedos e de outras formas geométricas básicas que Croft irá tratar com uma liberdade – distinta da "ortodoxia" da *minimal art* – alheia a regras pré-estabelecidas. Antes de considerar este movimento de arte, por exemplo, já tinha dirigido o seu olhar para artistas como Giacometti, cuja expressividade existencial tem, de igual forma, dívidas para com a fenomenologia. No entanto, o abandono das imagens antropomórficas pelo artista português e a adopção de formas mais ambíguas de tendência abstracta permitiam-lhe e permitem-lhe desenvolver de maneira mais idónea um projecto onde têm igualmente relevo conceitos dotados de grandes doses de abstracção, tais como os relativos ao espaço e ao tempo. Poderíamos afirmar que a obra de Croft, vista ao longo do seu percurso, é dual, uma vez que nela se estabelece um estreito diálogo entre essas construções de propensão abstracta que apontam para volumes fechados ou abertos, alterando inclusivamente a sua suposta regularidade, e os elementos figurativos de mobiliário, não fabricados pelo artista, mas antes encontrados, seleccionados e adaptados a um novo contexto, desprovidos da finalidade útil que tinham. Um contexto criativo que trata de oposições semânticas como a presença e a ausência, o familiar e o estranho, a duração e a instabilidade, a gravidade e a leveza, o transparente e o opaco, o reflexo e o velado.

Numa entrevista em 2003, o artista dizia o seguinte: "As minhas peças não são apenas uma coisa do pensamento, dependem também de como reage o corpo a algo que está à sua frente"[9]. Estas palavras entram em sintonia com a fenomenologia de Merleau-Ponty, para quem a percepção, em vez de ser uma actividade do entendimento, se baseia na relação do corpo activo com o mundo que o rodeia. "A consistência do corpo, longe de rivalizar com a do mundo, é, pelo contrário, o único meio que tenho de chegar ao coração das coisas, fazendo-me mundo e fazendo-as carne"[10].

Vamos deter-nos um pouco numa escultura de 1993 - as obras de Croft não têm títulos –, composta por dois móveis recuperados de madeira e um cilindro de gesso branco que os sustêm a partir da sua posição horizontal no chão. A mesa e o banco oferecem uma grande simplicidade de linhas, funcionando a primeira como contentor do segundo. Enquanto a mesa se apresenta erguida, desenhando as suas pernas a figura de um octaedro aberto por todos os seus lados, exceptuando na parte de cima, o banco situado por baixo dela está ligeiramente inclinado e os seus quatro suportes formam trapézios vazios que, por sua vez, se fazem acompanhar pelo quadrado, quer na tábua superior que serve como assento, quer nos espigões inferiores que ligam as pernas. Há, portanto, uma variedade de elementos geométricos nesta obra, alguns carregados de memória e conotações próximas devido à utilidade que em tempos tiveram; o outro, o cilindro branco e fechado, construído pelo artista, contrasta com a calidez escura dos móveis, ao mesmo tempo que incide neles apontando para algo de primordial desenvolvido pelo escultor: o equilíbrio precário, o que está aí e de um momento para o outro pode mudar de posição, podendo mesmo desconjuntar-se e partir-se. Os espaços criados por Croft com as suas obras envolvem frequentemente a noção temporal do instante capaz de alterar as coisas, como sucede na própria vida.

Outro factor directamente vinculado ao tempo é a luz, que o escultor quer transmitir desde a fase inicial de muitos dos seus projectos, recorrendo a materiais como o vidro, que, para além de transparência e sensação de leveza, traz subtis reflexos cambiantes consoante a iluminação do espaço em que estes se encontrem. Os espelhos também têm um claro protagonismo na sua obra e a eles iremos dedicar algumas linhas mais adiante. Mas adiantemos que o artista fez em 1999 uma declaração que ainda hoje continua a manter parte da sua validade, apesar do muito que avançaram as suas pesquisas desde então: "A minha utilização de vidros ou espelhos tem sempre um carácter inexpressivo, indiferente ou abstracto, no sentido em que não se trata de ver o que está lá, mas o que acontece no espaço quando o vidro ou espelho interferem com a visão"[11]. Assim o demonstra uma obra de 1995, onde o escultor se estreou na utilização do vidro azougado. É composta por uma cadeira velha de madeira com linhas simples, desprovida do assento e das pernas dianteiras, que é mostrada de frente para a parede e encostada à mesma, segurando um espelho cortado à medida da parte inferior frontal do móvel. Quando o espectador se vai aproximando de frente para esta obra, o que vê em primeiro lugar é que a cadeira tem as suas quatro pernas graças ao reflexo da parte de trás no espelho. Trata-se de uma recomposição ilusória de carácter espacial, invertida no que diz respeito à localização do objecto escultórico e ao facto reflexivo que projecta de dentro de si e para si, passando, se for esse o caso, o reflexo dos pés do visitante a um segundo extremo que remete para a dinâmica do tempo real, ainda que quase nada acrescente ao sentido desse trabalho, cuja complexidade está no que acontece no seu próprio interior.

O vidro transparente é igualmente um recurso muito utilizado por Croft. Combinado ou não com o espelho, é um material muito adequado para criar espaços ambíguos penetráveis com a vista, espaços onde a sensação de gravidade e peso se esfuma e prima a ideia de desmaterialização, juntando-se os conceitos de interior e exterior. Esses espaços são inicialmente, em não poucos casos, delimitações de índole arquitectónica que podem superar a medida do

9 — Entrevista com J. L. Estévez: "Las esculturas son objecto de tránsito", *El País* (Babelia), 12 de Abril de 2003, p. 18.

10 — Maurice Merleau-Ponty, *Lo visible y lo invisible*, op. cit., p. 123.

11 — Nuno Faria, "Entrevista com José Pedro Croft", *José Pedro Croft. Desenho, Escultura*, Câmara Municipal de Lisboa, Lisboa, 1999, p. 11.

corpo, sem deixar de o ter presente e ao qual, no entanto, impedem o acesso de forma total. Os vidros que os compõem costumam suster-se em estruturas metálicas industriais, às vezes já anteriormente perfuradas e, outras vezes, sem perfuração. A propósito destes objectos espaciais tendentes à desmaterialização, vem-nos de imediato à memória uma obra de 2003, com perfis de ferro pintado a cinzento claro e semi-coberta por dois vidros transparentes sem moldura. O seu comprimento excede os quatro metros e a medida em altura permitiria a passagem do corpo do espectador, mas a sensação de instabilidade que a peça comunica é percebida a partir de fora, graças à total transparência que une o espaço interior da peça ao transitado pelos corpos visitantes. A obra entra no espectador sem necessidade de que este se introduza nela corporalmente: e o artista, corpo a corpo com as suas estruturas geométricas, centrou-se no desenvolvimento de perturbações "naturais" e "humanizadas" que se repercutem na experiência daqueles que contemplam o trabalho; centrou-se em factores relacionados com o problema real do equilíbrio e permanência no espaço e no tempo, a leveza e a luz, as possibilidades de abertura e transformação, como se fosse um desenho em curso, conceptualmente aberto e dinâmico. Porque, ainda tendo em conta que, no seu caso, o trabalho escultórico tende a prosseguir sem esboços nem desenhos preliminares, há uma irmandade evidente entre este tipo de obras e as executadas em papel, que frequentemente acompanham as outras, dialogando estreitamente nas exposições. O mesmo podemos dizer das suas abundantes esculturas de parede, algumas das quais feitas com placas metálicas onde quase não existe volume, e é este recurso à pintura e à cor que lhes outorga o efeito tridimensional.

Tratando das discordâncias de Lyotard com o universo da fenomenologia, Rosalind E. Krauss escreveu que o fenomenológico é "um mundo que se abre progressivamente, um mundo que constantemente cria espaços para os corpos que o povoam. Neste sentido, é um espaço fundamentalmente visível, quer se veja ou não o princípio que o estrutura. Trata-se do espaço em que surge a "forma", onde nasce o ser, o espaço da boa forma, da *gestalt*"[12]. Muito pouco antes de fazer estas afirmações, no mesmo livro, a autora detém-se brevemente numa obra de Giacometti, *Bola Suspensa* (1930), enfatizando que o pulso deste escultor "age contra a estabilidade e a auto-evidência da forma, da permanência – por outras palavras – da boa *gestalt*"[13]. Trata-se dum trabalho de inícios do período surrealista de Giacometti, um período de apenas cinco anos que Krauss virá a destacar como os mais importantes na produção deste artista. No entanto, acrescentamos nós, é bem conhecida a influência da teoria fenomenológica – e, mais em concreto, a influência renovadora de Merleau-Ponty

– no desenvolvimento, posterior à segunda guerra, do trabalho do referido escultor – sem esquecer a sua relação com o existencialismo sartriano –, dando lugar a uma visão que põe em julgamento a mera aparência das coisas, subvertendo-as e sacudindo-as, apontando inclusive para o vazio, para a sua possível desaparição. Neste sentido, Merleau-Ponty defende que "o que é próprio do visível é ser a superfície de inesgotável profundidade, é isso que torna possível estar aberto a pontos de vista diferentes do nosso"[14], rejeitando assim o unívoco e o totalmente delineado no fenómeno perceptivo. As suas teorias permitem a discussão especialmente a partir do plano da linguagem, mas a riqueza de conteúdo da sua filosofia fenomenológica ofereceu e continua a oferecer campos de grande abertura relacionados com a arte e a criatividade. Ainda neste sentido, Benjamin H.D. Buchloh traz à luz a forte influência do Giacometti próximo do pensamento de Merleau-Ponty na obra de Richard Serra – algo previamente reconhecido por este último – e, em especial, o seu contributo de raiz fenomenológica para o conceito do processo no campo da escultura, "redefinindo a própria percepção como um entrelaçamento de respostas corporais e cognitivo-perceptivas"[15]. Tudo isso nos leva de novo à obra de José Pedro Croft que, tal como acontece no trabalho de Giacometti – deixando de lado diferenças de natureza vária entre ambos –, nos faz entrar nas regiões da dúvida, o que não significa ir contra o facto perceptivo; muito pelo contrário, pressupõe aprofundar a sua complexidade, buscando os "números secretos" (Merleau-Ponty) do que vemos, superando a credulidade absoluta no que nos foi transmitido através da história e da cultura.

Descartando desde muito cedo qualquer modo de representação de sinal antropomórfico, como já antes dissemos, as tensões estabelecidas no conjunto do trabalho de Pedro Croft formulam-se através duma linguagem de propensão abstracta onde a forma de origem geométrica pode funcionar como metonímia do corpo humano, começando pelo próprio corpo do artista. Diferentemente do Giacometti figurativo, Croft parte da distância que leva consigo a geometria no que se refere ao campo da subjectividade, para, ao longo do processo de execução, transgredir mediante o gesto – entendido este no seu sentido mais amplo – a ideia de objectividade e fixidez na visão das formas e do espaço que somente responderia a cânones estabelecidos para uma percepção limitada do que habita no mundo ao nosso alcance. Eis aqui o grande paradoxo formulado na sua obra: a proposta lógica e objectiva da visão deriva imediatamente em direcção à subjectividade onde habitam o tempo e o espaço vividos a partir da própria carne, e são esses factores juntos a ela, com as perturbações que provocam, o que interessa destacar: não tanto

12 — *El inconsciente óptico*,
Tecnos, Madrid, 1997, p. 233.
13 — Ibidem, p. 231.

14 — *Lo visible y lo invisible*,
op. cit., p. 130.
15 — "Richard Serra's early
work: Sculpture between labor
and spectacle", Kynaston
McShine e Lynne Cooke (org.),

Richard Serra: Forty years,
The Museum of Modern Art,
Nova Iorque, 2007, pp. 43-44.

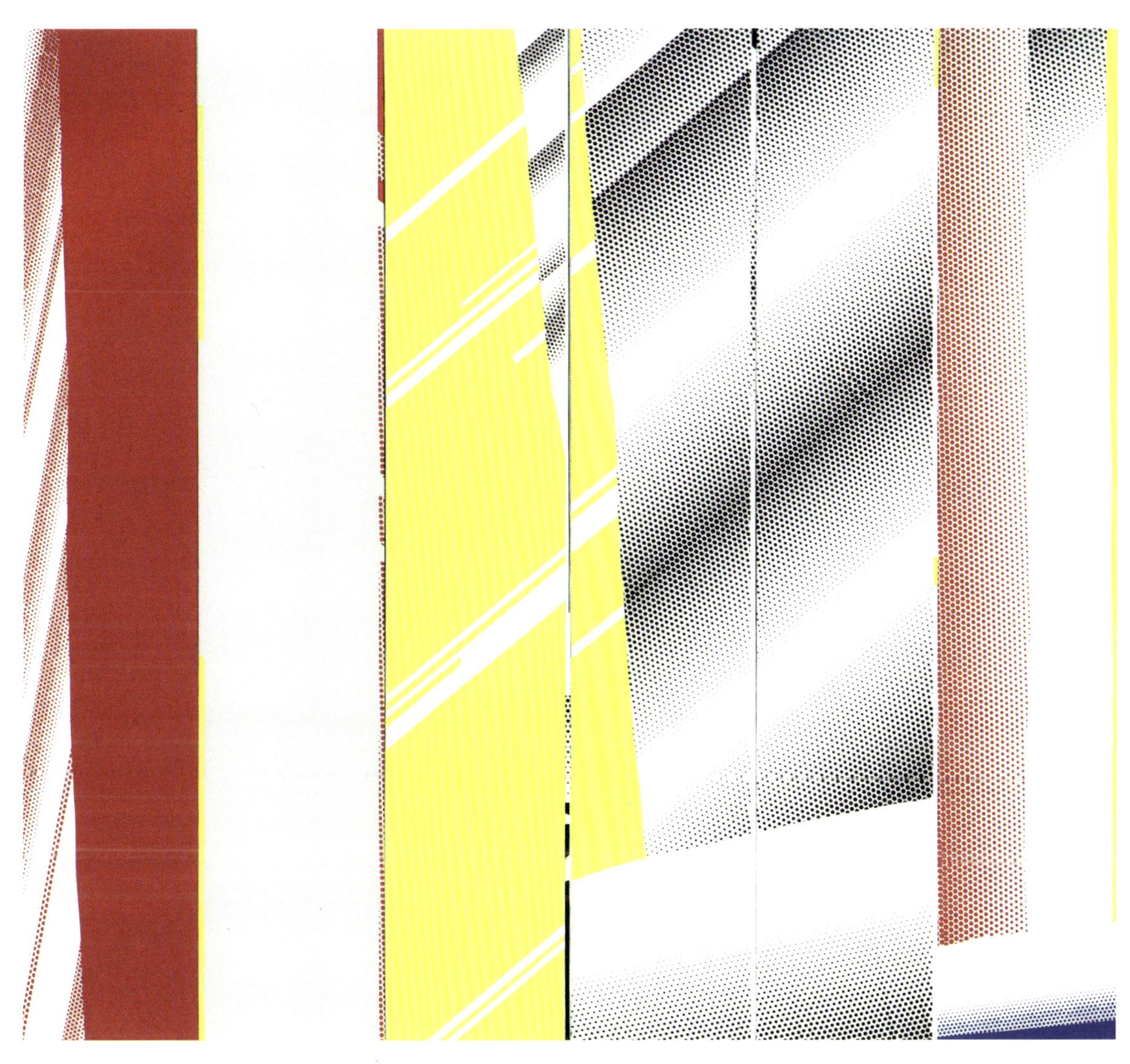

Roy Lichtenstein
Mirror in Six Panels, 1971
Óleo e magna sobre tela, seis painéis
Oil and magna on canvas, six panels
304,8 × 55,8 cm (cada/*each*)
Colecção Privada / *Private collection*

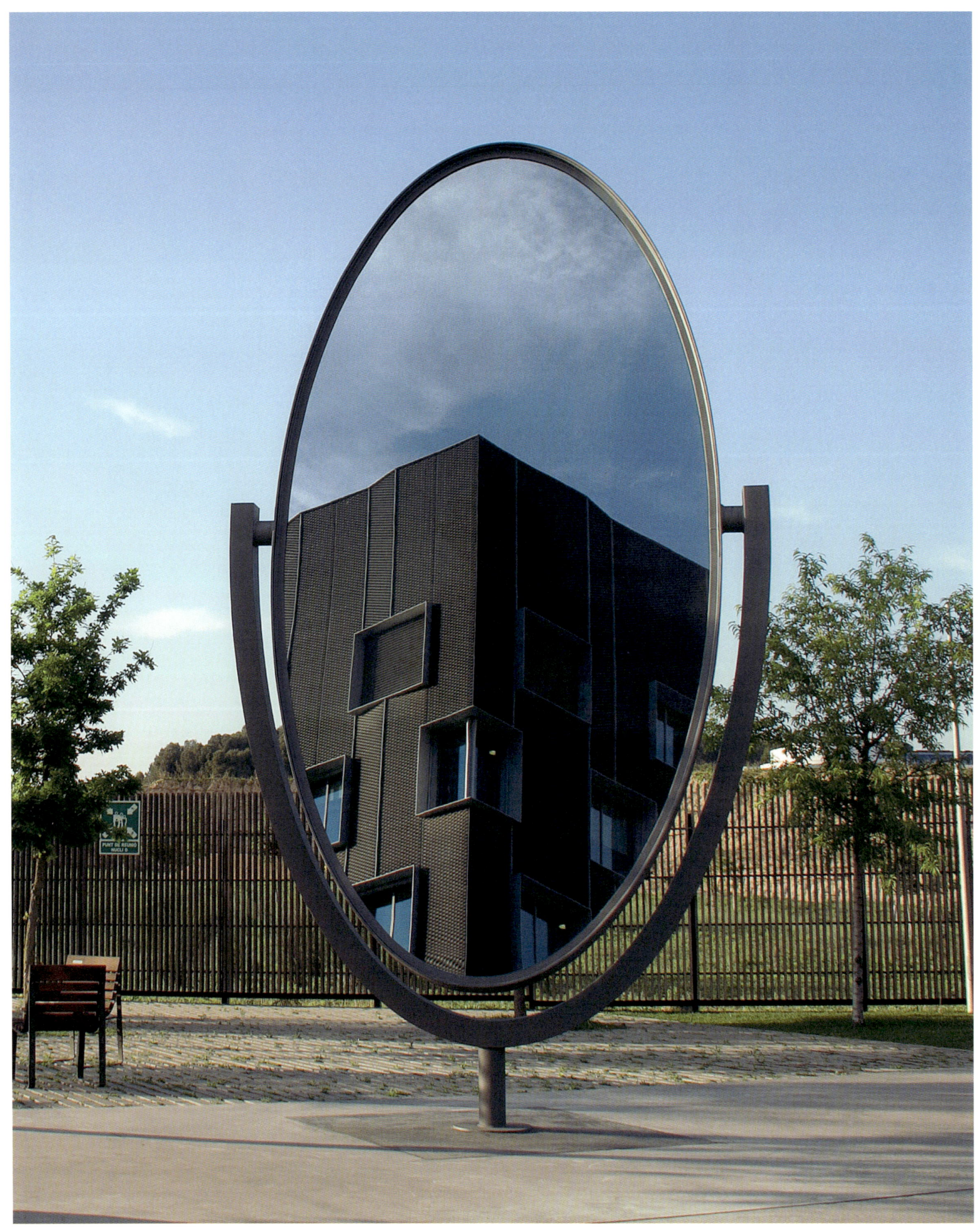

Sem título / *Untitled*, 2015
Ferro e vidro
Iron and glass
700 × 350 cm
Colecção / *Collection*
Banco Sabadell

o corpo material, mas antes o que necessariamente se relaciona com ele e o condiciona. Essa é a metonímia que se exprime, como bem observou João Silvério, em "formas simples, mas articuladas em soluções complexas, próximas da ideia de ensaio, densificadas pela simultaneidade de dúvidas e problemas que a sua construção propõe num espectro experimental quase ilimitado"[16].

Diferentemente do que em geral se entende por escultura minimalista, a obra geométrica de Croft admite livres aberturas e desvios, alguma dose de acaso e pode inclusive sugerir o acidente. As suas construções articulam-se habitualmente entre o sentido e o não-sentido. Noutra ocasião, referindo-nos também a este artista e ao meio simbólico que tem presente, incorporámos uma citação de Hans Blumenberg que evocamos aqui de novo pela sua pertinência: "a condição de exílio da metáfora num mundo determinado pela experiência disciplinada torna-se tangível no mal-estar que provoca tudo aquilo que não corresponde ao padrão de uma linguagem que tende à univocidade objectiva"[17]. Contudo, a ortodoxia minimalista também contemplava certos desvios à regra. Nesse aspecto, Sol LeWitt, um artista muito considerado por Croft, é capaz de elevar ao voo a lógica, na qual se baseia a sua ideia ou conceito, para roçar o âmbito do que entendemos por contra-senso. Alexander van Grevenstein resumiu-o assim: "O paradoxo é o lugar onde a lógica se deleita na relatividade, criando assim espaço para o irracional (...). É também esta a liberdade que ele reclama quando diz que os artistas conceptuais são mais místicos do que racionalistas"[18]. Sabe-se que LeWitt rejeitou desde o princípio a etiqueta "minimalista", reivindicando o estatuto de artista conceptual. Tanto em algumas das suas estruturas tridimensionais como nos desenhos de parede é possível constatar desvios a uma formulação estrita e continuamente lógica. Com efeito, a ideia em que baseia a sua obra não pode permanecer muito tempo enjaulada, enquanto a natureza generativa do seu trabalho o leva por vezes a desviar-se de um programa rígido, dando origem àquilo que deriva da intuição, à qual, por outro lado, nunca renunciaria.

Estas breves considerações acerca da obra de Sol LeWitt levam-nos a compreender por que não é incoerente a convivência, no caso concreto de Croft, do sentido e do não-sentido. Se, por exemplo, considerarmos os seus grandes desenhos dos últimos anos, vemos que são extensões espaciais caracterizadas pela sua abertura e formadas por entrecruzamentos lineares desenhados e coloridos. Os "inter-espaços" que criam estas linhas rectas foram recortados e esvaziados pacientemente, a fim de agudizar ainda mais a ideia espacial, que também se complica pela sobreposição de tramas que apontam várias direcções. A noção de centralidade não existe aqui; em vez disso, põe ênfase no que supera os limites, na fuga dinâmica do que não só tende a escapar pelos lados, mas também para o interior, mediante a perfuração regular do suporte de papel. Deste modo, Croft estabelece uma comunicação do espaço exterior com o interior num minucioso exercício de leveza e vivacidade onde também podemos encontrar transbordamentos pictóricos e acções próprias do gesto, como o *dripping*. Estes belos trabalhos contêm igualmente tanto o gérmen da vulnerabilidade como a sugestão de metamorfose, bem como algo que Krauss veio a esclarecer: "os retículos 'para além da moldura' frequentemente supõem a desmaterialização da superfície, a dispersão do material num cintilar ou movimento tácito"[19]. Algo que também não é alheio à obra escultórica de José Pedro Croft, um artista empenhado na superação dos limites.

Vamos tratar agora da sua obra mais recente, destinada à Bienal de Veneza de 2017 e propositadamente executada com vista a uma instalação temporária nos jardins da Villa Hériot, na Giudecca. O projecto inicial de intervenção na Giudecca era de outro cariz, já que iria entrar em relação directa com a obra de arquitectura de Álvaro Siza Vieira no Campo di Marte, muito perto do local da referida *villa*. Álvaro Siza retomou recentemente a edificação de um grupo de habitações sociais a cuja segunda fase não pôde dar a devida continuidade por ter sido interrompido há anos o orçamento destinado à obra. O arquitecto português projecta acabar, também ali, uma pequena praça que conterá uma fonte circular desenhada por Croft. A necessidade de não fazer coincidir a actividade das obras em curso no bloco de apartamentos com a da praça levou o escultor a mudar o seu primeiro projecto e a realizar seis grandes esculturas com vidros reflectores que incluem espelhos, vidro transparente e vidro colorido de vermelho carmim. Trata-se de um trabalho múltiplo de dimensões monumentais e feito industrialmente, embora a impressão recebida seja a de algo tão leve como um desenho no ar. Mais precisamente, como seis desenhos aéreos de índole geométrica que, nas suas variações a partir da mesma ideia, o espectador-visitante vai encontrando no seu percurso. Um itinerário perturbador pelas diversas e insólitas perspectivas que oferece da *villa* – formada por várias construções em tijolo de princípios do século XX – e o seu lindo jardim à beira da Laguna veneziana.

Não podemos evitar aqui, ante estes espelhos cortados rectangularmente e cujo lado maior mede à volta de seis metros de comprimento, voltar de novo a Merleau-Ponty, ao que ele afirma sobre o quiasmo no que se refere à percepção. "O QUIASMO, a reversibilidade, é a ideia de que toda a percepção vem acompanhada por uma contra-percepção"[20], já que para este filósofo cada objecto existente se torna num espelho de todos os demais. O quiasmo como

16 — "Uma medida impura", *Objectos Imediatos*, Câmara Municipal de Lisboa e Fundação Carmona e Costa, Lisboa, 2014, p. 181.
17 — *Naufragio con espectador*, Visor, Madrid, 1995, p. 104.

18 — "*De aedibus sacris* and on beauty", *Sol LeWitt. Wall Drawings, 1968-1984*, Stedelijk Museum, Amsterdam, Stedelijk Museum, Eindhoven e Wadsworth Atheneum, Hartford, Connecticut, 1984, p. 11.

19 — Rosalind R. Krauss, *La originalidad de la vanguardia y otros mitos modernos*, Alianza, Madrid, 1996, p. 36.
20 — *Lo visible y lo invisible*, op. cit., p. 233.

figura de retórica pode perfeitamente ser equiparado ao reflexo no azougue ou na superfície polida; sem esse reflexo o espelho não teria qualquer entidade como tal, que é o que acontece, sem ir mais longe, nas séries de espelhos solitários, pintados por Roy Lichtenstein entre 1969 e 1972, os quais não reflectem nada, mas criam outro género de ilusionismo, mudo e abstracto, diferente do desempenhado por estes objectos na pintura ao longo da história. Com efeito, esses "espelhos" do destacado artista da arte *pop* renunciam a reverter o que supostamente têm à frente, porque o seu compromisso se baseia na designação do objecto em si mesmo para o identificar com o exercício livre da pintura, interrompendo assim a vinculação desta com a imagem convencional. Ignorando a funcionalidade, o que o artista americano leva a cabo é uma espécie de metalinguagem desviante que vem pôr sob suspeita os estímulos habituais da percepção. Croft, por sua vez, serve-se da funcionalidade do espelho não para transmitir literalmente o que esperamos que este transmita, mas antes para que o uso do quiasmo especular origine outras visões dinâmicas do espaço onde estamos e nos movemos. Um espaço alterável, que admite retracções e dilatações.

O reflexo humano que pode ter ante si o espelho não é algo de prioritário nestes trabalhos, como também não supõe uma prioridade nas outras – numerosas – esculturas de Croft. Interessam-lhe principalmente quer as articulações plurais do espaço que pode conseguir através do vidro reflector, quer o sublinhar do conceito de *Fluxus Temporis*. Sempre o espaço e o tempo como motivos dinâmicos e substanciais da sua obra que, quer seja concebida bidimensionalmente quer se desenvolva em três dimensões, aponta para a quarta dimensão que leva a retina a duvidar dos seus hábitos perceptivos. Com efeito, quando Croft usa o espelho, fá-lo com finalidade interrogativa e desestabilizadora, com o propósito de abrir novas – e inesgotáveis – vias para o fenómeno da percepção. Uma vez que os caminhos da arte não têm limites, a utilização do espelho que, em circunstâncias normais e em conformidade com as palavras de Gerhard Richter, funciona como um quadro porque o espelho "mostra algo que não está aí – pelo menos, não aí onde o vemos"[21], pode mesmo levar à negação – ou, pelo menos, à interrupção – da percepção, que é outra maneira de a estimular. É o caso da obra de Robert Smithson *Enantiomorphic Chambers* (1965), que, segundo as palavras de Robert Hobbs, "dá lugar a uma nova maneira de perceber ou, talvez se deva dizer, a uma forma de *não-perceber*, na qual o vácuo se manifesta quer visualmente quer somaticamente"[22].

Smithson, interessado pela fenomenologia – tinha lido Husserl e Heidegger –, também se iniciou em muitas outras áreas do conhecimento, como a técnica estereoscópica e na cristalografia. Para além das *Câmaras Enantiomórficas*, mencionadas em ocasiões distintas a propósito de certas estruturas reflectoras de José Pedro Croft, Smithson levou a cabo em 1969 várias obras com espelhos actuando directamente sobre a paisagem, com *écrans* especulares como aquele que deslocou da Universidade de Cornell em Ithaca (Nova Iorque) até à não muito distante mina de sal de Cayuga, instalando por breves períodos de tempo essa estrutura plana e nua em oito lugares de ambiente salino, branco e reverberante. Daquela acção efémera sobre o terreno ficaram as imagens fotográficas, uma viagem experimental e perceptiva que apontava ao inesgotável, apesar da sua curta duração. Algo de paralelo a isto podemos dizer dos *écrans* reflectores de Croft que convivem provisoriamente na Villa Hériot, ainda que neste caso em sincronia e num local diametralmente diferente, um lugar urbano à beira da água onde a arquitectura tem poder e o verde do jardim ornamental não admite comparação lógica com a mencionada paisagem salina. Um lugar, o da Giudecca, facilmente acessível ao espectador, que também pode ver – ou não – a sua imagem reflectida nos espelhos. Mas isto não é prioritário para o artista, e são-no sim, em vez disso, outros aspectos de maior alcance relativos à forma como vemos, mais para além daquilo que vemos ou cremos ver.

Pistoletto, que chegou ao uso do espelho – do aço polido a fazer de espelho – através da pintura, a partir dos seus auto-retratos brilhantes da segunda metade dos anos cinquenta, confessou o seguinte, depois de uma longa experimentação com esse meio: "Interessa-me mais a transição entre os objectos que os objectos em si. Interessa-me a faculdade da percepção, a sensibilização do indivíduo. Os objectos, o estado das coisas, os movimentos humanos aceites na sua aparência convencional não contribuem de modo nenhum para o estímulo profundo do homem, em pleno uso da sua capacidade cerebral"[23]. Com o mais substancial destas apreciações parece também coincidir o trabalho de José Pedro Croft a que agora nos referimos, uma obra que reúne a ideia da pintura e da escultura sem necessidade de nos determos aqui na noção de volume. São grandes desenhos espaciais, compostos por *écrans* e pelas vigas metálicas que os sustêm, marcando todos esses elementos diversos ritmos abertos com a sua riqueza de articulações. Abandonaram o papel e a parede onde nunca estiveram fisicamente para se introduzirem materialmente no meio que pisamos, aí onde o reflexo se faz realidade e faz brotar as suas incógnitas que se repercutem em nós próprios e no que acontece à nossa volta, contribuindo para que o fenómeno surpreendente da percepção siga a sua inesgotável caminhada.

21 — Entrevista (2004) com Jan Thorn Prikker, *Gerhard Richter. Text, Writings, Interviews and Letters, 1961-2007*, Thames & Hudson, Londres, 2009, p. 479.

22 — "Smithson's unresolvable dialectics", *Robert Smithson: Sculpture*, Cornell University Press, Ithaca, Nova Iorque, 1981, p. 19.

23 — *Michelangelo Pistoletto*, MACBA / Actar, Barcelona, 2000, p. 7.

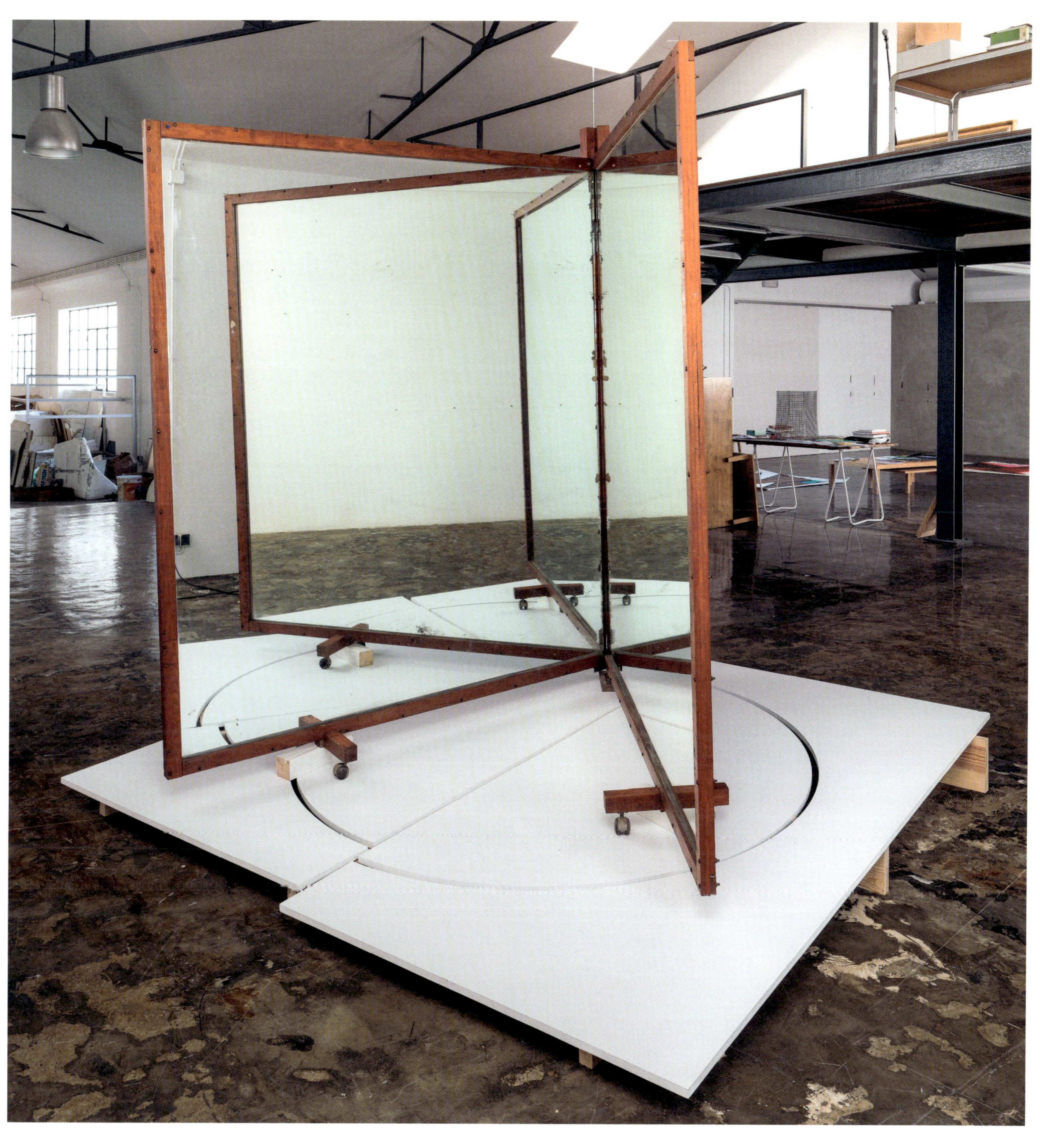

Sem título / *Untitled*, 2017
Madeira, ferro e espelho
Wood, iron and mirror
245 × 250 × 250 cm
Cortesia / *Courtesy*
Galeria Helga de Alvear

Sem título / *Untitled*, 2016
Guache, tinta sintética e tinta-da-china
Gouache, synthetic paint and Indian ink
100 × 70 cm
Cortesia / *Courtesy*
Galeria Helga de Alvear

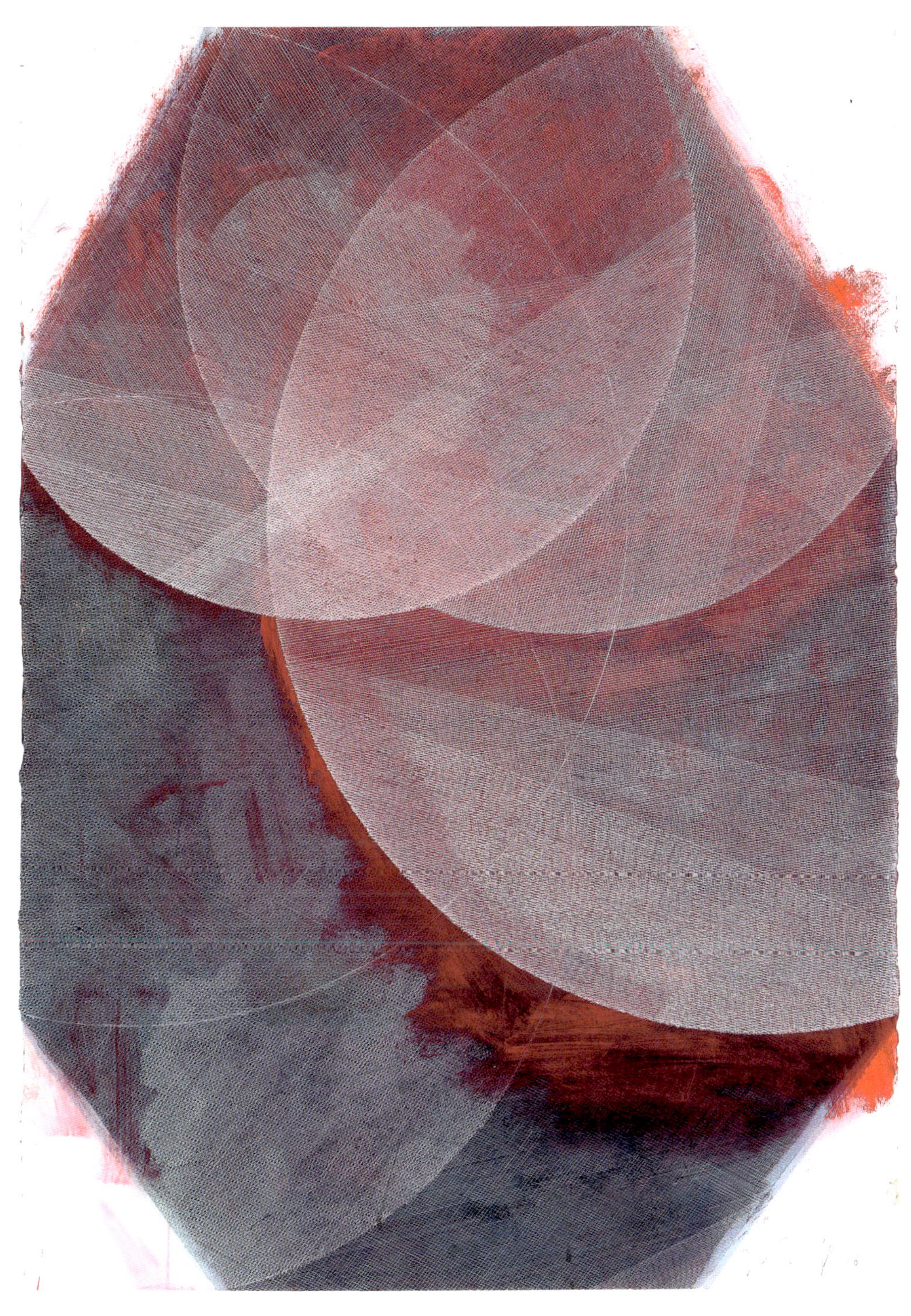

Sem título / *Untitled*, 2016
Guache, tinta sintética e tinta-da-china
Gouache, synthetic paint and Indian ink
100 × 70 cm
Cortesia / *Courtesy*
Galeria Helga de Alvear

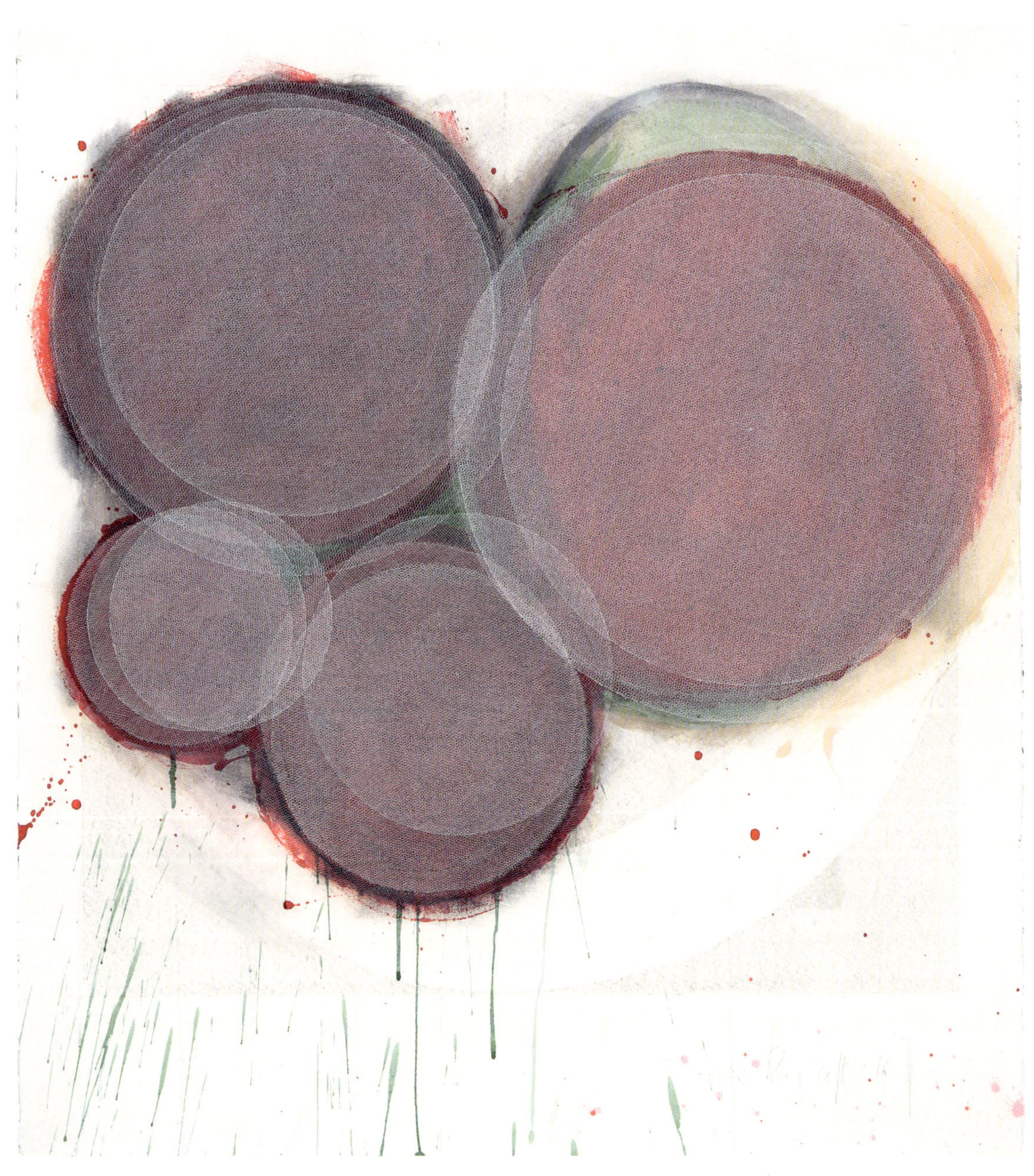

Sem título / *Untitled*, 2016
Guache, tinta sintética e tinta-da-china
Gouache, synthetic paint and Indian ink
124 × 112 cm

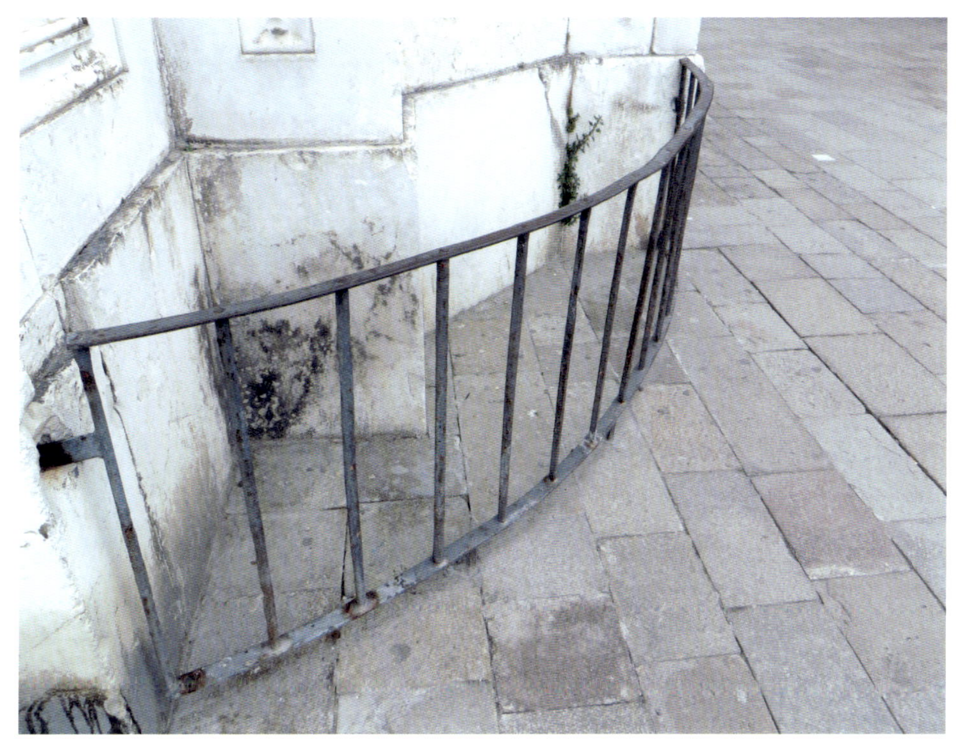

Veneza / *Venice*, 2016

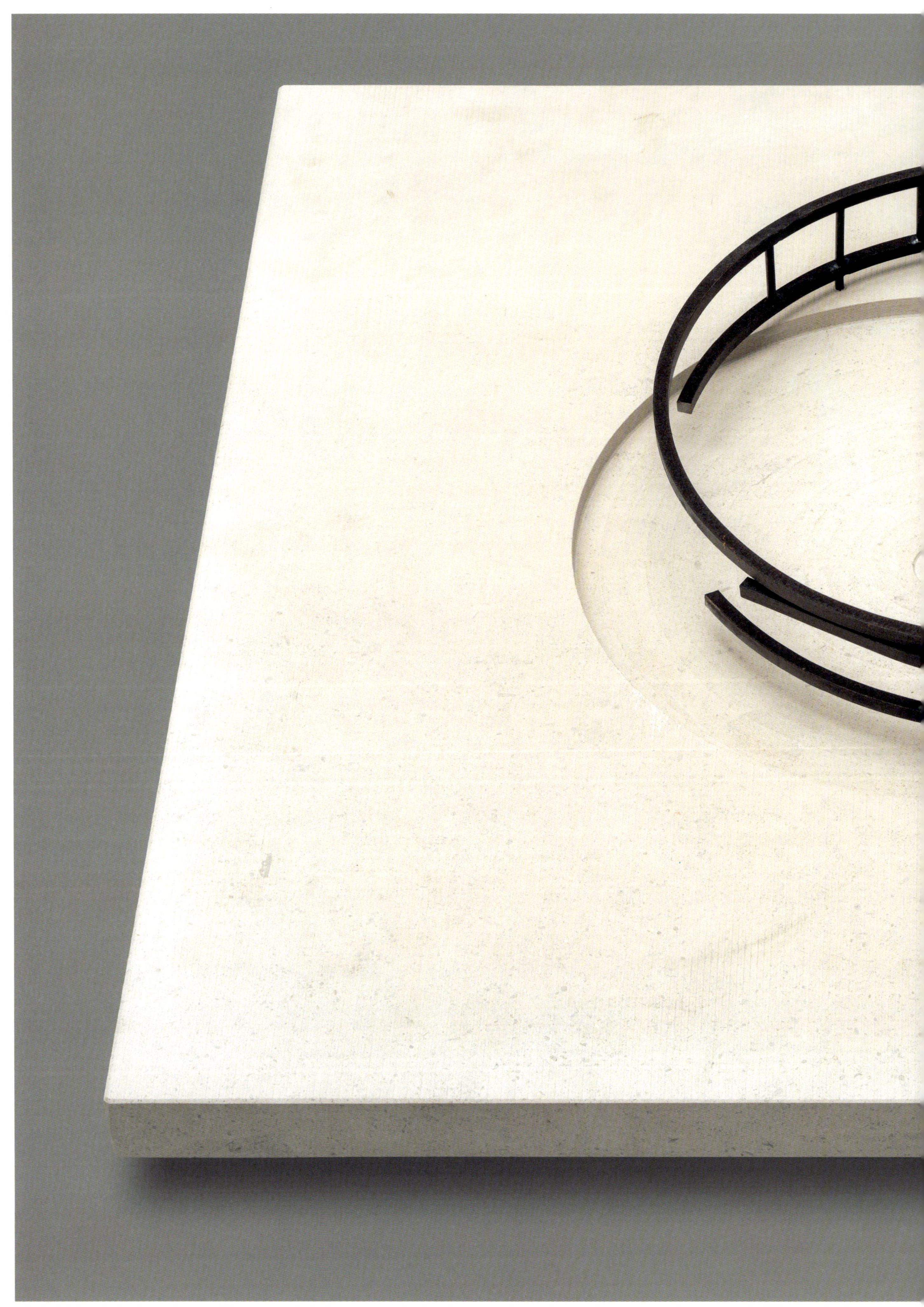

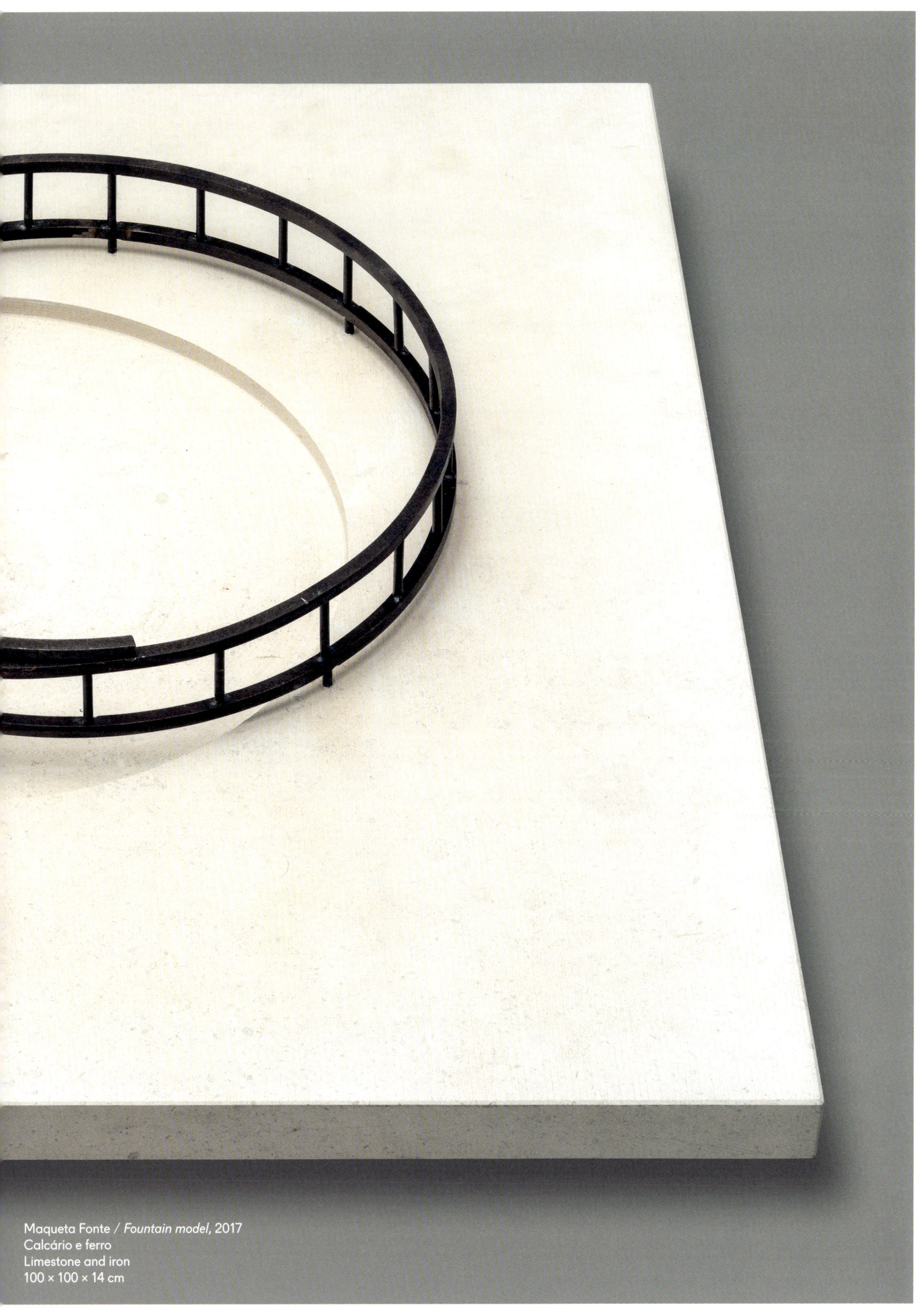

Maqueta Fonte / *Fountain model*, 2017
Calcário e ferro
Limestone and iron
100 × 100 × 14 cm

AR LUZ RAZÃO CERTA

Luiz Camillo Osorio

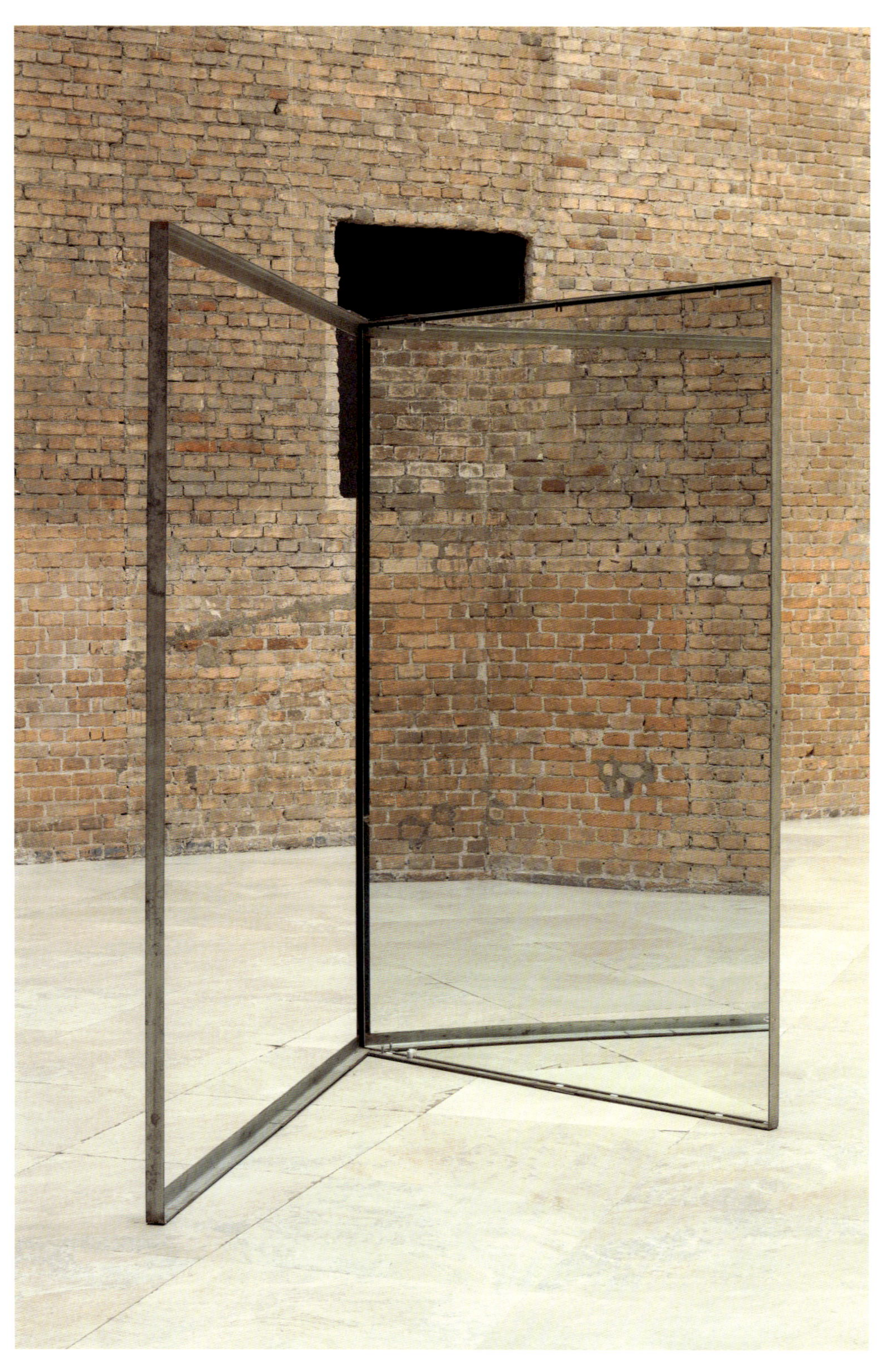

Sem título / *Untitled*, 2003
Instalação na Pinacoteca do Estado de São Paulo
Installation at Pinacoteca do Estado de São Paulo
Colecção / *Collection*
Fundación Helga de Alvear

Com estas quatro palavras, João Cabral de Melo Neto termina a primeira parte de seu poema *Fábula de um arquiteto*[1]. Há nelas, e no modo de compô-las sem vírgula, uma integração inesperada de elementos que aponta diretamente para a poética de José Pedro Croft. O poeta que soube trazer a verdade construtiva da arquitetura moderna – onde ornamento/adjetivação é crime – para dentro do universo da poesia, não poderia ser melhor aliado para começarmos a discutir a obra deste escultor que fez do diálogo com a arquitetura um elemento de sua poética. Há nela, indiscutivelmente, uma vocação arquitetônica – no sentido de suas obras estarem sempre instaurando e pervertendo lugares.

Ter tido breve formação em arquitetura, onde iniciou seus estudos, pode ser um dado biográfico relevante em Croft, uma vez que enfrentar a escala pública não lhe parece uma ameaça, mas um compromisso. Sua formação posterior em pintura, entretanto, parece-me mais importante para explicar algumas características deste diálogo com a arquitetura, a saber: o apreço pela superfície dos materiais, o procedimento construtivo do seu fazer escultórico e, não menos relevante, o interesse na reflexividade e na potência ilusionista disseminada por suas peças. Este último elemento tem muito a ver com a presença dos espelhos e sua articulação com os vidros e com os vazios, produzindo rebatimentos e atravessamentos que multiplicam as tensões entre interioridade e exterioridade, lugares e não-lugares.

Como apontou com pertinência o crítico Clement Greenberg – frequentemente tão reducionista em suas análises e, ao mesmo tempo, brilhante e certeiro na compreensão da economia formal da arte modernista – o momento decisivo para um salto da escultura para dentro do mundo moderno se daria a partir do cubismo, mais especificamente através da apropriação das colagens. Surge aí um novo procedimento escultórico que, em vez de retirar matéria e cavar volumes, começaria a adicionar materiais e a produzir relações não só entre as partes constitutivas da composição plástica, mas também da sua integração com o espaço real. Neste sentido, Brancusi está para a escultura como Cézanne para a pintura moderna. Cada gesto poético passa a articular o dentro e o fora da obra, potencializando a integração dos elementos formais e sua expansão para o exterior. A escultura começa a desenhar diretamente no espaço, inserindo-se nele e transformando-o simultaneamente. A absorção brancusiana da base na estrutura plástica da escultura se desdobra nas articulações construtivas das poéticas de David Smith, Alexander Calder, Max Bill e, logo em seguida, dos minimalistas.

Seguindo nesta breve história do regime construtivo da forma escultórica moderna – importante para compreendermos as próprias condições de possibilidade do surgimento da poética de José Pedro Croft – devemos acrescentar o que caberia denominar de virada linguística contemporânea, assumindo-se que há, no modo como percebemos as coisas e apreendemos as formas plásticas, um conjunto de forças oriundo da ordem do discurso e do pertencimento institucional. Produz-se aí mais complexidade na constituição do fazer escultórico, fundamental para avançarmos no trabalho de Croft. O que se vê e o que se pode falar do que é visto remetem aos lugares de visibilidade e de fala e às partilhas de sentido que se constituem a partir desse imbricamento. Os procedimentos escultóricos expandem-se, compreendem-se atuando e interferindo desde lugares específicos e se assumem enquanto instalação. A escultura se desloca do objeto para a constituição de lugares poéticos. Desde os anos 1960, desde a virada conceitual, o que se viu não foi a desmaterialização da arte ou da escultura; mas, muito pelo contrário, o que vimos foi uma compreensão ampliada do que seria a materialidade da arte, seus modos de afetar e significar.

Em conversa recente que tive com Croft – publicada na ocasião de sua exposição no Rio de Janeiro em 2015 – ao discutirmos sobre a relação de suas peças com a arquitetura, ele apontava para o fato delas estarem sempre se posicionando a partir de movimentos de "confronto/diálogo, de harmonia/enfrentamento, sem os quais as obras estariam como imagens depois de fotoshop, pairando sem chão ou sombra reflectida". Estas tensões produzidas pela presença plástica instalam as peças, criam-lhe lugares, produzem campos de força que atuam no embate com o seu entorno e retiram delas qualquer acomodação decorativa. O embate da escultura com a arquitetura acaba produzindo a própria desconstrução desta, pervertendo nossa forma de estar na arquitetura e nos orientarmos nela. Ou seja, o gesto poético de Croft passa pela desmontagem do campo perceptivo ao mesmo tempo em que se apropria de materiais construtivos que trazem a percepção para o campo gravitacional do corpo. O diálogo entre Croft e Álvaro Siza, que está na origem destas intervenções em Veneza, evidencia um confronto de poéticas que não se deixam seduzir pelo espetáculo, que produzem na harmonia/enfrentamento entre volumes e vazios um campo de forças que atravessa a experiência do lugar em que se instalam.

Em um texto crítico sobre a obra de Dan Flavin, o teórico Hal Foster diz perceber em suas instalações com luz fluorescente uma capacidade atípica de transtornar os sítios em que são inseridas – nas palavras do crítico (mantendo-as em inglês como garantia de precisão) "his work appears more site-erosive than site-specific".[2] Além disso, reconsiderando os termos conceituais que marcaram o debate crítico minimalista, é também observado na sequência do argumento que estas peças luminosas deslocam a oposição

1 — Melo Neto, João Cabral – *Antologia Poética*, Editora José Olympio, RJ, 5.ª edição, 1979.

2 — Foster, H. – "Six paragraphs on Dan Flavin", *ArtForum*, NY, Fevereiro 2005.

entre literalidade e ilusionismo. Foster aponta para o fato da literalidade, neste caso, não ser anti-ilusionista, mas, ao contrário, constituinte de um campo expandido do ilusionismo. Duas características apontadas na obra de Flavin parecem-me possíveis de serem deslocadas para percebermos em Croft o tensionamento entre lugar e não-lugar, arquitetura e escultura, exterioridade e interioridade, são elas: 1) a capacidade de transtornarem os sítios em que se instalam; 2) a aposta na potência ilusionista da arte e da experiência estética. Neste aspecto, parece-me interessante apontar para o modo como transtornar e iludir aponta para uma ideia de deslocamento, de sair do lugar, de nos fazer perceber o que estaria fora do campo de visão, de aumentar nossa capacidade de ver e, ao mesmo tempo, nos desorientar.

Retomando o diálogo com Croft, cabe acrescentar uma outra influência indireta, porém decisiva: Robert Smithson. Pensemos em duas obras do artista americano: *Yucatan mirror displacements* e *Hotel Palenque*. A primeira consistiu na colocação de doze pequenos espelhos quadrados na paisagem, em seguida fotografados e publicados na revista *Artforum*. No segundo, um conjunto de slides de um hotel decadente, também na região histórica de Yucatán, no México, foram usados para "mostrar", em uma palestra/performance na faculdade de arquitetura da Universidade de Utah, o sítio arqueológico dos Maias. O que se vê e o que se mostra não coincidem, lugar e não-lugar se sobrepõem e se deslocam. A capacidade destas interferências e/ou apropriações na paisagem remeterem para além delas, de produzirem em quem as vê uma máquina de fabulações, acontece sem lançar mão de qualquer efeito espetacular. Tudo aí é contido e desdobra-se poeticamente em várias direções. Ao mesmo tempo em que há nelas territorialidade e pertencimento ao lugar, há também movimento de desterritorialização e de retirada do pertencimento que nos fazem reinventar os vínculos entre natureza, cultura e história.

Saindo do campo ampliado da arqueologia e da entropia civilizatória, próprias ao trabalho de Smithson, para o das micro-relações poéticas, paisagísticas e arquitetônicas de Croft, é possível perceber, por exemplo, como as quatro peças de ferro, vidro e espelho instaladas no Octógono da Pinacoteca do Estado de São Paulo em 2016[3] pervertem a circulação do visitante, fragmentando e multiplicando seus campos de visão, além de mobilizar através da percepção uma constante desidentificação espacial. O que vemos não coincide com o que esperamos ver. Quando acontece de nos vermos refletidos, somos surpreendidos pelo movimento facetado dos espelhos e nos sentimos como que lançados para outro lugar diferente daquele em que sabemos estar. Nada se estabiliza na percepção de quem circula entre as peças de Croft. As referências de tempo e espaço, o aqui e agora, entram em uma espécie de delírio deambulatório. Vemos nisso a erosão do pertencimento, a desfamiliarização da percepção que inviabiliza o reconhecimento definitivo do lugar em que estamos. Gostaria de apontar, seguindo no regime do estranhamento, para outra peça em coleção brasileira composta por um conjunto de espelhos colocados na superfície de um lago.[4] A reverberação dos espelhos flutuando sobre o espelho d'água produz uma vertigem sutil, dando ao mesmo tempo mais nitidez e mais movimento para os reflexos do céu, das árvores e do entorno. É como se a inserção deste elemento geométrico e artificial sobre a água, por mais sutil que seja, congelasse o fluxo do tempo, produzisse um corte e uma sobreposição similar a uma colagem dentro da própria natureza.

Deslocar, especular, sair do lugar: cada um destes movimentos, ao mesmo tempo corporais e espirituais, de alguém que vê refletindo e que caminha especulando, nasce desta equação singular na poética de Croft entre literalidade e ilusionismo, materialidade e fabulação. Neste aspecto, tomando as peças da Pinacoteca e, mais radicalmente, estas de Veneza, cabe ressaltar a presença escultórica, gráfica, do ferro da estrutura onde se encaixam os espelhos e vidros. Mais do que funcionar como suporte, trata-se de construções que parecem coreografar o espaço, marcam o ritmo com que nosso olhar e nosso corpo circulam. Daí surge um descompasso. O olhar, fascinado pela reflexividade das superfícies, mergulha numa espécie de sideração que o leva para longe; o corpo, consciente da presença física do ferro e fascinado com a dinâmica de seus movimentos e replicações, sabe-se inserido no interior de uma paisagem/labirinto onde tudo é exterioridade. Diferentemente de Alice, não há o que atravessar nos espelhos de Croft. Quando instalados na paisagem ou inseridos na arquitetura, sua presença e os reflexos produzidos deslocam o olhar para fora, para uma multiplicação rebatida do nosso entorno.

Um regime similar de deslocamentos do visível produzido pela relação/tensão entre materialidade e ilusionismo perpassa parte da produção fotográfica de Croft. Importante ressaltar que não se trata de tomar o ilusionismo como falsificação, engano ou armadilha visual. Neste caso, vejo a ilusão como um convite a ver além, a ultrapassar os dados que ligam automaticamente o visível e o cognoscível. Nas suas fotos somos confrontados com registros fugidios de um olho disponível à potência dos não-acontecimentos. As imagens retratam frequentemente cenas desabitadas, porém marcadas por algum traço de presença potencial — bancos de praça, túmulos, caminhos na terra, pórticos, janelas. Há nelas densidade e ausência. São lugares de passagem congelados no tempo. O que vemos está sugerindo

---

3 — Trabalho montado durante a exposição "Fora da Ordem: coleção de Helga de Alvear", Pinacoteca do Estado de São Paulo, Junho de 2016.

4 — Peça presente na coleção Tuiuiu, instalada em Itaipava, Petrópolis, Rio de Janeiro.

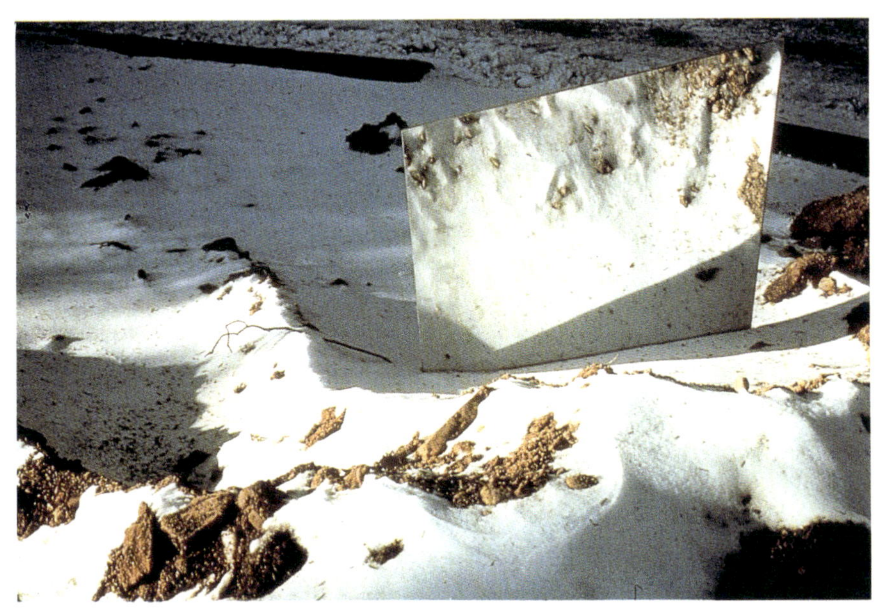

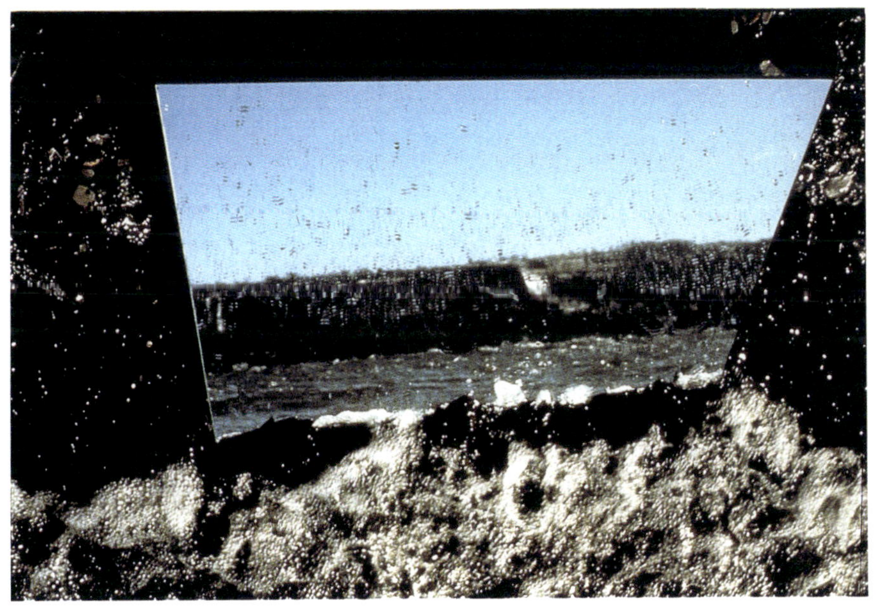

Robert Smithson
Mirror Trail, New Jersey, 1969
Fotografia a cores a partir de diapositivos de 35 mm
Color photograph from 35 mm slides
35,5 × 35,5 cm
Colecção/*Collection* Legado de Robert Smithson,
Cortesia/*Courtesy* John Weber Gallery New York

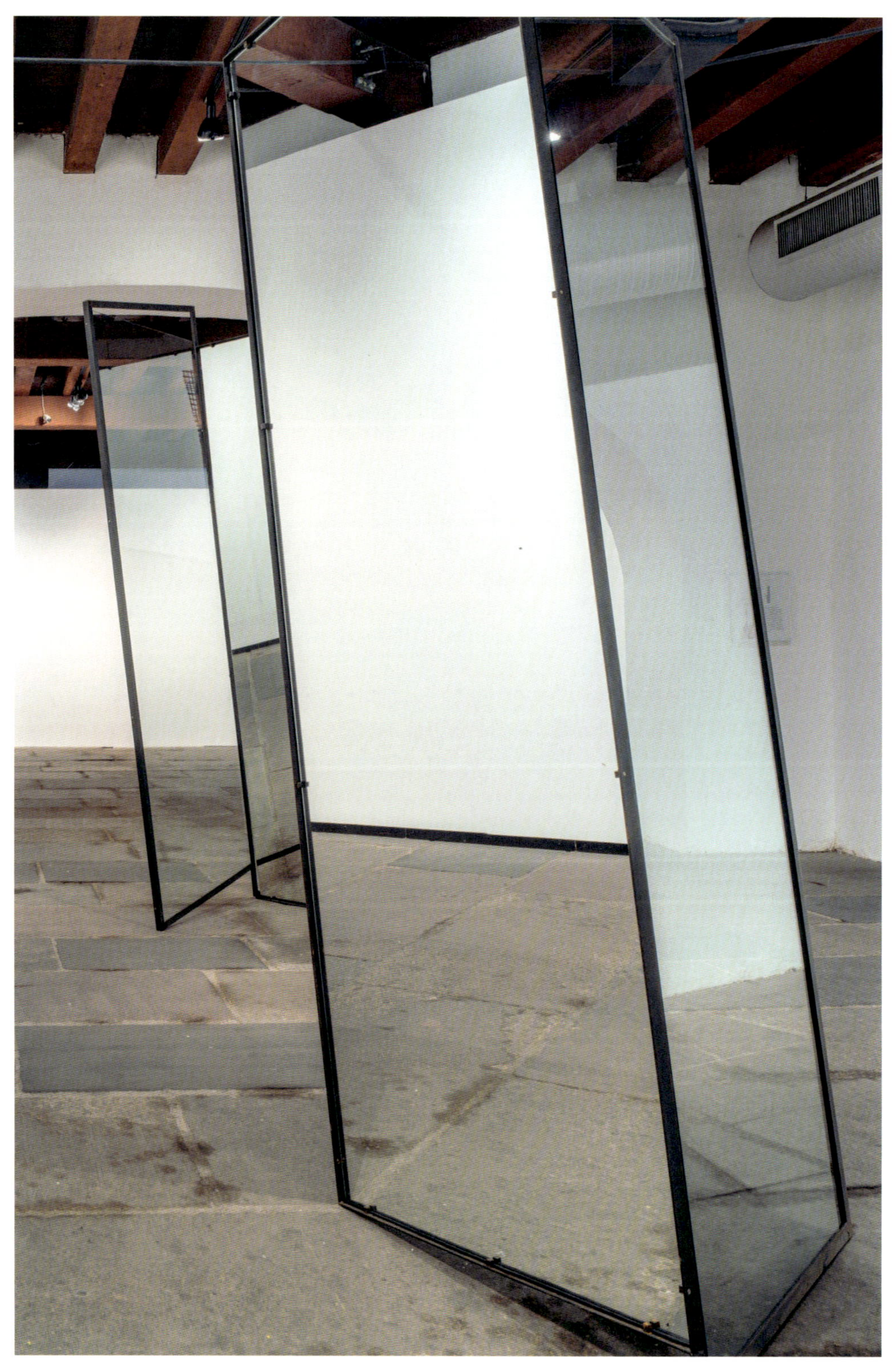

Sem título / *Untitled*, 2015
Instalação no Paço Imperial do Rio de Janeiro
Installation at Paço Imperial do Rio de Janeiro
Cortesia / *Courtesy*
Mul. ti. plo Espaço de Arte

mais que mostrando, uma impressão indicial que cativa o olhar e o leva em outras direções. Como observou Isabel Matos Dias, "a vivência do olhar do artista transporta-nos do lugar comum do quotidiano para uma outra experiência, a de uma vida mais próxima do infinito ou ilimitado, por isso mais livre e, simultaneamente, mais impossível. Impossível porque o ilimitado não se deixa abarcar senão por mistura, em instantes fugazes de uma inesquecível maravilha. Estes instantes de mistura são os fragmentos que constituem as suas fotografias".[5] Tanto nas fotografias como nas intervenções escultóricas, vemos cruzarem-se materialidade e ilusionismo, corpo e olho, arquitetura e paisagem.

Quando disse que os reflexos nos espelhos das peças de Croft expandiam-se para fora, apontava justamente para o dispositivo poético-ilusionista que retira do olho um vínculo de submissão ao cogito. O que se vê não é imediatamente reconhecido, não constitui uma imagem clara e objetiva. O que vemos vai se constituindo em ato enquanto percorremos o espaço, afirmando a condição física e corporal do olho, que se surpreende vendo. Os fragmentos do olhar não se agregam em um todo, antes se multiplicam em outros olhares. Retornemos ao poema de abertura de João Cabral. Ele fala ali do arquiteto, daquele que abre para o homem "portas por-onde, jamais portas-contra", acrescentando, "por onde, livres: ar luz razão certa". Estas peças de Croft parecem-me encenar escultoricamente estas passagens e aberturas que se dão na virtualidade de um ver-através e de um ver-por-onde coisas, árvores, nuvens, linhas e cores se multiplicam, multiplicando as formas de ver, enlouquecendo o visível, tornando tudo ar luz razão certa.

5 — Matos Dias, I. – "Encruzilhadas de um olhar", Croft, J.P., *Cadernos de Viagem*, CGAC, Galicia, 2003.

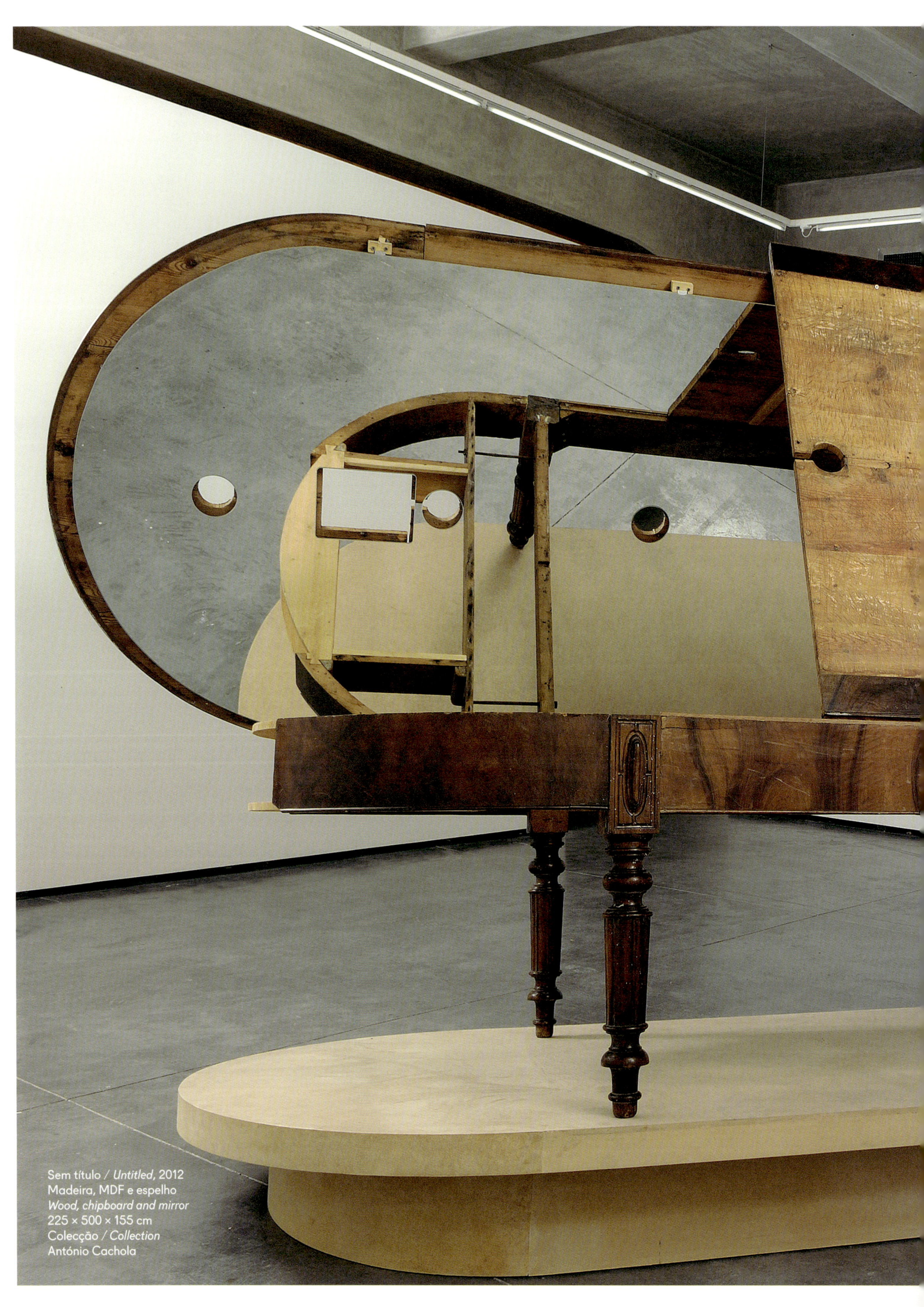

Sem título / *Untitled*, 2012
Madeira, MDF e espelho
Wood, chipboard and mirror
225 × 500 × 155 cm
Colecção / *Collection*
António Cachola

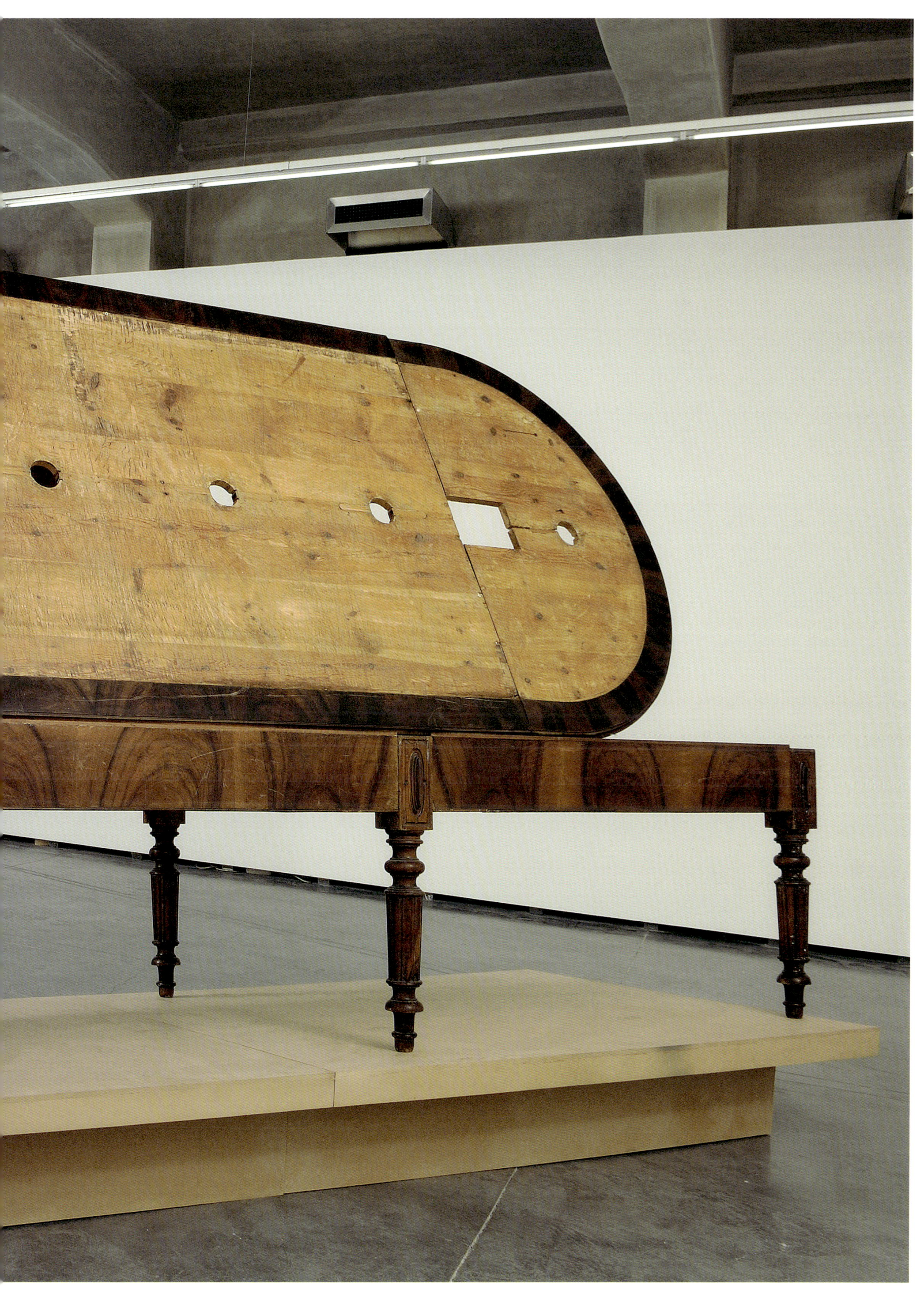

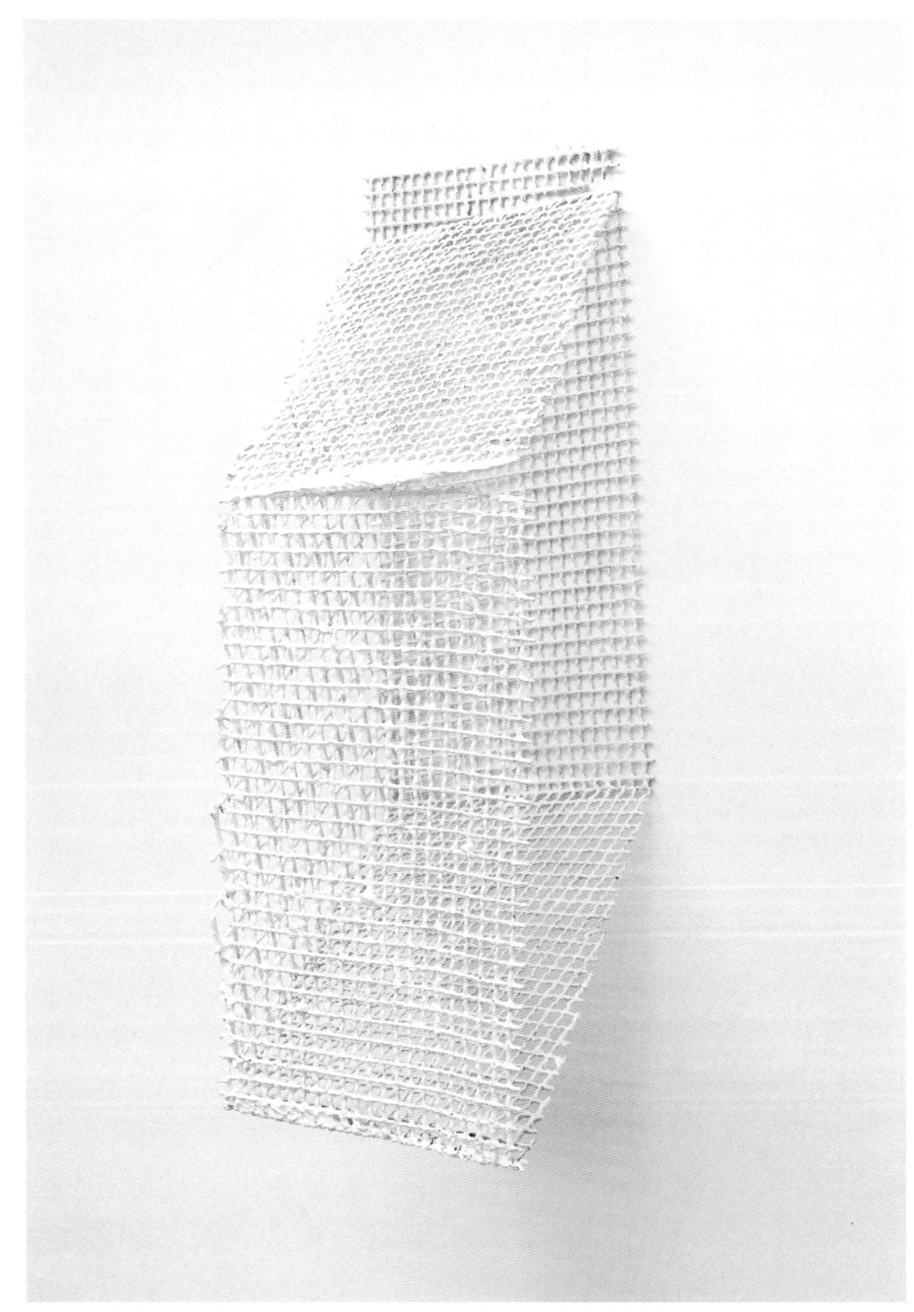

Sem título / *Untitled*, 2017
Malha de ferro e gesso
Rebar and plaster
115 × 95 × 55 cm
Cortesia / *Courtesy*
Galerie Bernard Bouche

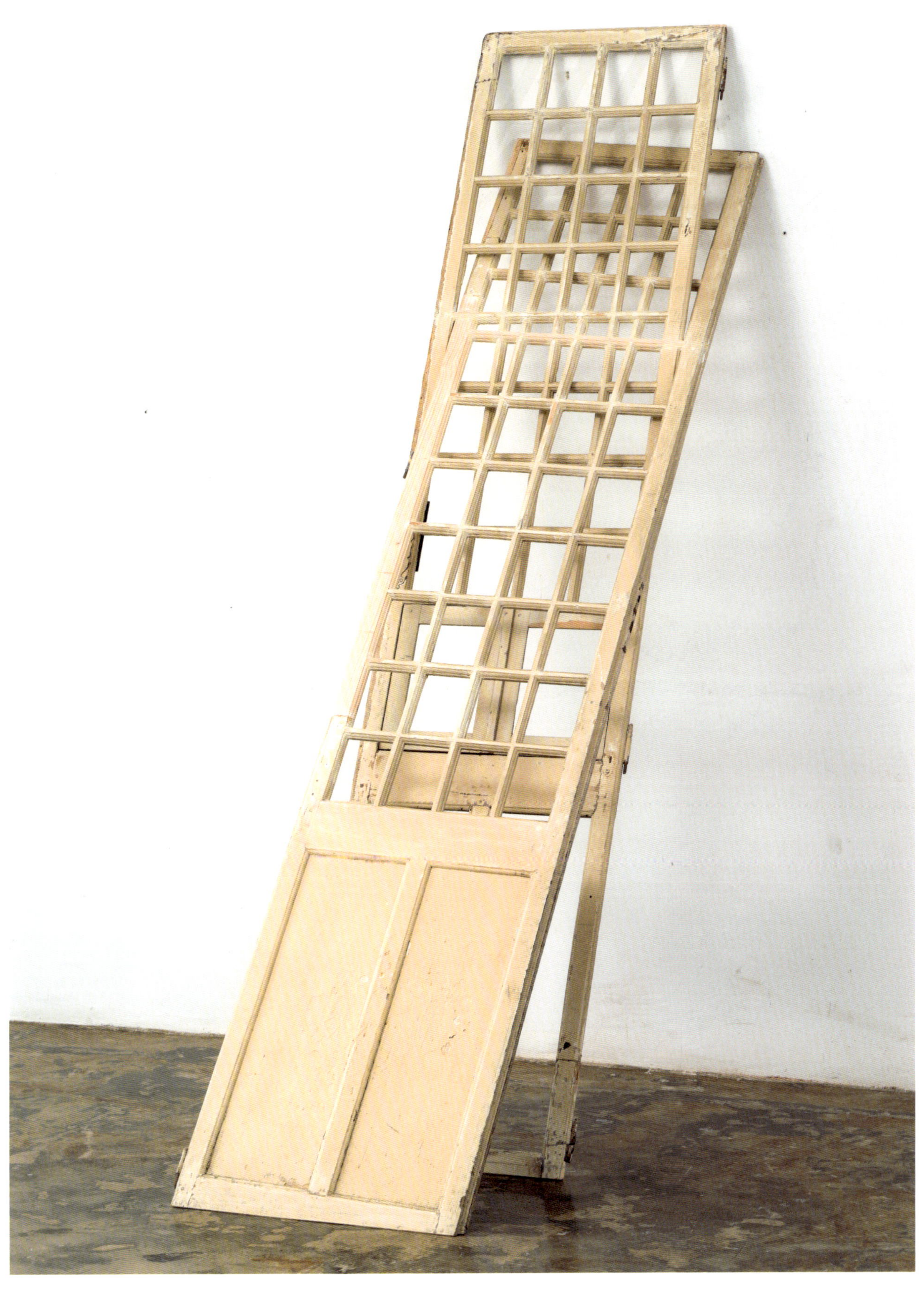

Sem título / *Untitled*, 2015
Madeira
Wood
235 × 70 × 150 cm
Cortesia / *Courtesy*
Galerie Bernard Bouche

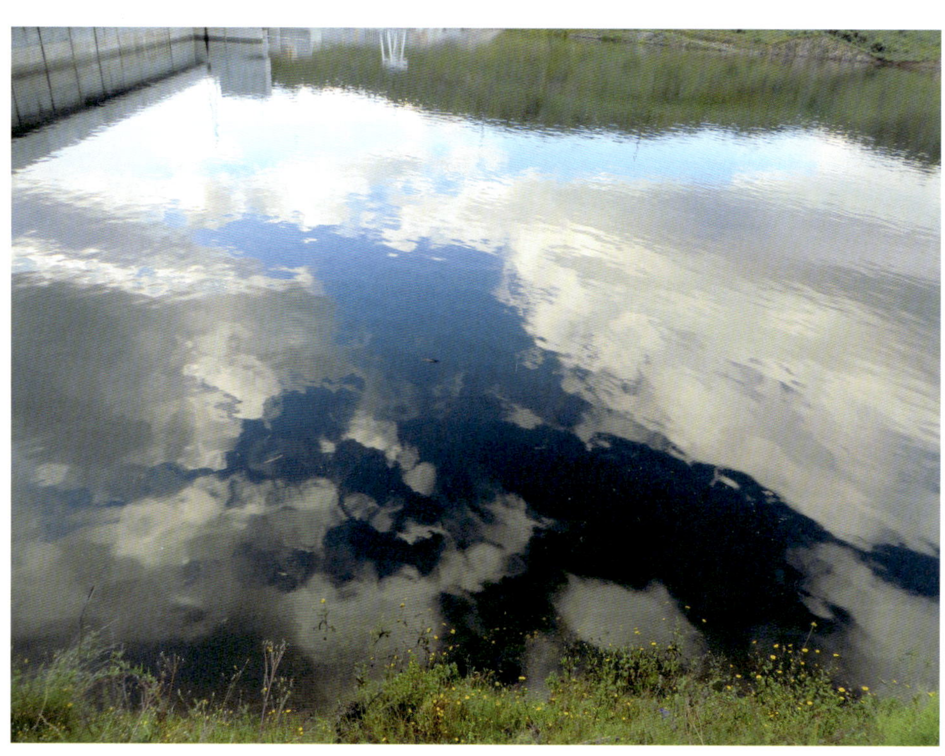

Baixo Sabor, Barragem do Feiticeiro, 2016
Feiticeiro's Dam

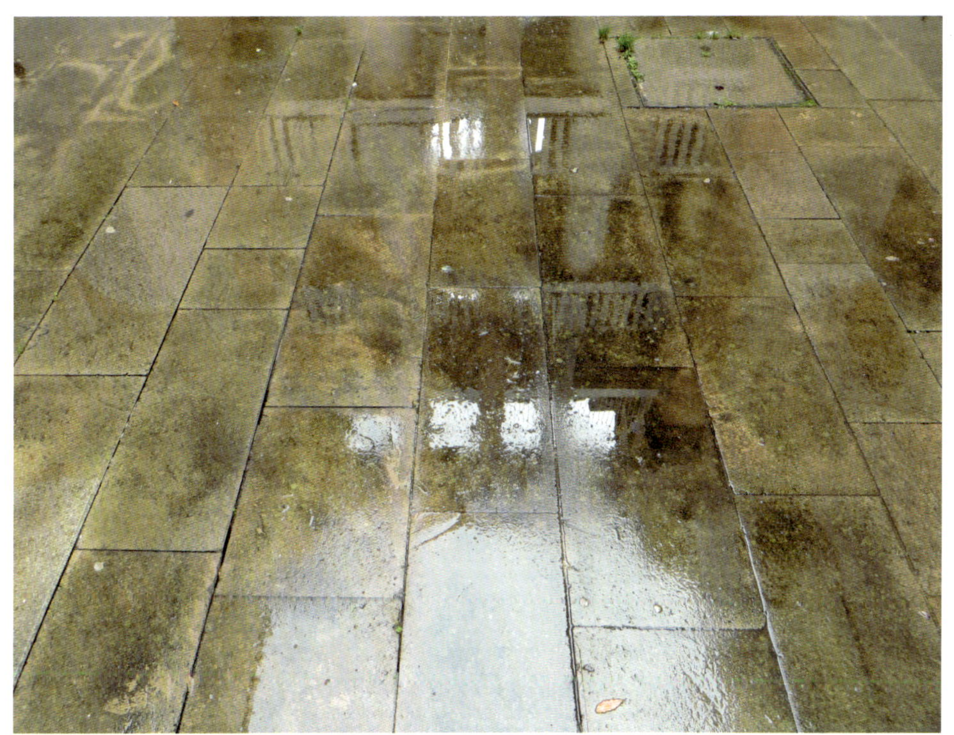

Veneza / *Venice*, 2016

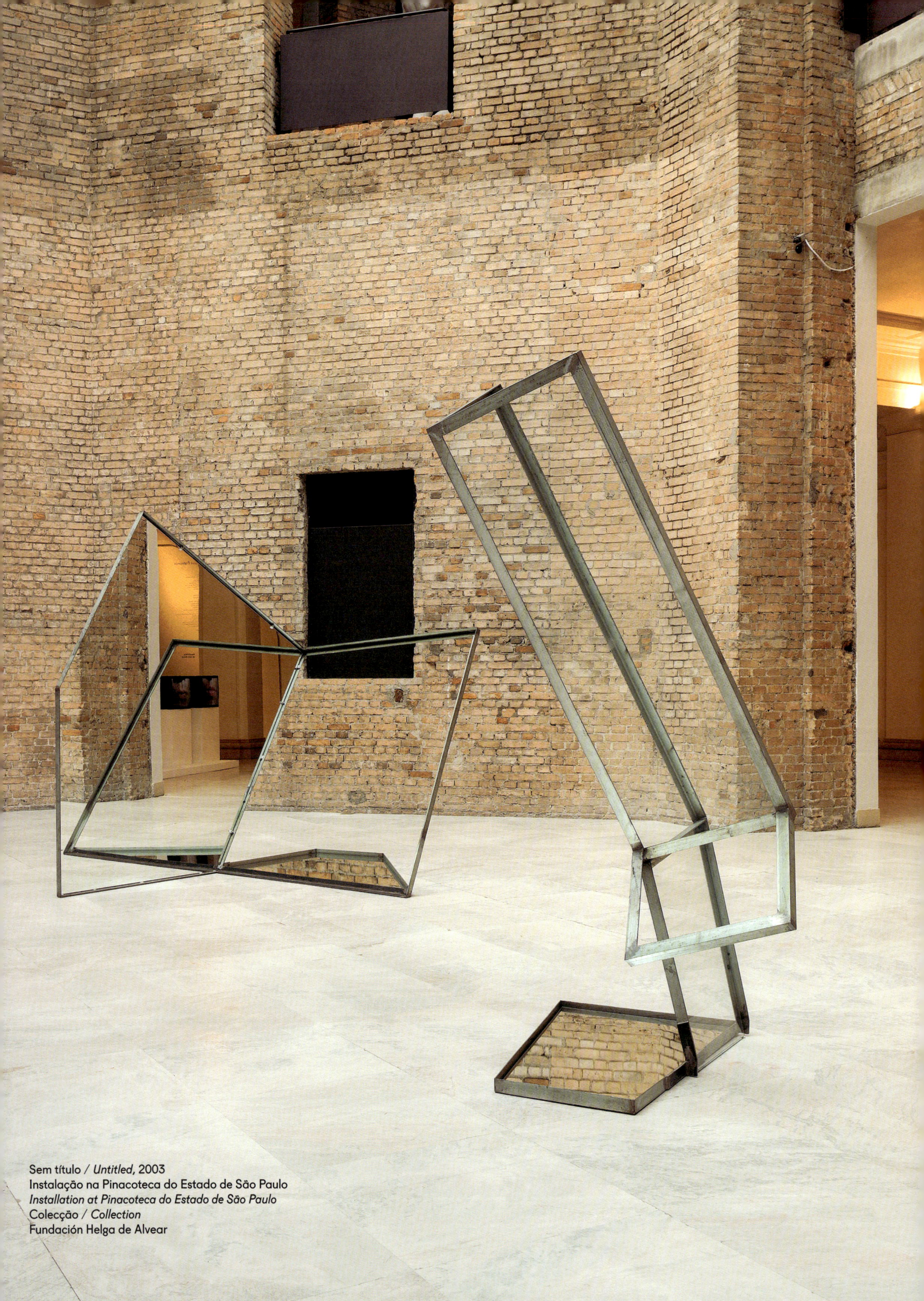

Sem título / *Untitled*, 2003
Instalação na Pinacoteca do Estado de São Paulo
Installation at Pinacoteca do Estado de São Paulo
Colecção / *Collection*
Fundación Helga de Alvear

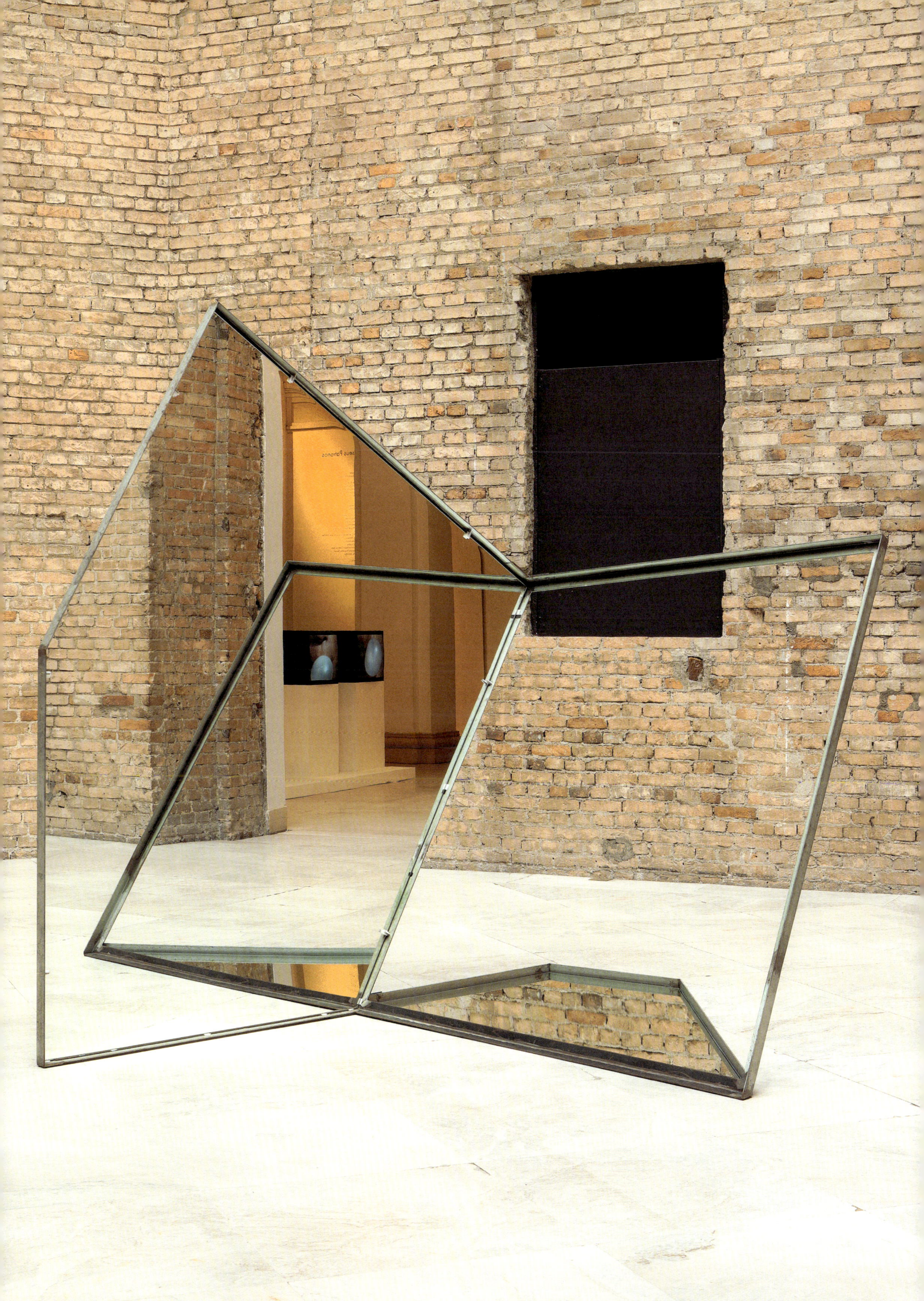

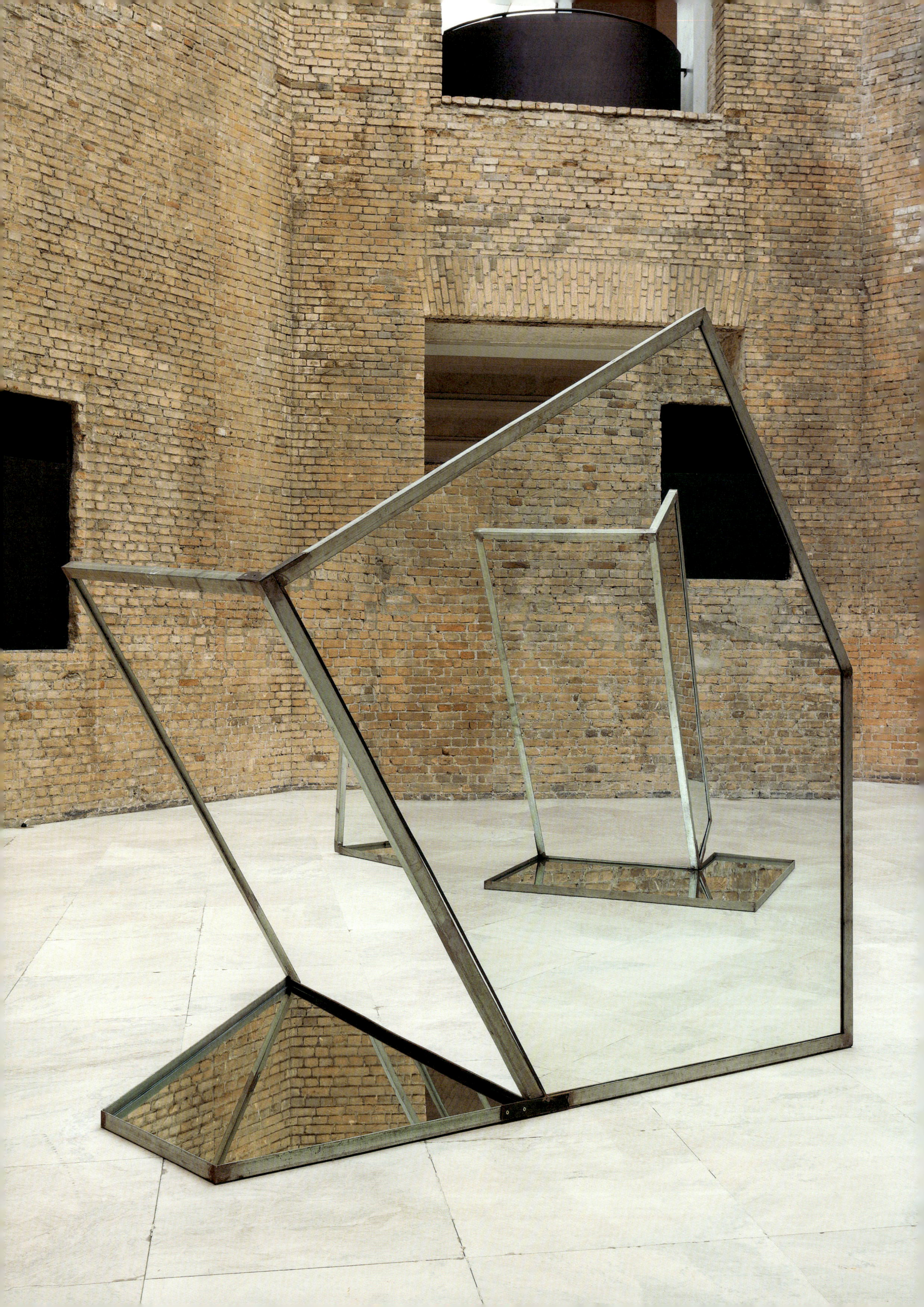

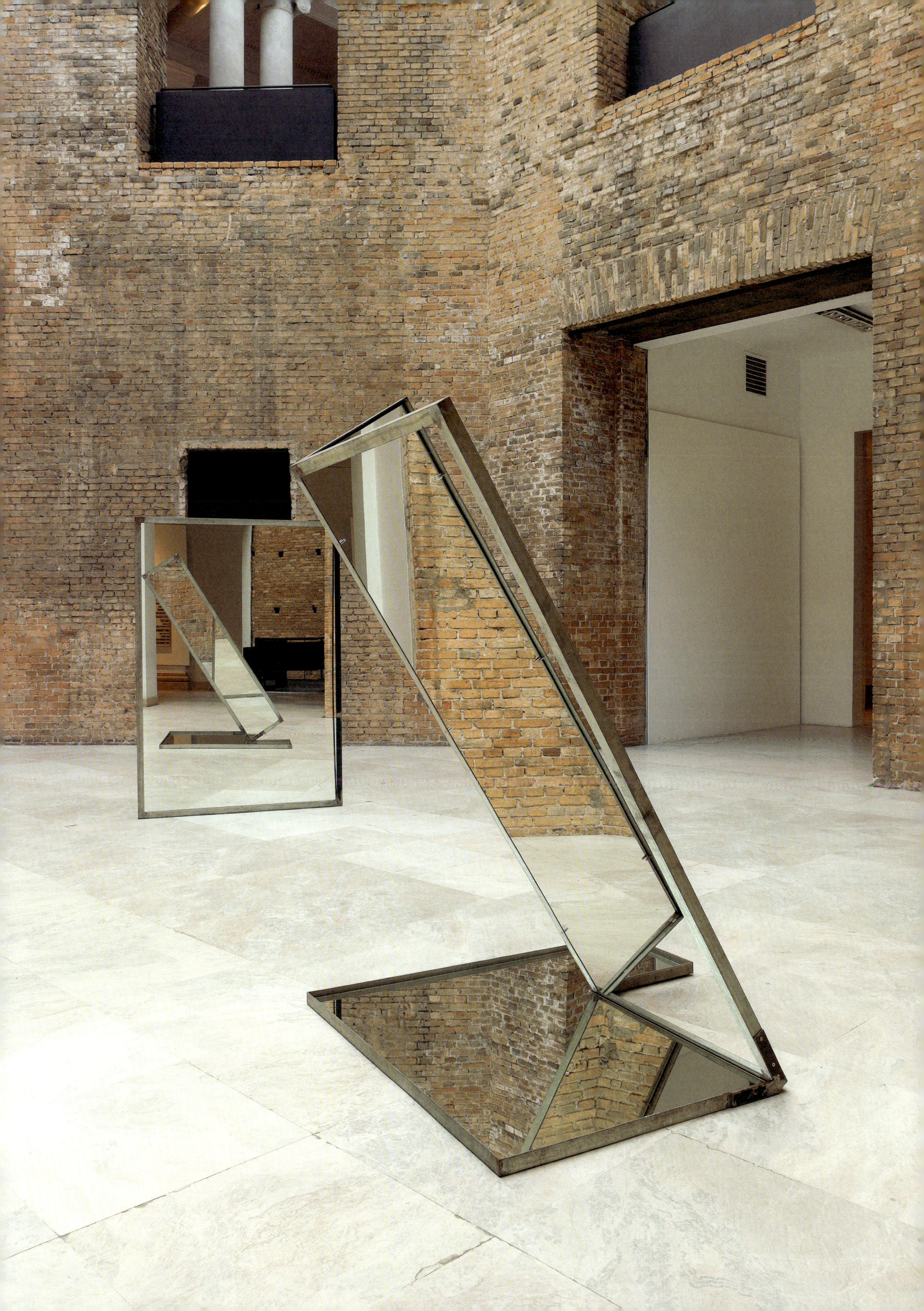

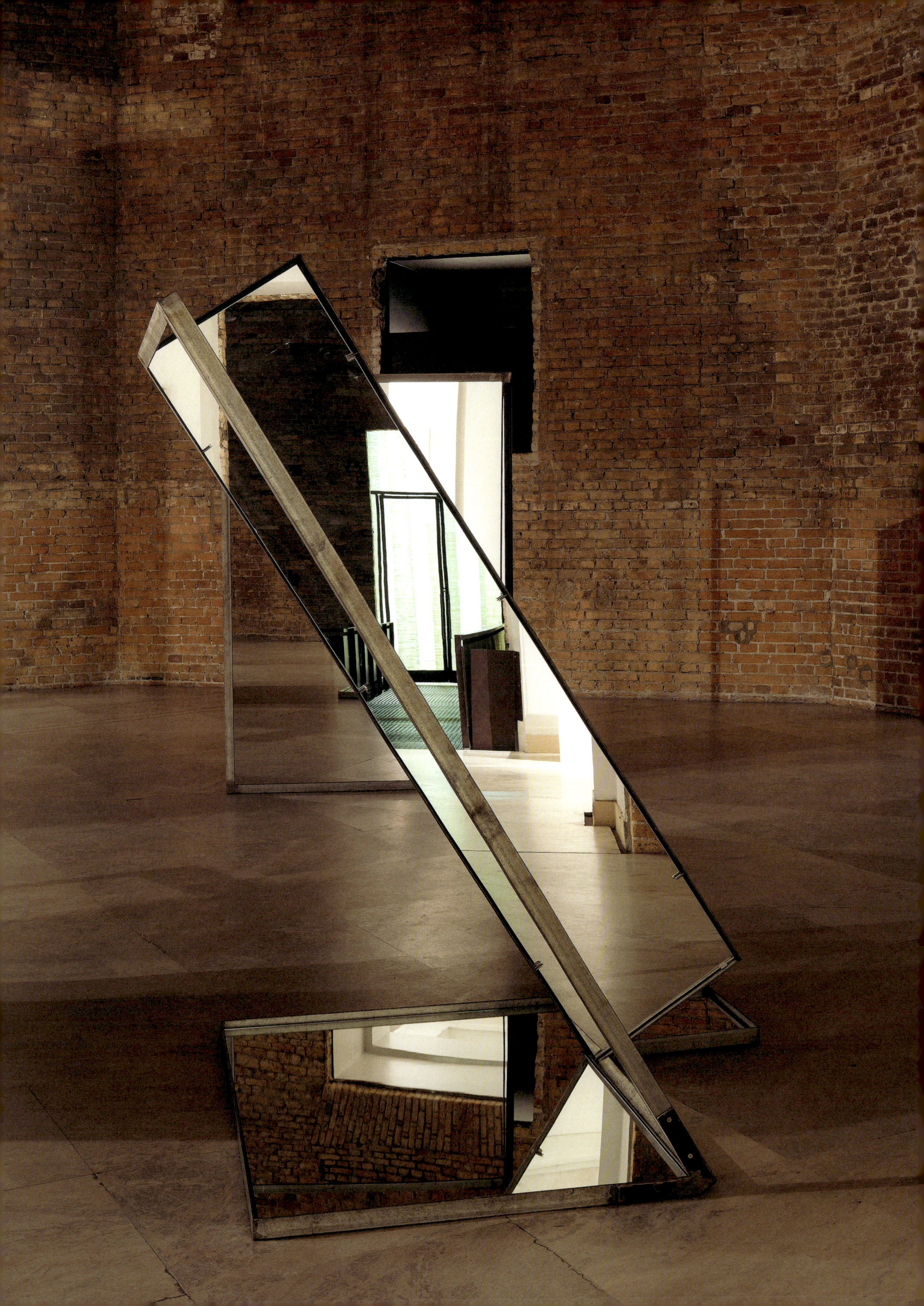

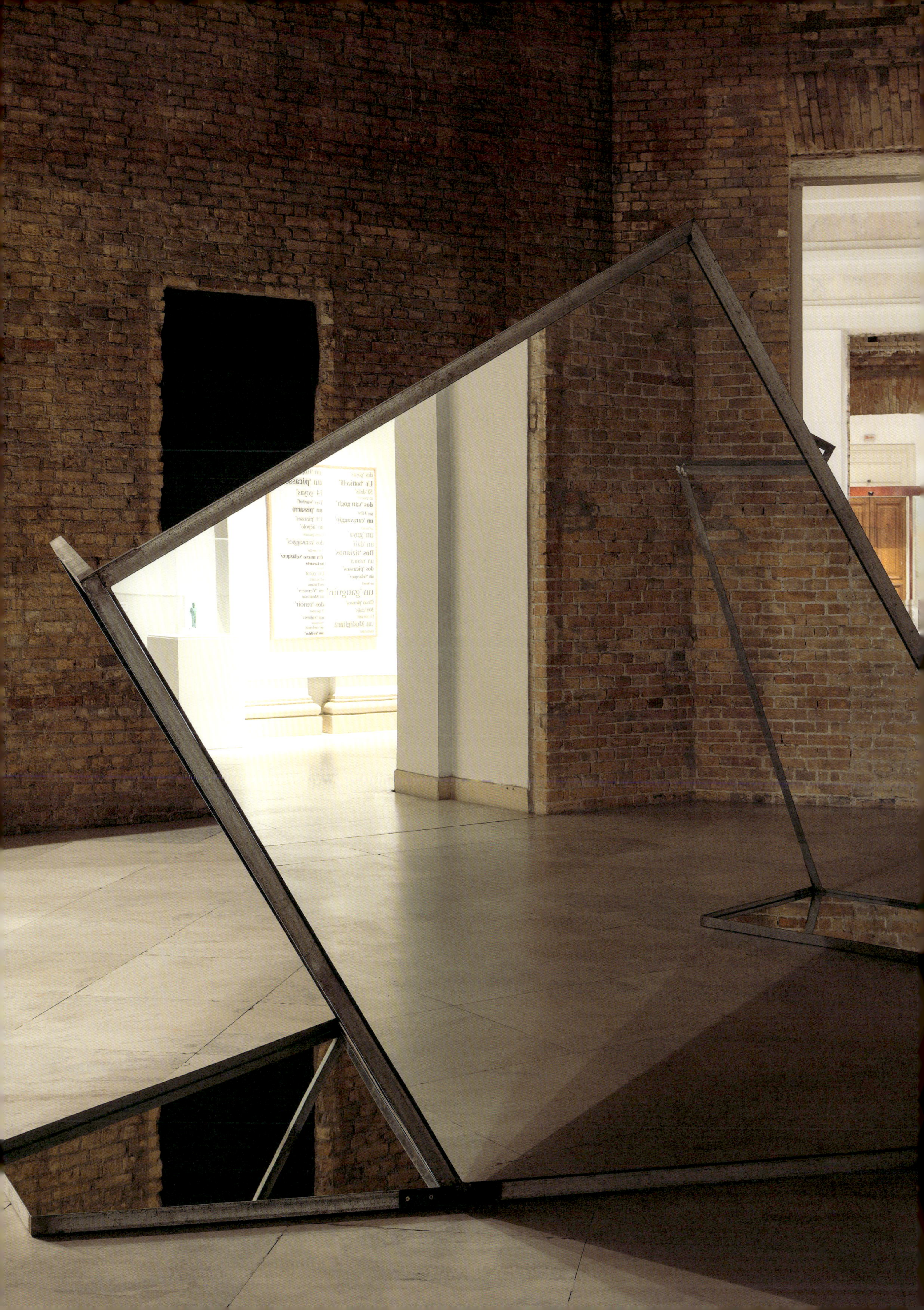

ESPELHO SOBRE ESPELHO

Isabel Matos Dias

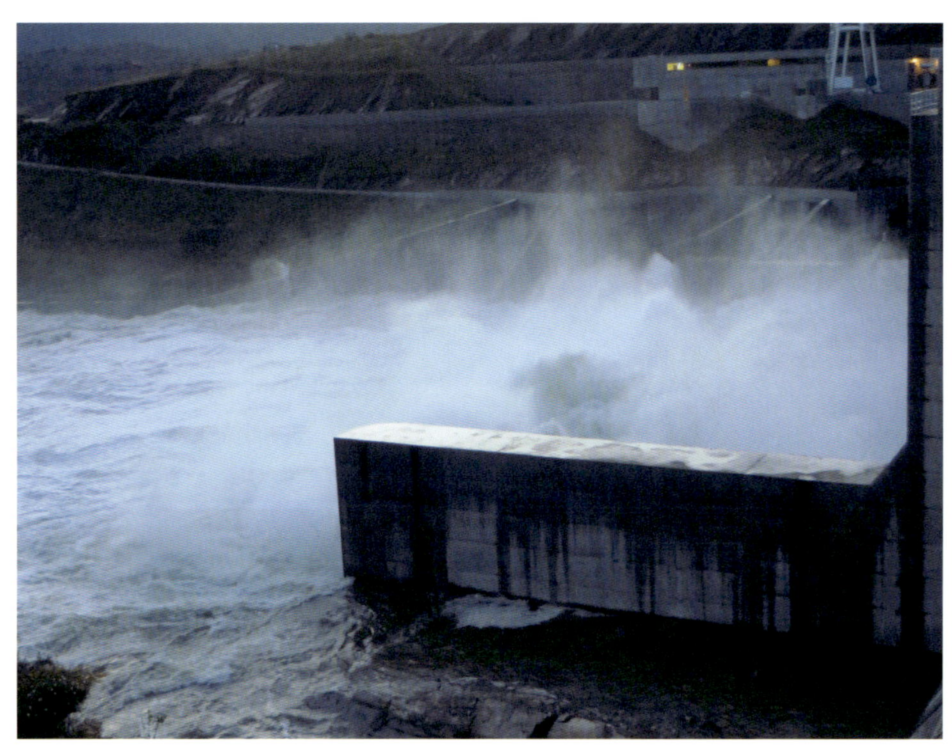

Baixo Sabor, Barragem do Feiticeiro, 2016
Feiticeiro's Dam

> "Un poète qui commence par le *miroir*
> doit arriver à *l'eau de la fontaine*".[1]
> — G. BACHELARD

Olhar para as recentes esculturas de Croft a partir da água, matéria e elemento natural, é correr o risco de perder o pé. Mas a água foi-se tornando um vector escultórico forte, como na Fonte, em Veneza, projecto a ser executado na Giudecca, no Campo di Marte, ou mediada por vidros e espelhos, como nas esculturas no jardim da Villa Hériot, na Barragem do Rio Sabor, em Portugal, no Lago de Itaipava, no Brasil.

Veneza é um eco de água, cidade onde diferentes águas se misturam: salgadas, doces, pantanosas, lodo com sabor a terra. A Laguna tem o equilíbrio instável próprio da água, das marés e dos ventos, originando um ritmo incessante de alterações geológicas. Cidade com os pés na água, é nela que se implantam as fundações dos edifícios, parecendo, por vezes, flutuarem como um barco. A fluidez da água dos canais cruza-se com a solidez da pedra dos edifícios e das pontes, mas a marca essencial da cidade é a água e o barco, índices de viagem ou travessia, de abertura a infinitas descobertas e possibilidades.

A água, matriz e fonte de vida, é irredutível à sua fórmula química: H_2O. Envolta em mistério, está eivada de símbolos e cultos, de deuses e ninfas. Na mitologia grega da água, para além de Posídon e Proteu, sobressaem as Náiades, ninfas das fontes e dos rios, e as Nereides, ninfas do mar, filhas de Dóris e de Nereu, "o Velho do Mar", com destaque para Tétis (mãe de Aquiles), pelo seu poder de transformação.

Este texto procura desvendar afinidades da água com as obras de Croft. Questão estranha e até paradoxal, dado que as esculturas são elementos sólidos — ferro, bronze, pedra, vidro, espelho — cravados na terra, enquanto a água é, em qualquer dos seus estados, sempre escorregadia, da ordem da dissolução e fugacidade. Além disso, a nitidez das formas geométricas e dos seus limites esbate-se na água, massa amorfa e polimorfa, elemento de metamorfoses, um contínuo vaivém de formas vivas e difusas que, no mesmo impulso, aparecem, desaparecem e reaparecem, num ritmo ondulante, uma espécie de respiração da água. É certamente devido a esta energia impulsiva que se alia a água à emoção, ao devaneio e ao sonho, ao inconsciente. Aliança profunda vivida no nosso corpo constituído maioritariamente por água.

Há na escultura de Croft um permanente confronto com os limites, as margens, as fronteiras, num gesto concomitante de marcar, demarcar, transgredir, transbordar, desafiando infinitas virtualidades. Como na água, há porosidade nos limites e liberdade para navegar. A transitoriedade e a travessia — entre o exterior e o interior, a superfície e a profundidade, o equilíbrio e o desequilíbrio —, e também a reflexividade são inerentes quer à dinâmica da água, quer ao trabalho de Croft. Neste contexto as esculturas são como barcos, em materiais vulneráveis, vidro ou espelho.

Esculturas de forma rectangular, em espelho e em vidro — transparente e de cor —, estrategicamente distribuídas e colocadas na vertical ou na horizontal, sucedem-se na Villa Hériot, devolvendo uma imagem, ora de detalhe (vertical) ora de amplitude panorâmica (horizontal), sempre em posição oblíqua, desacertadas em relação às margens dos ferros verticais que as suportam. Há um equilíbrio instável semelhante ao do deslizar do barco sobre a água. Há sempre inclinações, desacertos, fissuras, desvios e desafios, índices de força e movimento. As esculturas parecem poder cair a qualquer momento na superfície onde se apoiam. A iminência de queda desestabiliza o espectador.

Em frente da Barragem do rio, no decurso da estrada contígua, repetem-se conjuntos de espelho e moldura ao lado, inclinados, parecendo levitar na imensidão da paisagem árida, sugerindo desequilíbrio e vertigem. A moldura vazia sugere uma janela, lembrando a *aperta finestra* de L. B. Alberti, embora nada tenha a ver com ela, porque na escultura de Croft não há perspectiva, nem o espectador se imobiliza num ponto fixo do espaço, nem o espaço é homogéneo e geométrico. O espectador de Croft é um corpo que transita e o espaço é heterogéneo. A deambulação inscreve-se na tensão entre a continuidade e a descontinuidade, como revela a intermitência entre o espelho e a moldura. A marcação de limites tem o seu reverso no horizonte, um pólo ilimitado que se modifica e desloca. A vacuidade da moldura transforma-se numa teia de fantasmas. Na escultura — espelho e moldura —, o virtual mistura-se com o real, a ausência com a aparência e com o aparecer, a imaginação e o imaginário com a percepção, metamorfoseando-se a certeza no incerto e o habitual no estranho. Tudo se movimenta e desloca num jogo de (im)possibilidades. Viabiliza-se o impossível e acontece o imprevisível que provoca o assombro e a surpresa. A imagem densifica-se e o visual cruza-se com o auditivo, o tom com o som. A paisagem visual, onde predomina a vastidão da terra na relação com o céu e com a água, funde-se com a paisagem auditiva, vendo-se e ouvindo-se os diferentes ritmos da água: o silêncio do lago, o murmúrio do curso do rio, o barulho da torrente, no abrir da comporta.

A escultura da Barragem é paradigmática do trabalho de Croft, do processo de ver e de percepcionar o espaço, do ritmo de abertura e derivação do olhar em direcções diferentes e simultâneas, numa multiplicidade de pontos de vista. Vidente, visível e invisível mostram-se e eclipsam-se, diferenciam-se, numa relação de inseparabilidade e

1 — Bachelard, G., *L'eau et les rêves. Essai sur l'imagination de la matière*, José Corti, Paris, 1942, p. 33.

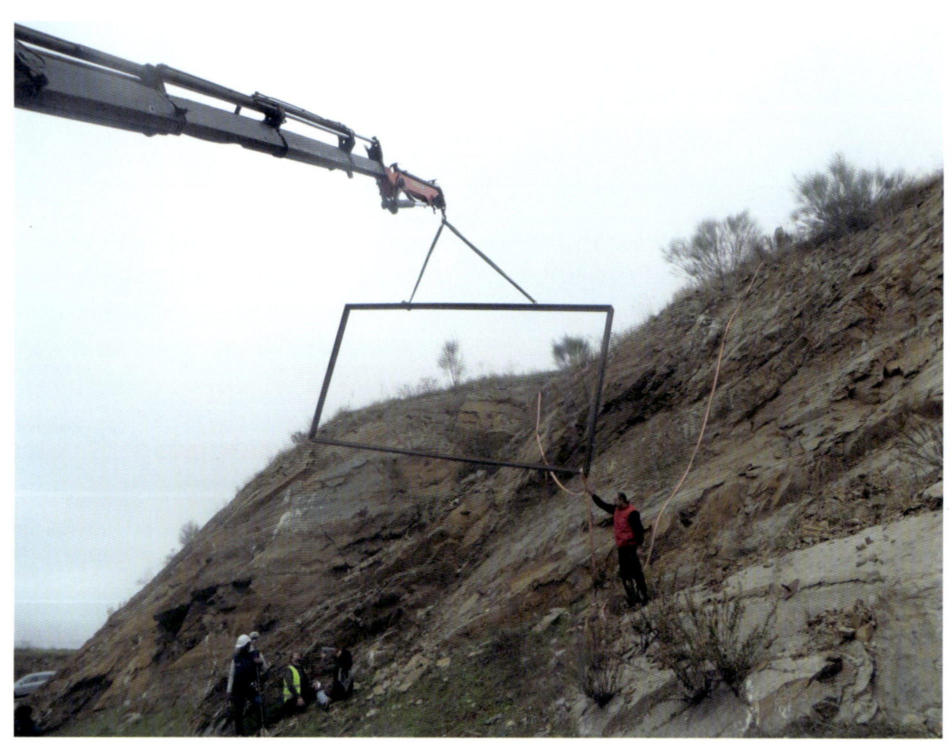

Baixo Sabor, Barragem do Feiticeiro, 2016
Feiticeiro's Dam

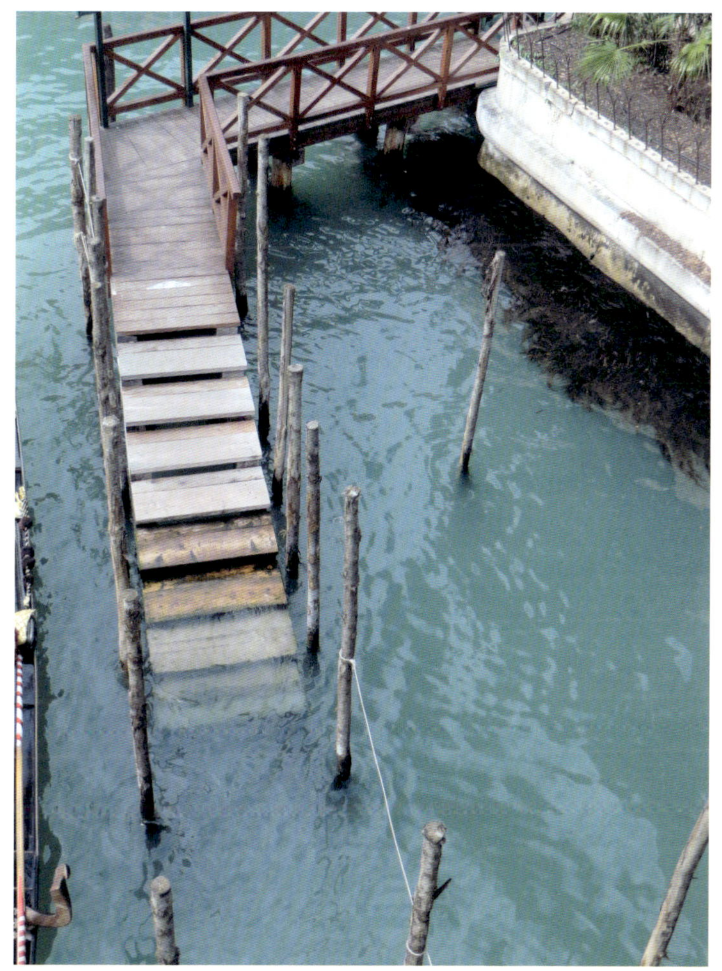

Veneza / *Venice*, 2016

reciprocidade onde assoma o imprevisível; os espaços tocam-se, trocam-se, metamorfoseiam-se; gera-se uma dinâmica de imagens vivas, caleidoscópicas e fragmentárias.

Para o Lago de Itaipava, Croft cria uma escultura anfíbia: vários espelhos rectangulares, ancorados nos subterrâneos, colocados directa e horizontalmente sobre a água, como uma jangada. O lago é "um grande olho tranquilo" e a água, um espelho natural, "o olho verdadeiro da terra", metáforas de G. Bachelard[2] que radicam no mundo da visão e que podem aplicar-se a Itaipava e à escultura de Croft. A escultura reflecte o que vê e reflecte-se no que vê, forjando a imagem, um equivalente, que se inverte e duplica, redobra e desdobra, trazendo à tona o enigma do olho e da visão, do espelho e do duplo. Espelho sobre espelho, material (instrumento e técnica) e matéria (visão e água) entrelaçam-se e permutam-se na visibilidade e no jogo de reenvios entre a luz, a sombra e o reflexo. O céu, a terra, as árvores, a água, o ar, transmutam-se numa dinâmica de imagens anónimas, despersonalizadas, expressões de um mundo, também ele espelho, e de um "narcisismo cósmico", ontológico. A escultura de Croft em Itaipava é a reflexividade em exercício, transfiguração imparável e ponto de encontro entre dimensões da arte e da vida.

No projecto da Fonte, em Veneza, a experiência da espacialidade alarga-se, cruzando o fluxo da água com o fluxo do tempo.

As fontes, no milagre do nascer da água – as nascentes –, têm uma simbologia múltipla que se prende com o fundo, com a profundidade invisível do arcaico, e com o jorrar impetuoso, traços que têm analogia com a criação artística. Não vivem as Musas, filhas de Mnémosine, deusa da memória, perto das fontes? A fonte de Croft, uma construção, reenvia-nos à vida da água e funciona como memória de uma nascente.

Entre edifícios surge uma fonte, em forma circular, incisa numa pedra quadrada. O círculo redobra-se numa grade, em ferro, que demarca o exterior do interior. A grade está descentrada e o desacerto suscita o deslocamento e cria, simultaneamente, um espaço de água e um espaço de pedra; a grade parece solta, separa-se e separa, mas também une diferentes espaços. A fonte, desalinhada dos edifícios que a envolvem, está sobrelevada do chão onde se incrusta. Paradoxalmente, a pedra e o ferro, elementos de estabilidade e firmeza adquirem volatilidade e sugerem mobilidade e instabilidade.

No interior da fonte, a água desdobra a circularidade, escorrendo para um centro, também ele circular, um buraco sem fundo, abismo invisível. Este movimento centrípeto e em vórtice remete, antes, para uma espiral, figura ondulante de modulação e de continuidade cíclica, um segredo da fonte. A bomba oculta permite o retorno, provo-

cando a ilusão de uma água perpetuamente renovada. Croft recorre aos mecanismos da hidráulica e cruza a arte com a técnica. O ruído monocórdico e apressado da água é garantido pela máquina, tal como o tempo se alberga na clepsidra. O fluxo da água corre na direcção inversa à dos ponteiros do relógio, indício de um outro tempo, não cronológico: a fuga da água coincide com a fuga do tempo. O tempo da água da fonte não é o da sucessão ou distinção de momentos temporais – não há antes e depois, nem começo nem fim –, mas o da passagem contínua, da simultaneidade, da repetição: um eterno retorno.

O que a escultura de Croft mostra é o aparecer e o desaparecer, a vida e a morte. Como a água, ela é uma epifania.

2 — Bachelard, G., *L'eau et les rêves,* pp. 41, 45.

MEDIDA INCERTA
UNCERTAIN MEASURE
/
PROJECTO
VILLA HÉRIOT

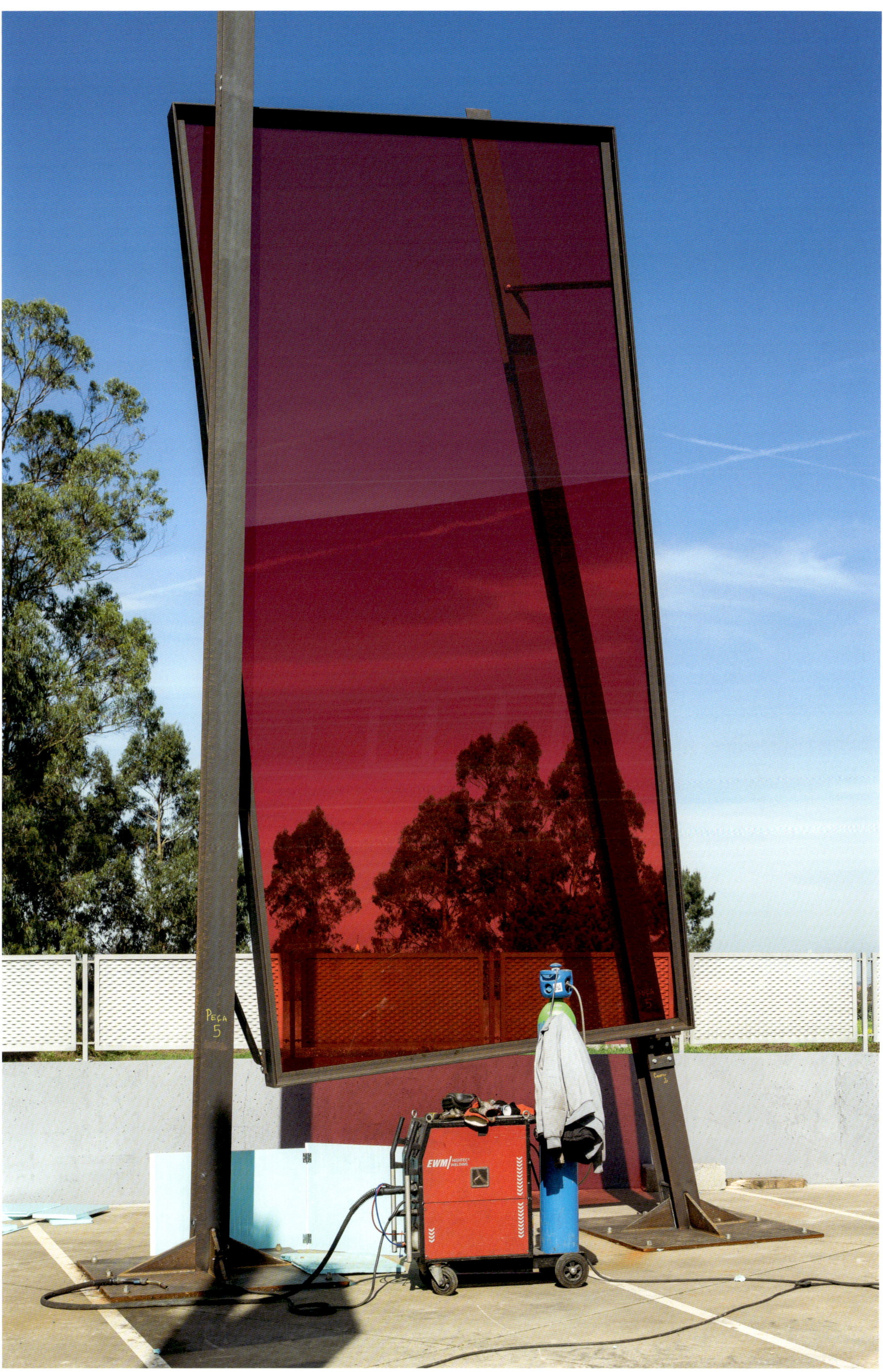

PEÇA
5
EWM HIGHTECH WELDING

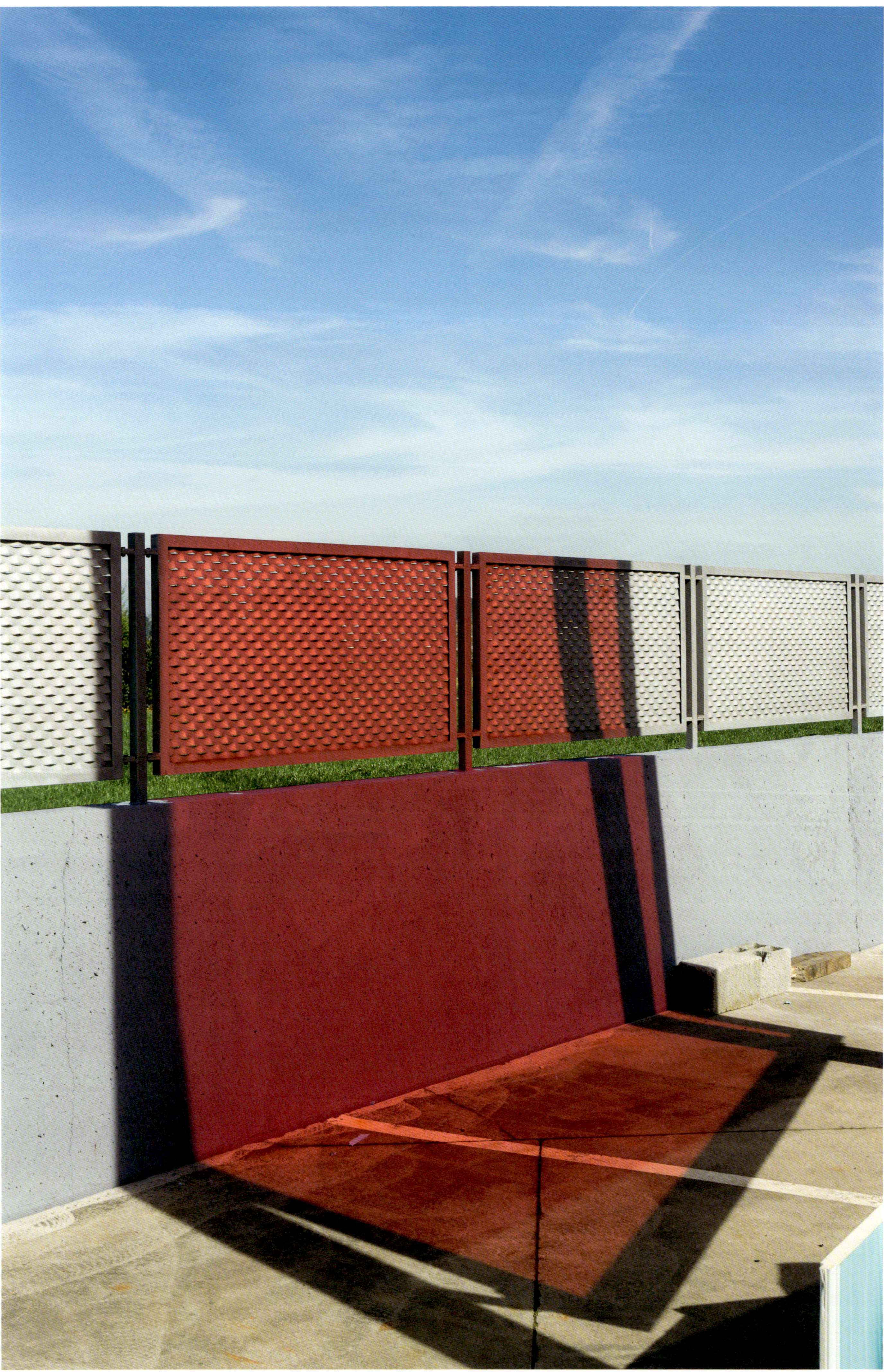

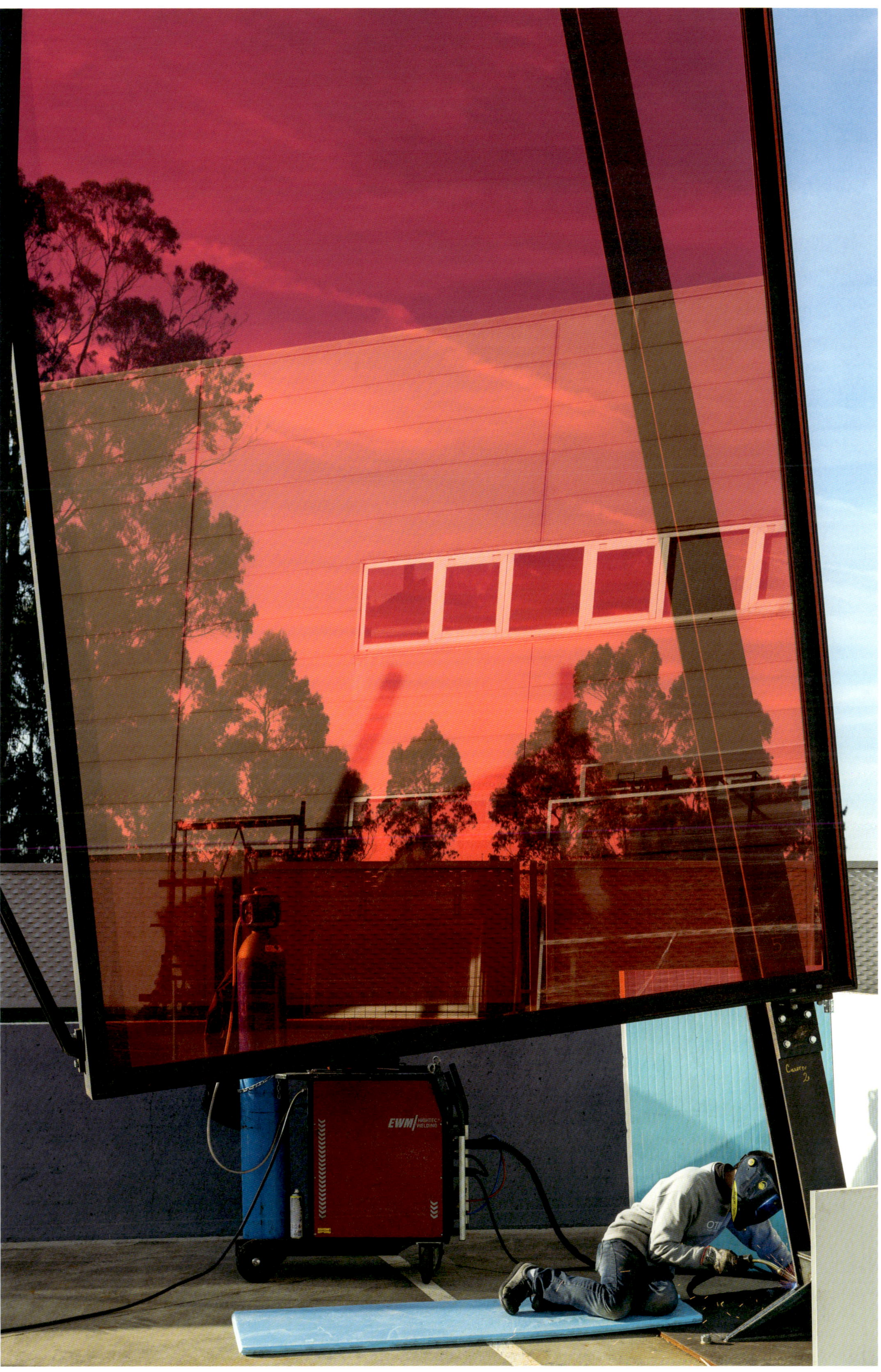

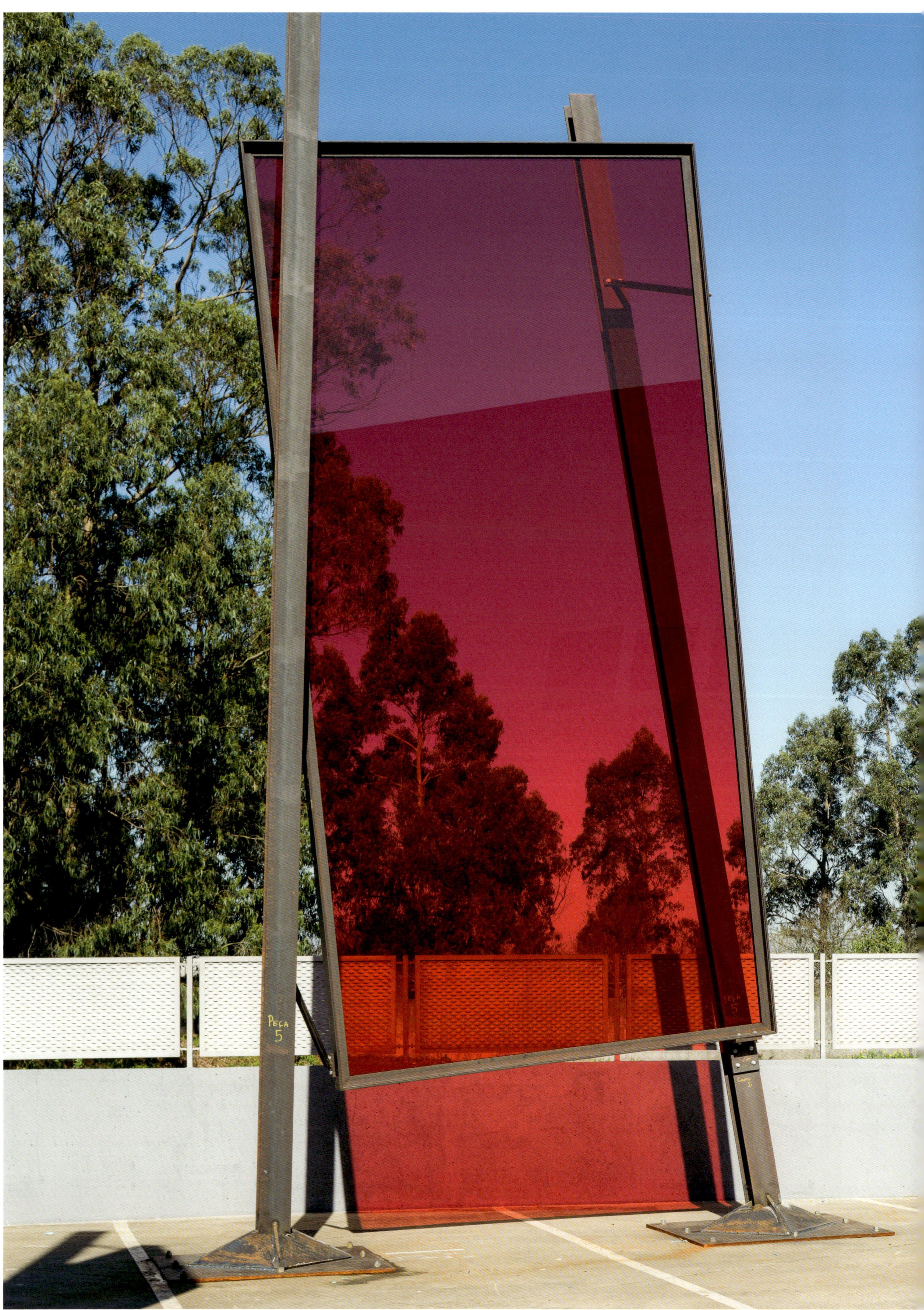
Peça
5

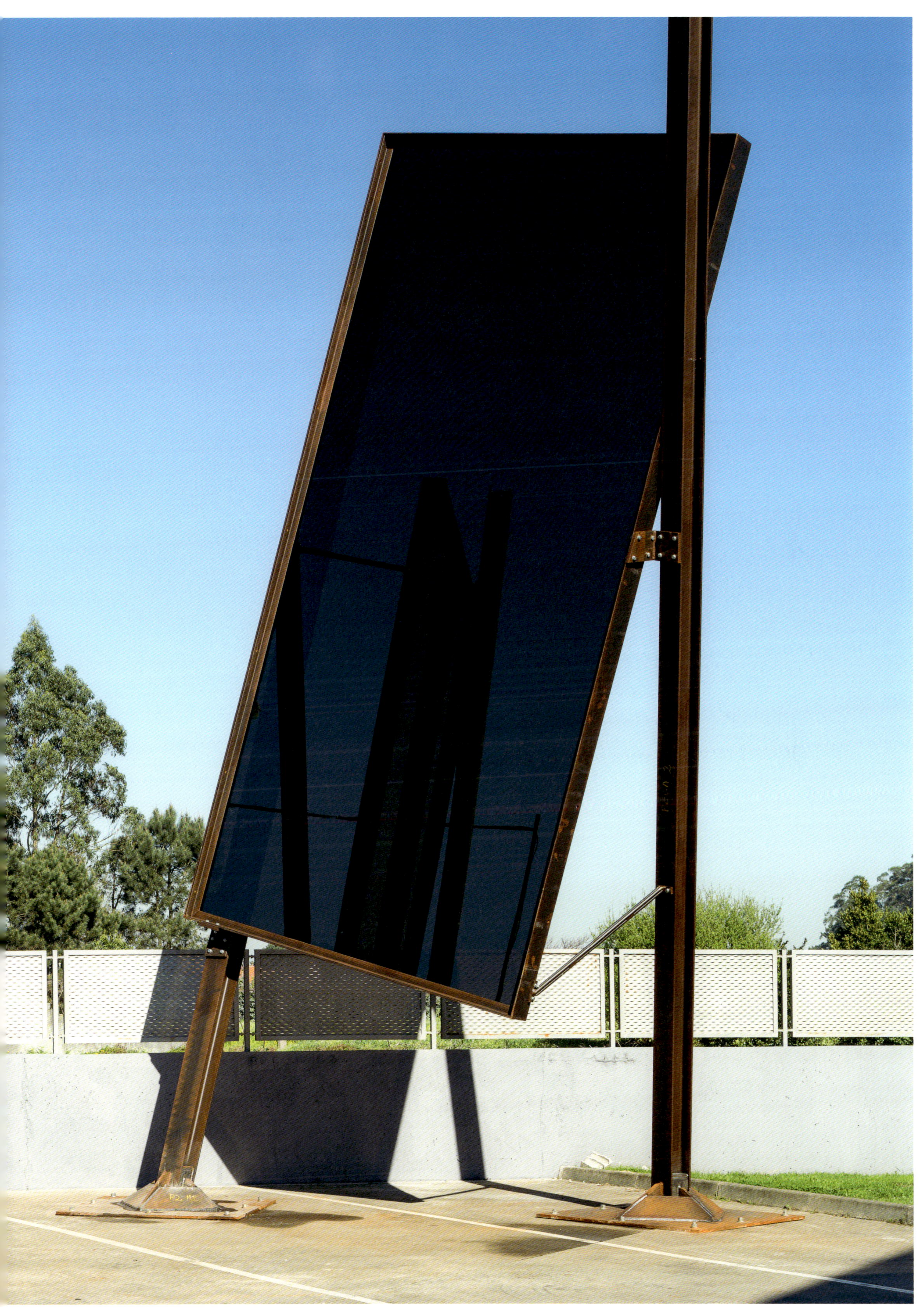

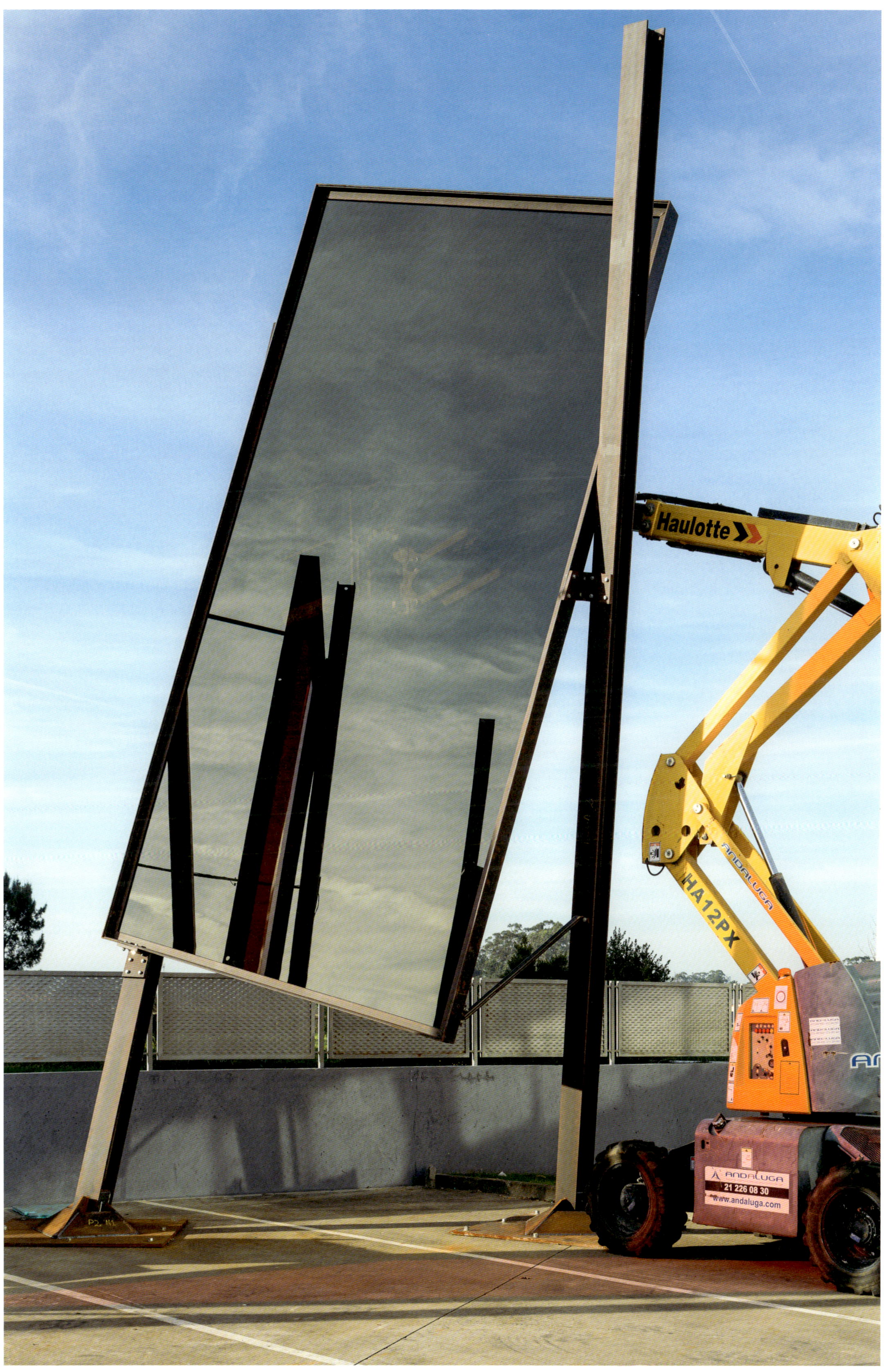
Haulotte
HA12PX
ANDALUGA
ANDALUGA
21 226 08 30
www.andaluga.com

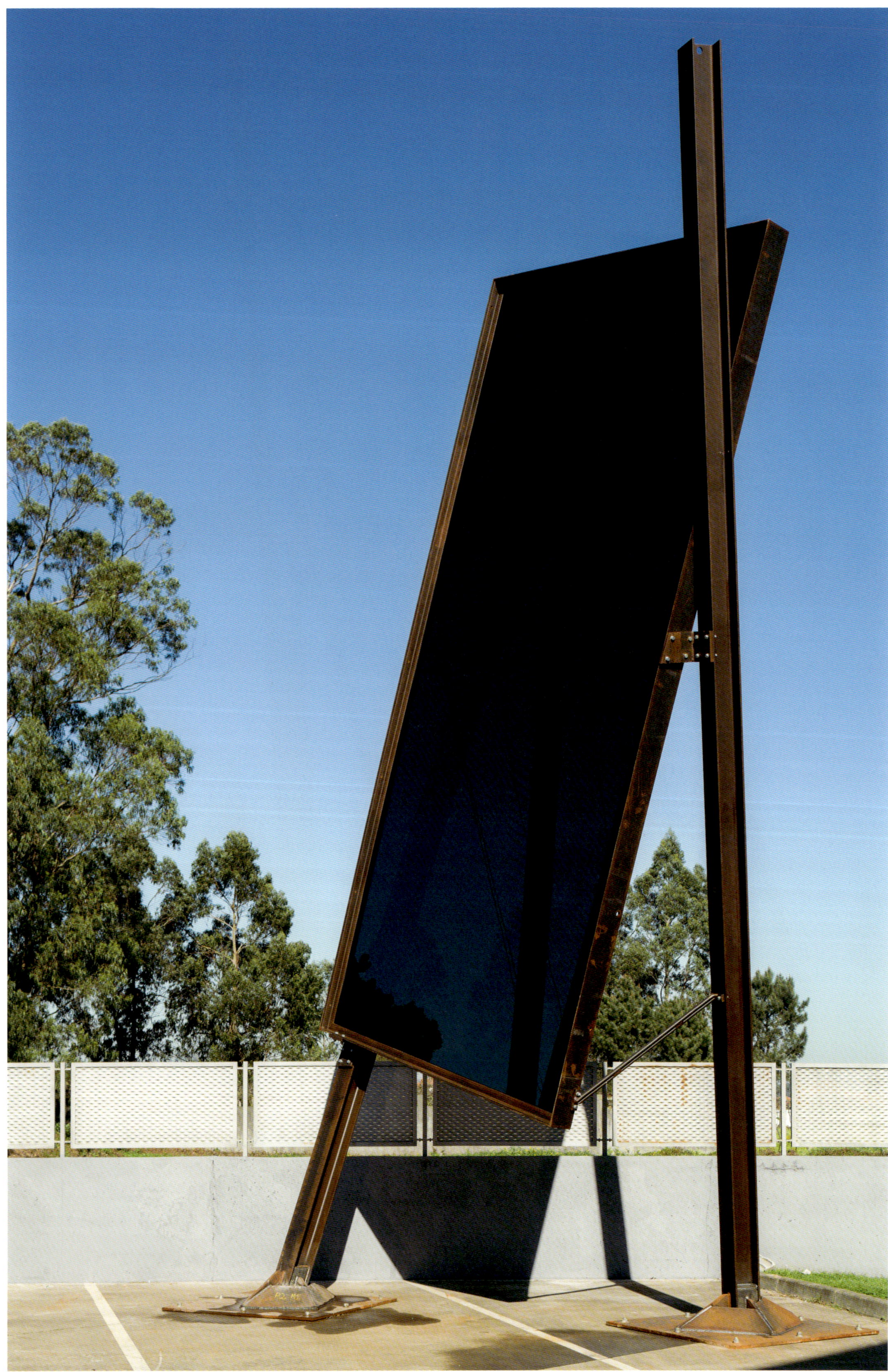

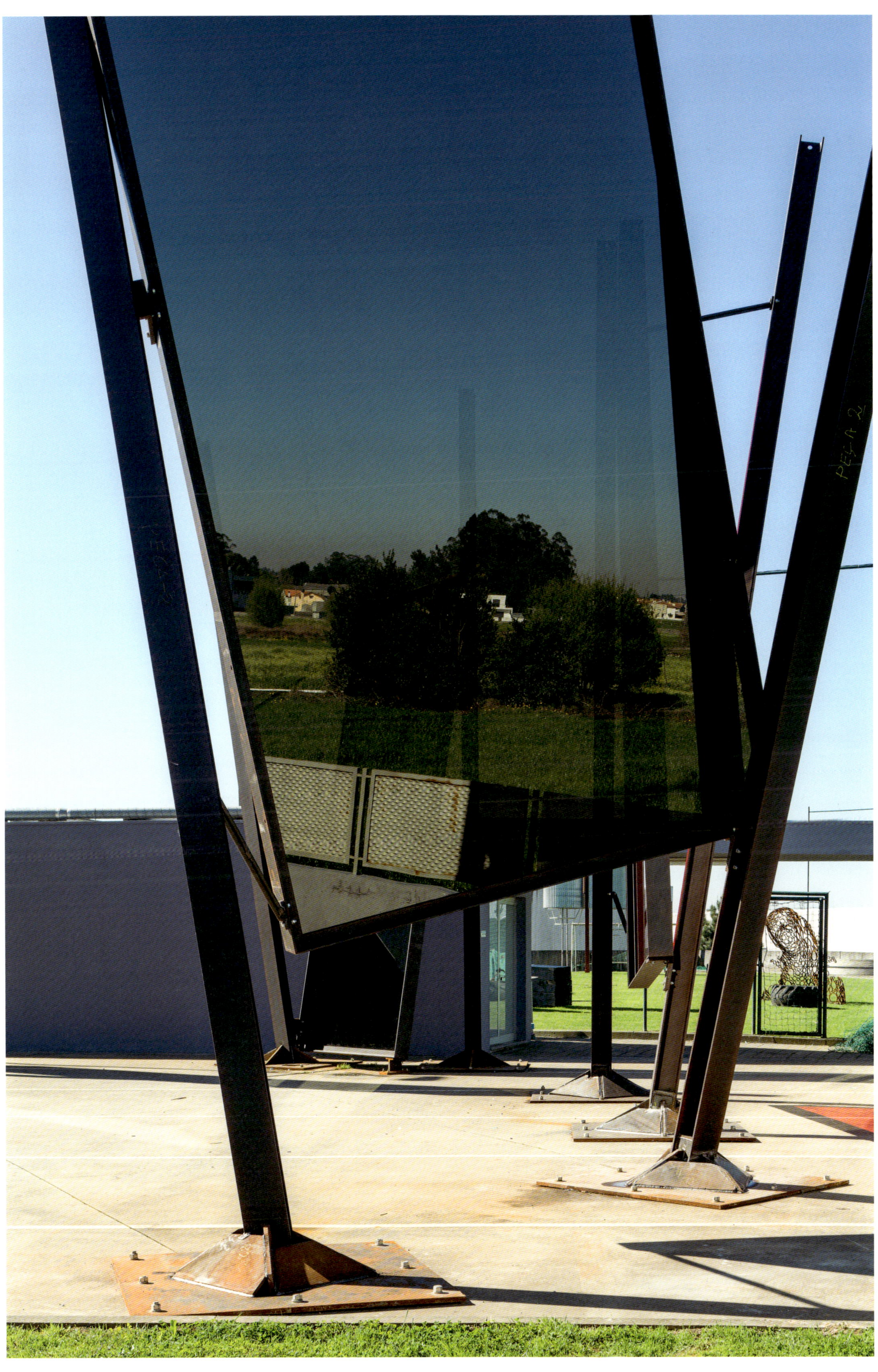

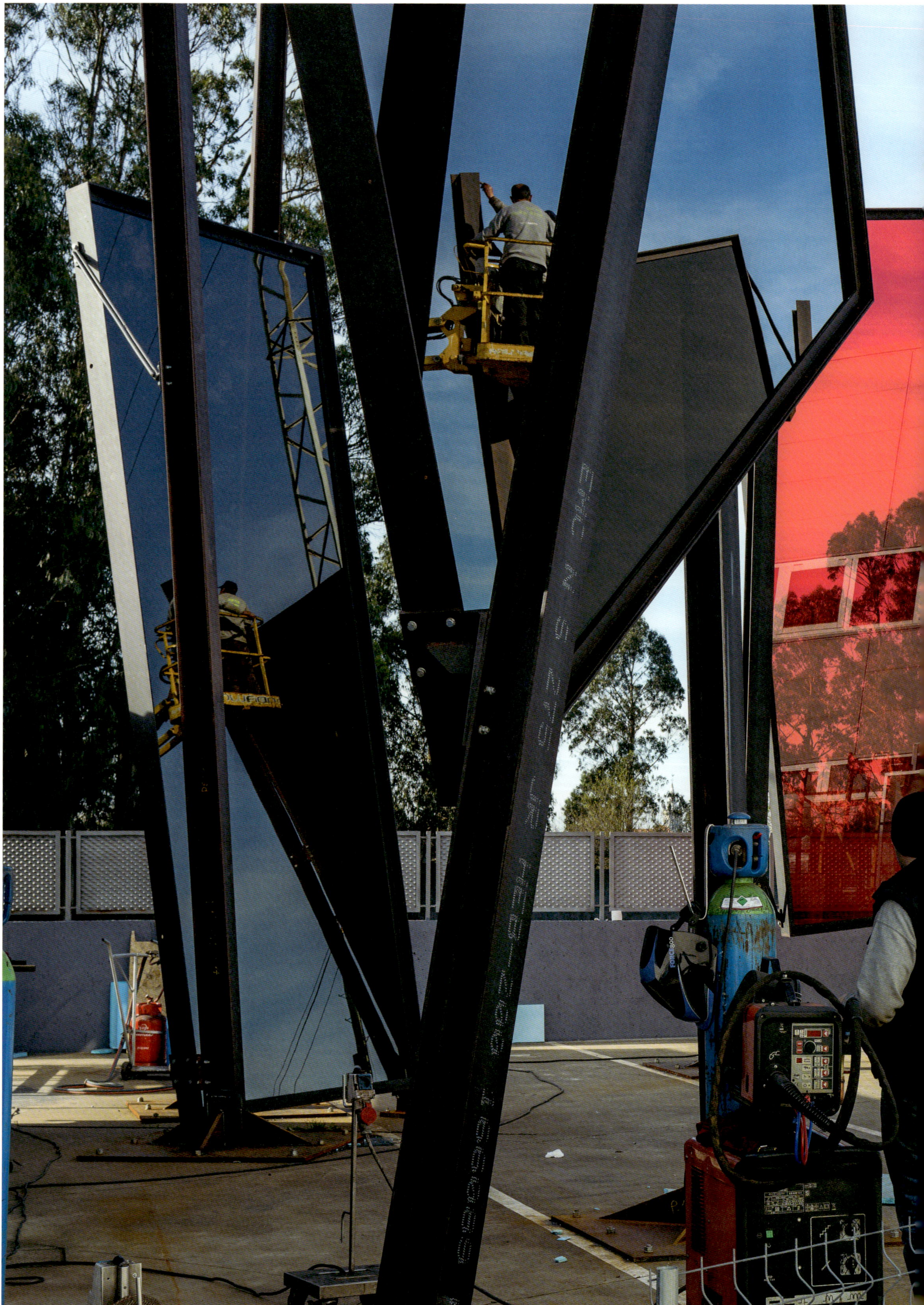

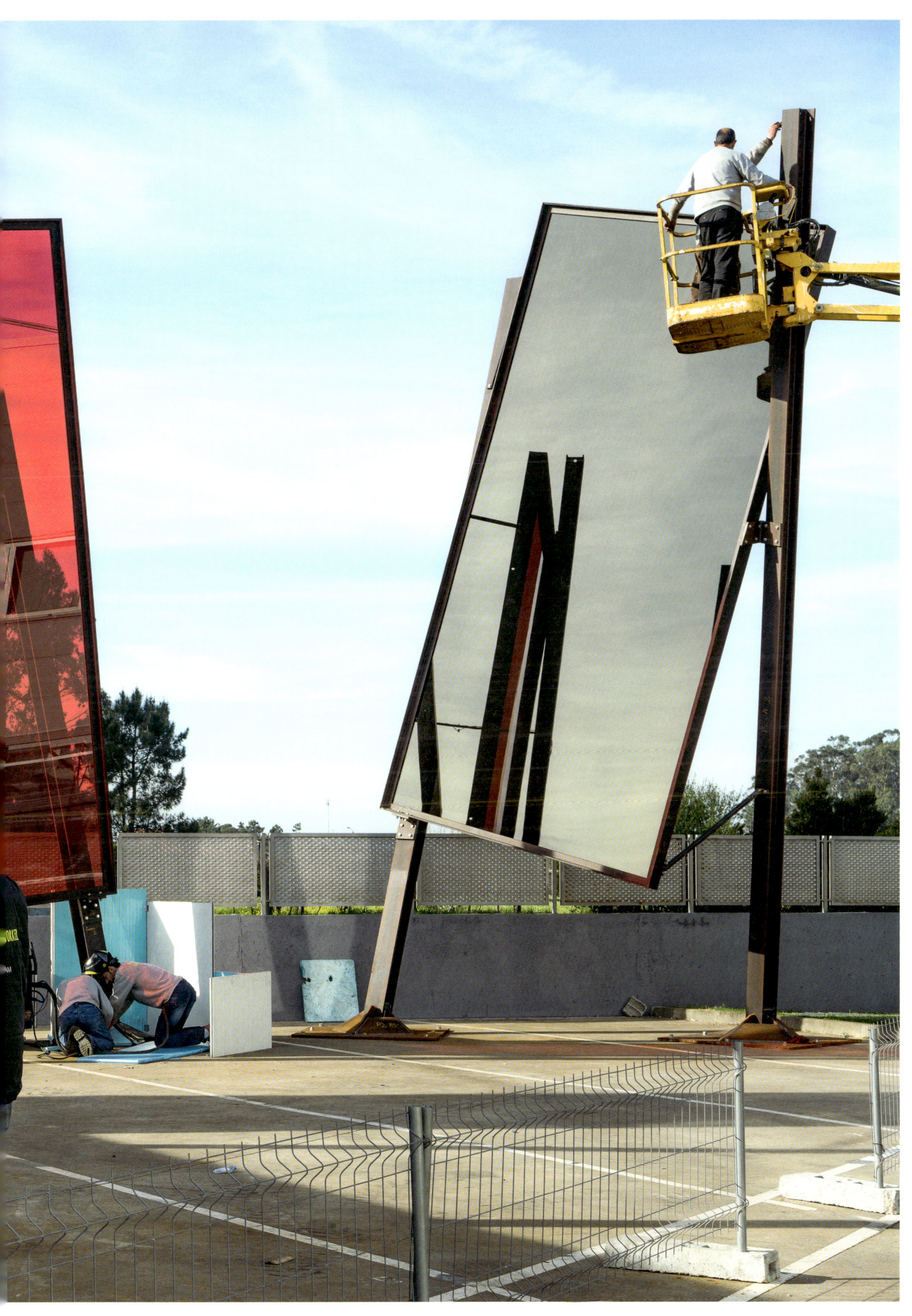

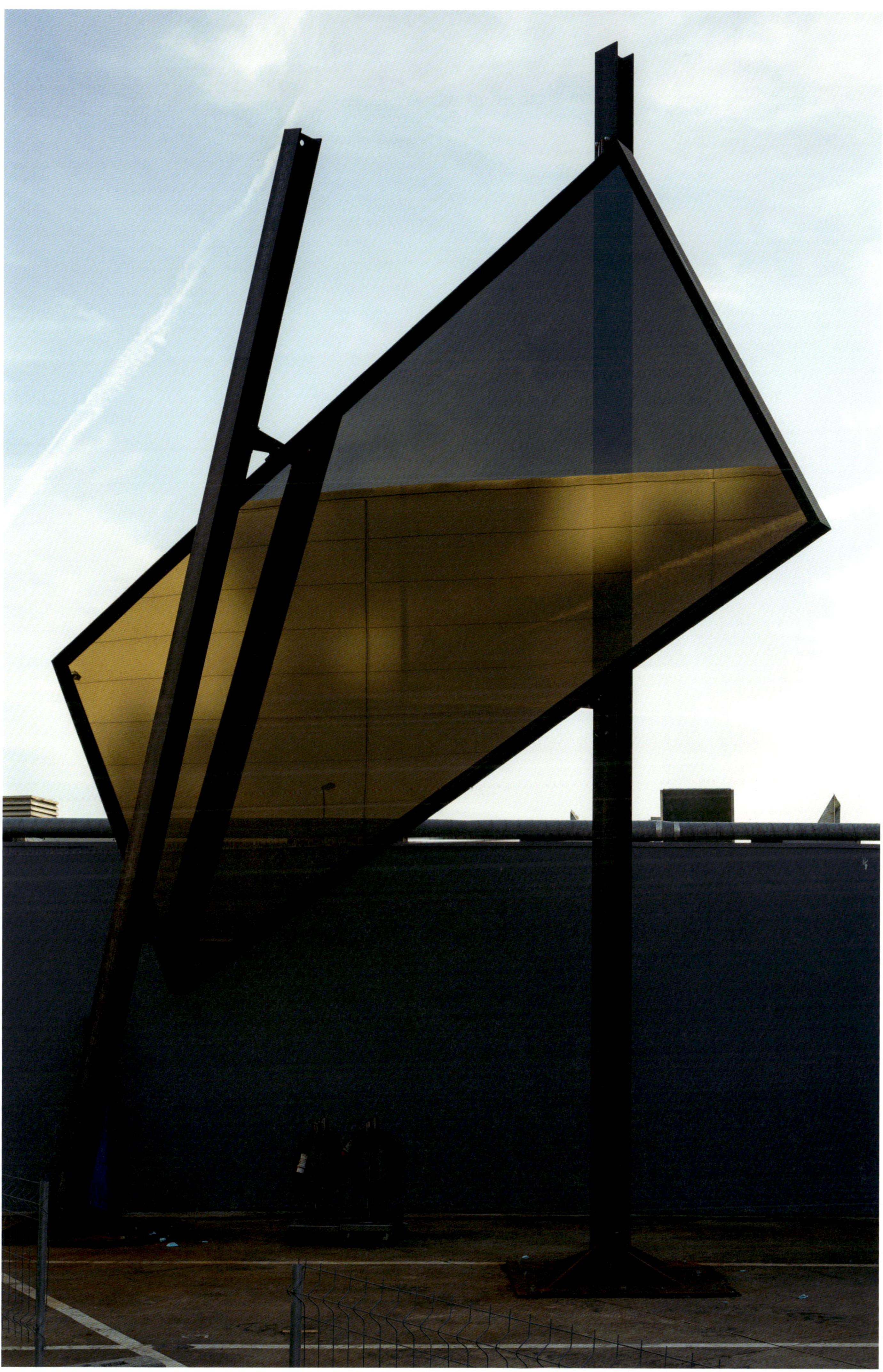

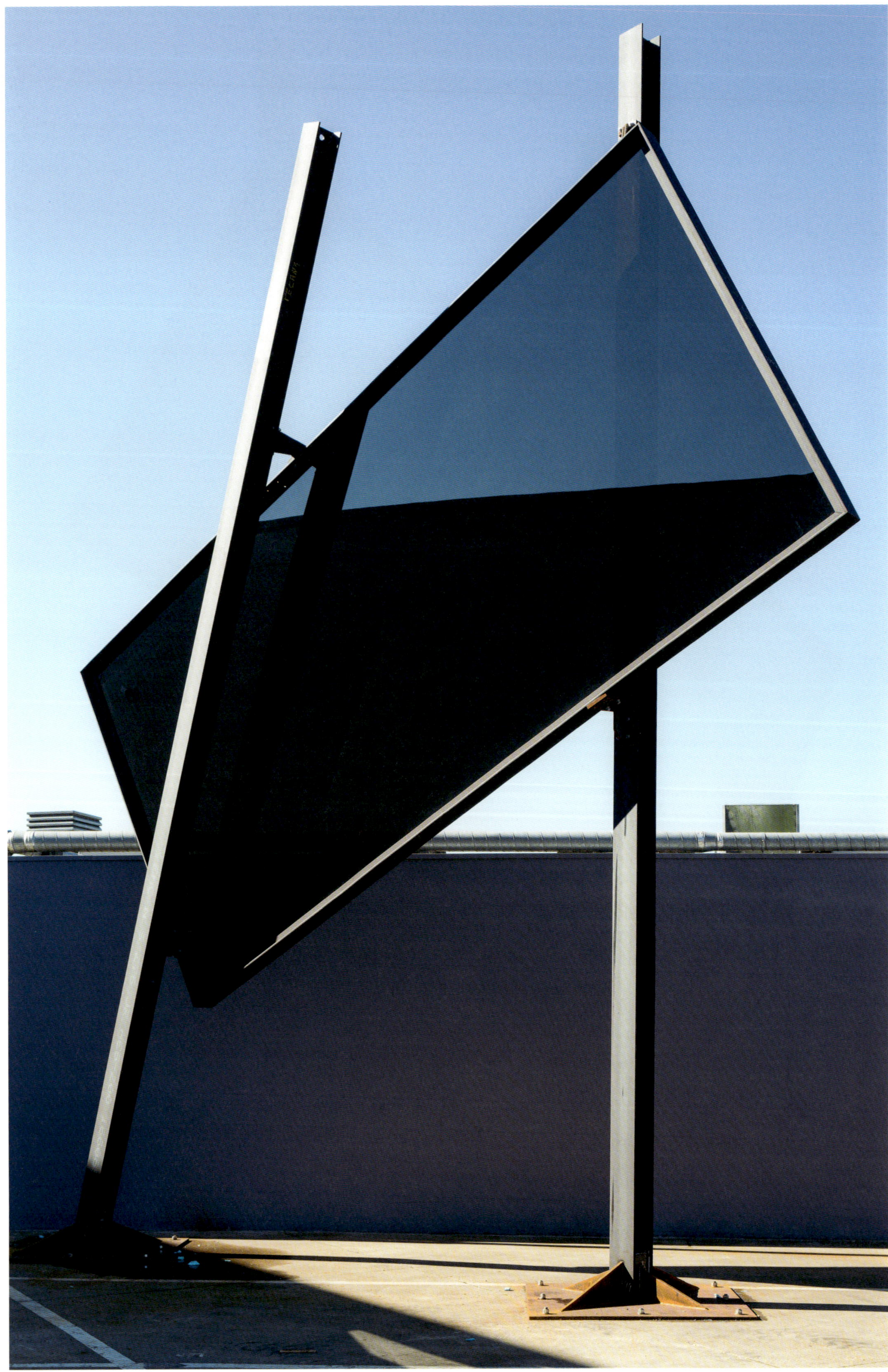

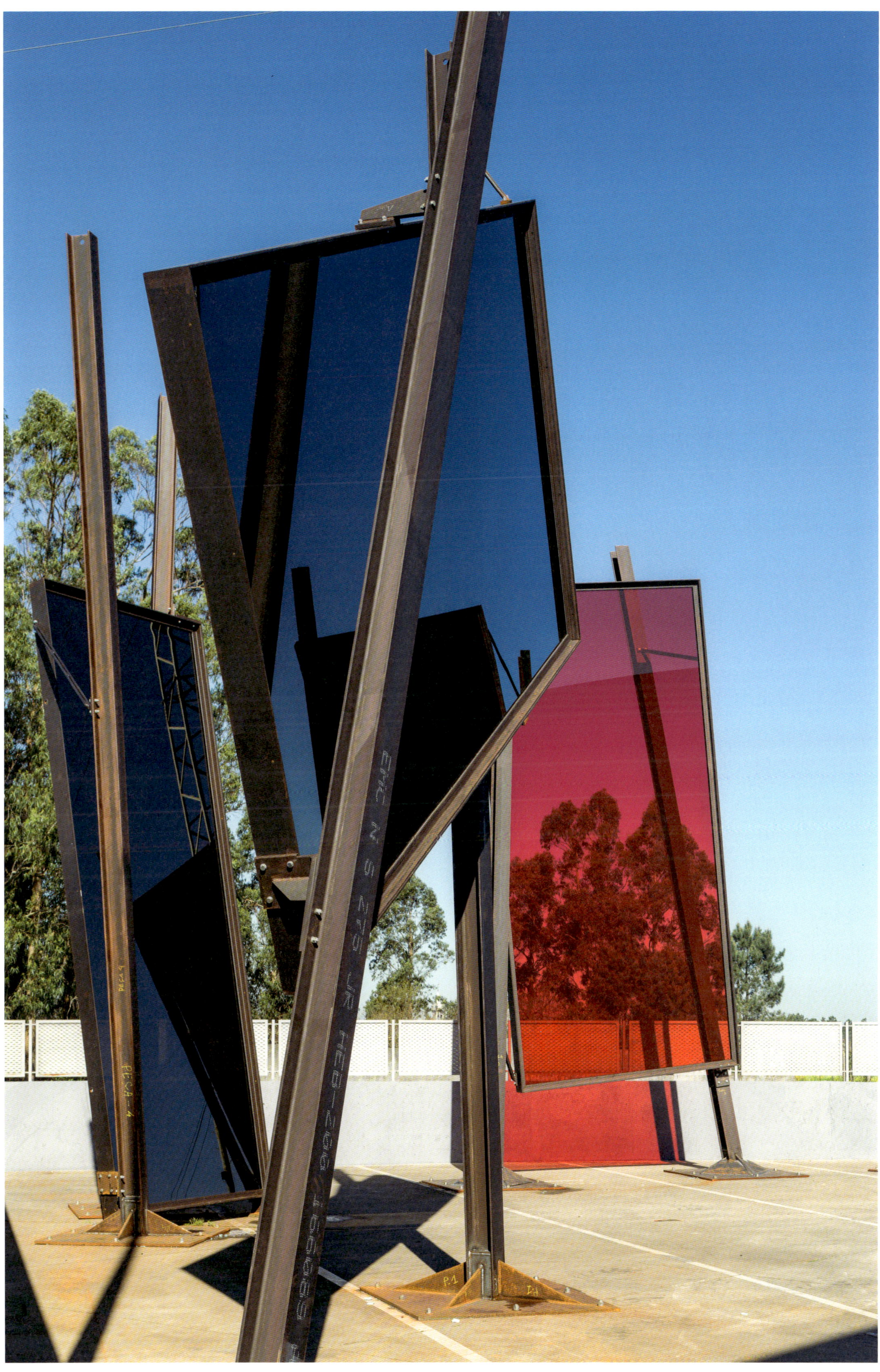

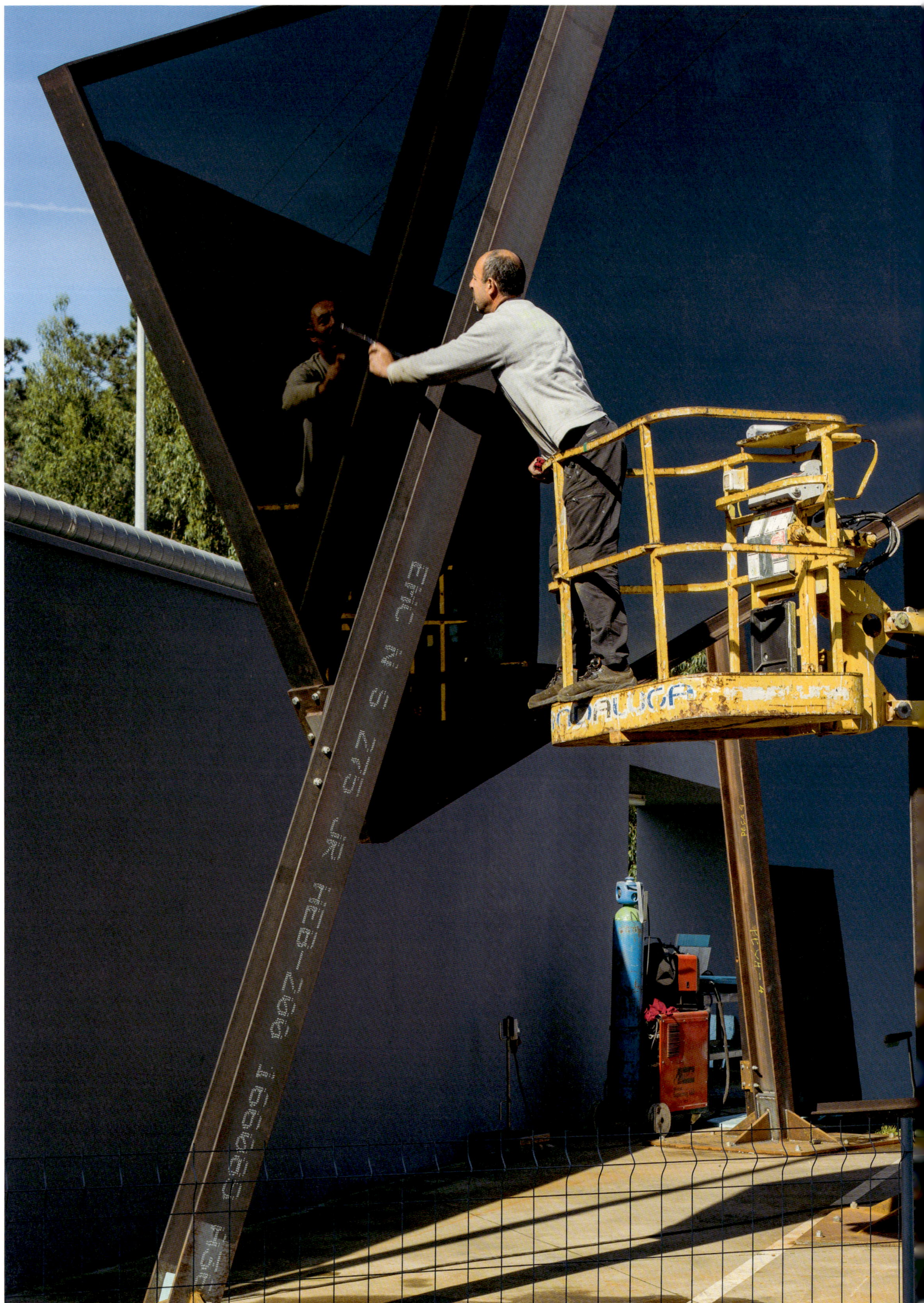

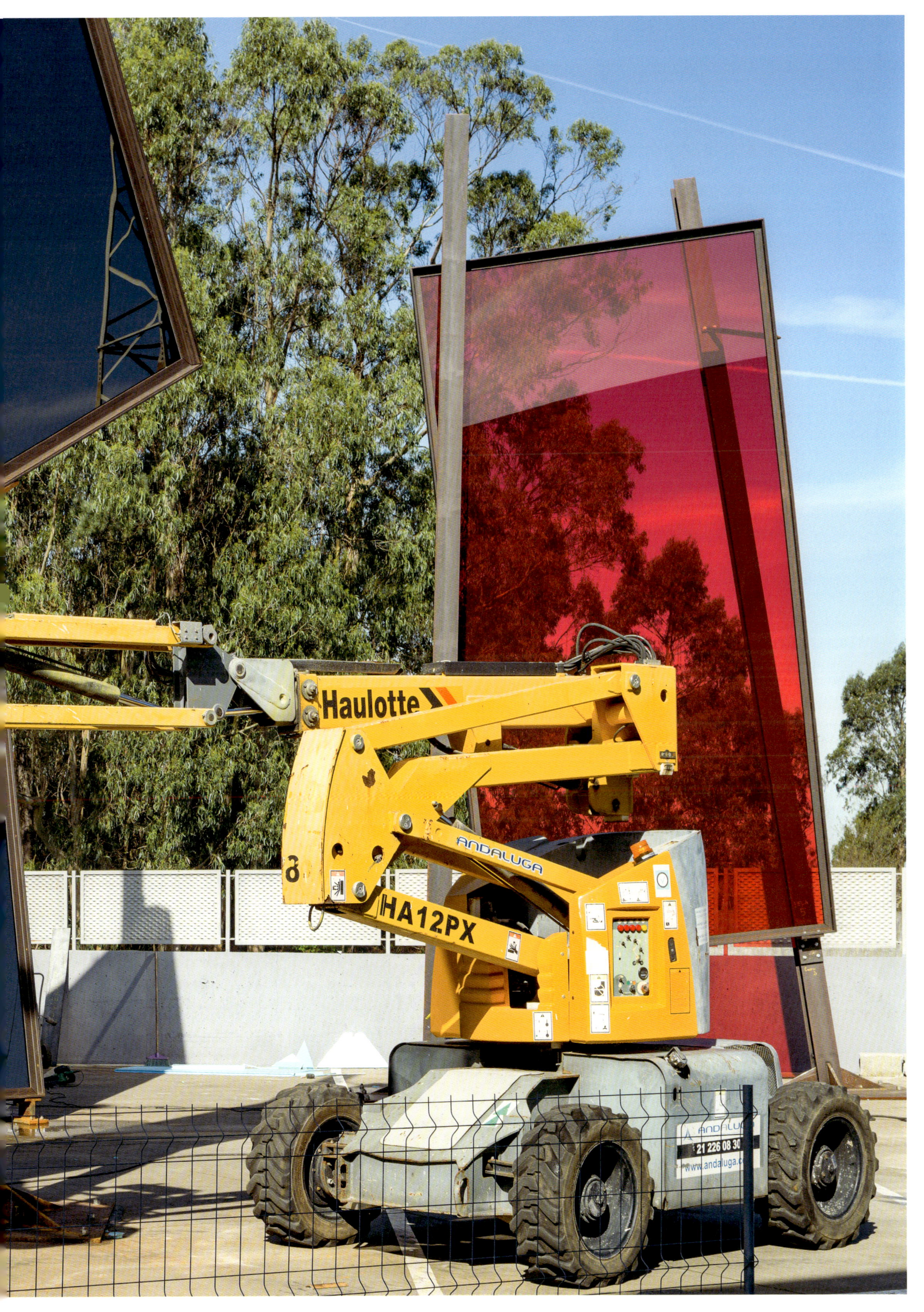
Haulotte
ANDALUGA
HA12PX
ANDALUGA
21 226 08 30
www.andaluga.c

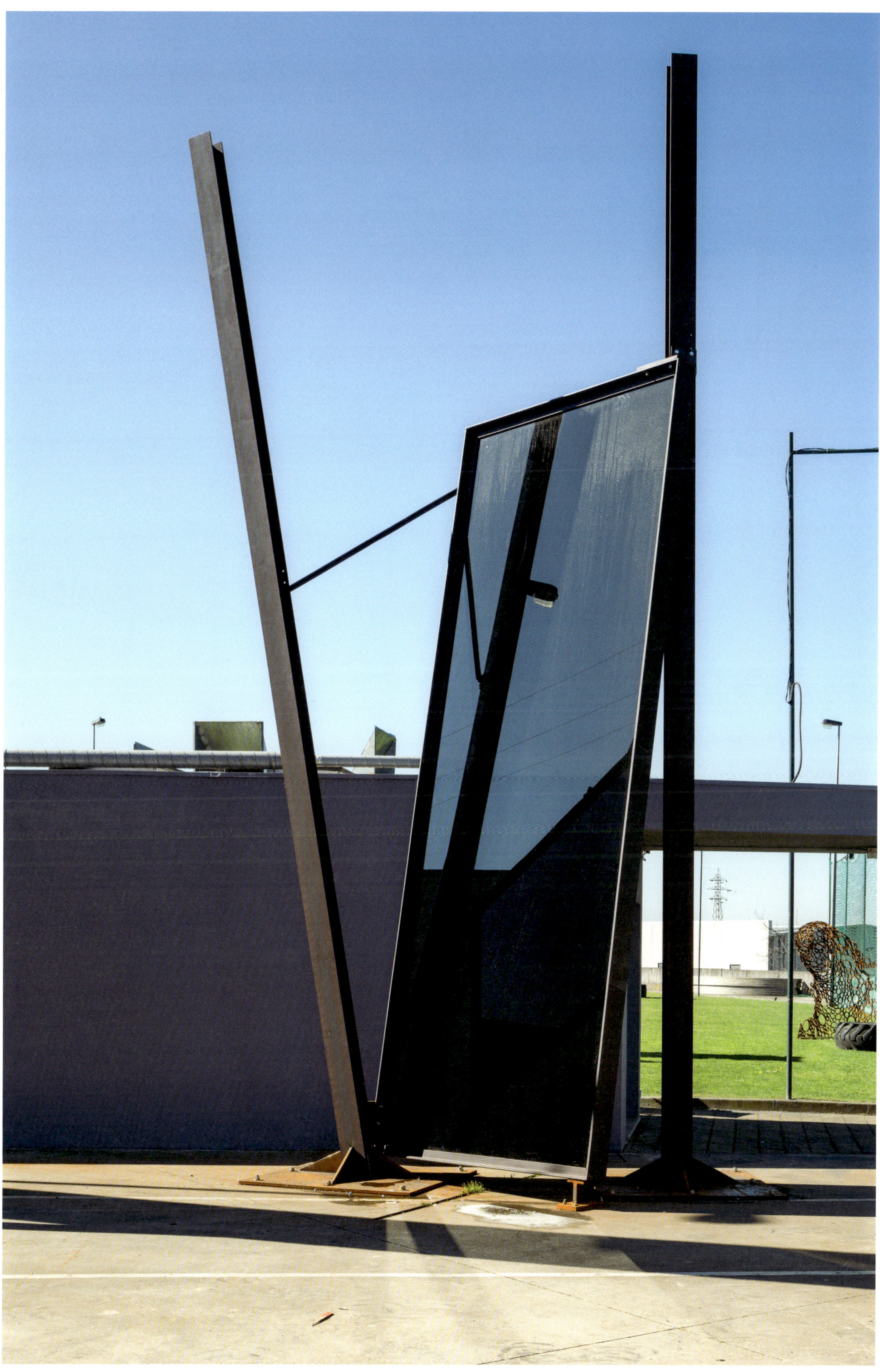

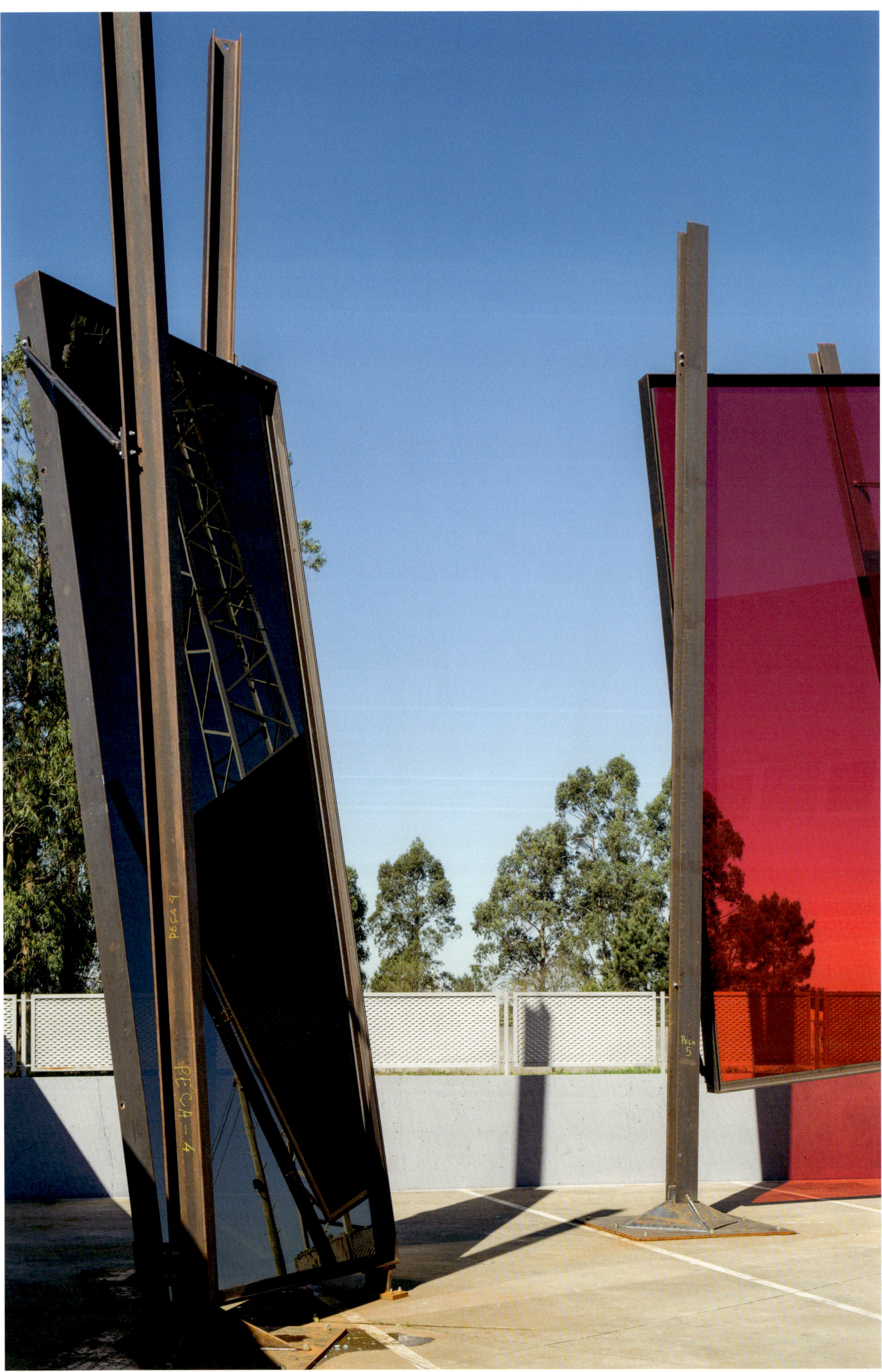
PEÇA 9
PEÇA - 4
PEÇA
5

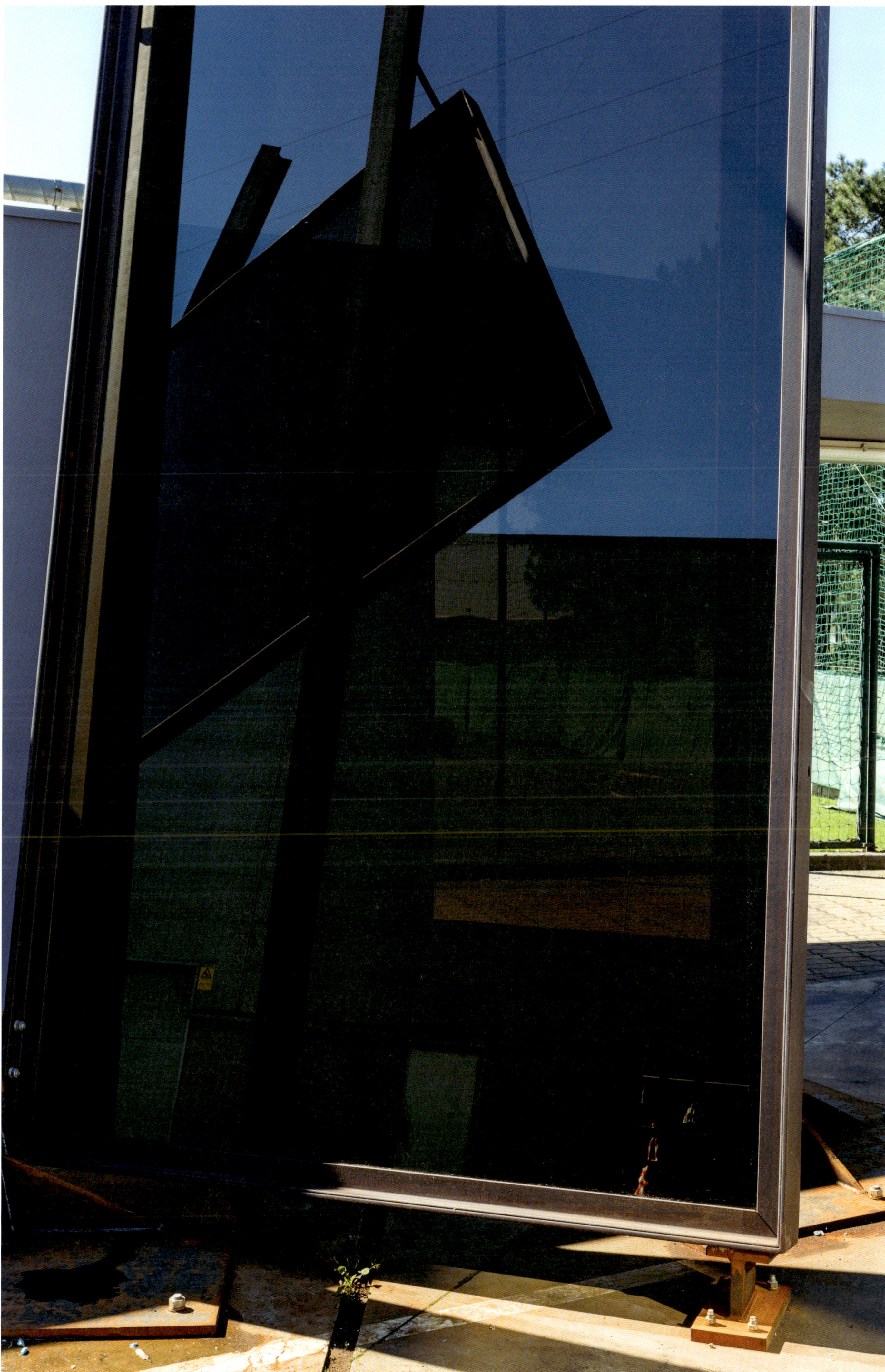

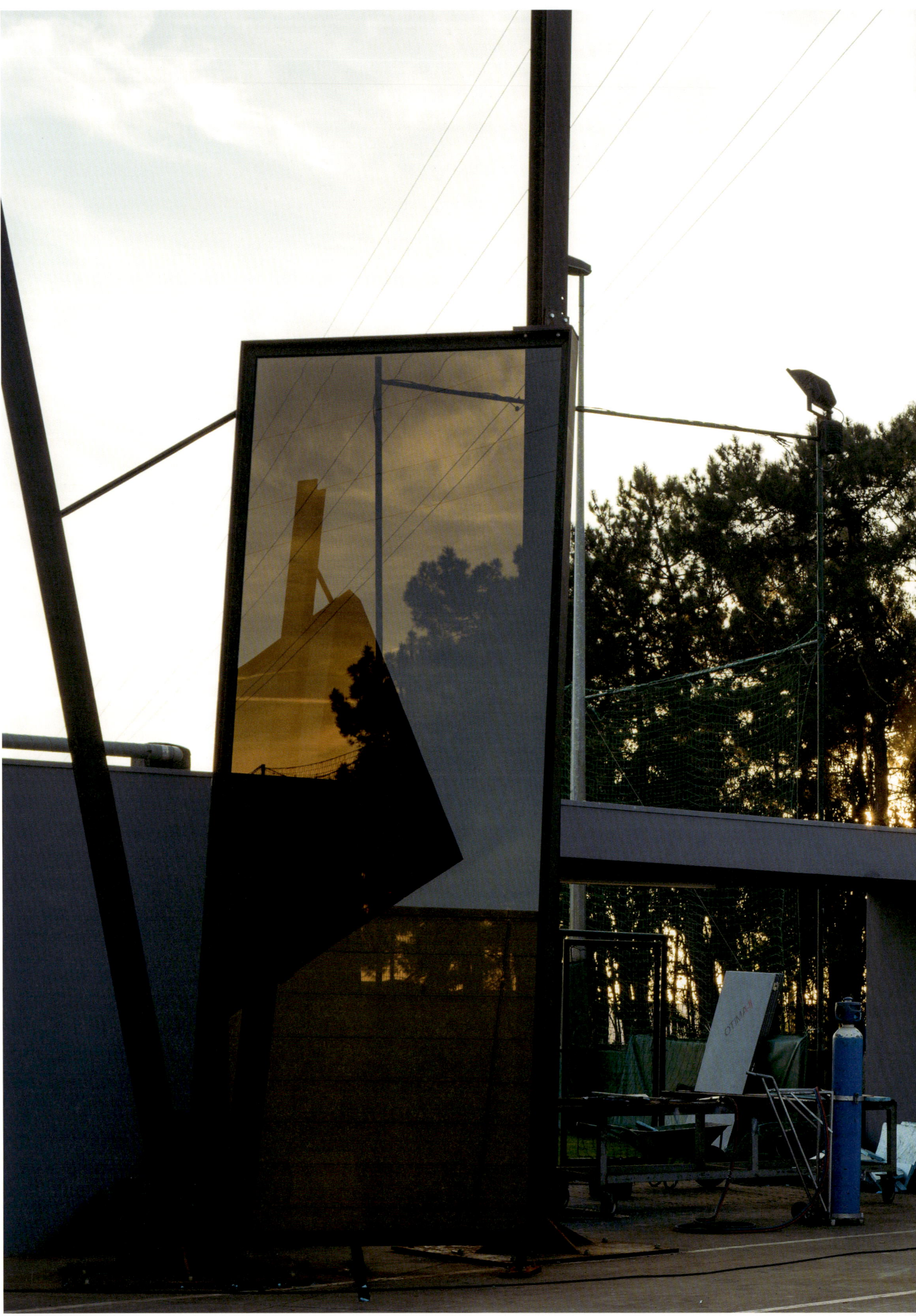

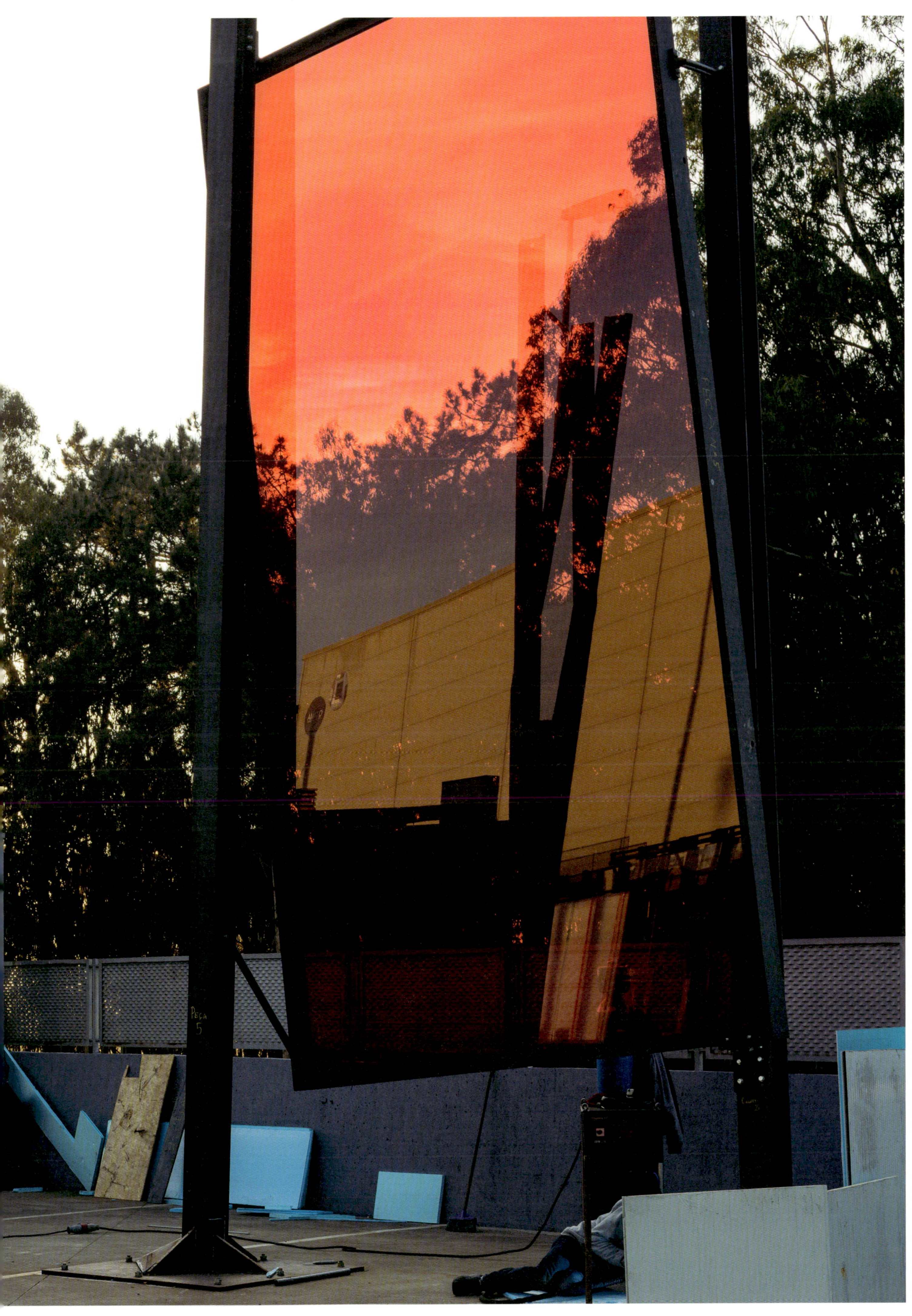

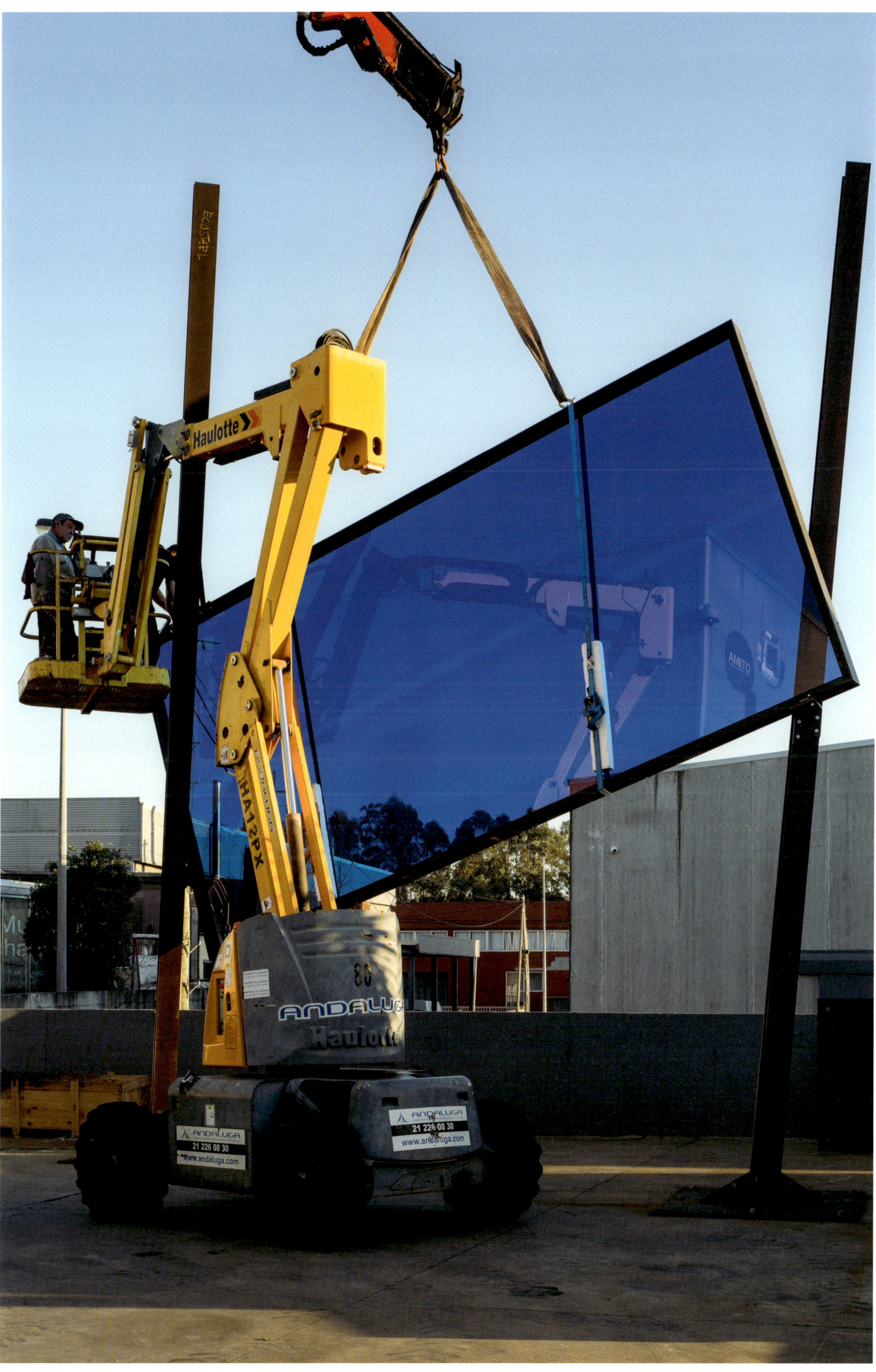

Haulotte
HA12PX
ANDALUGA
Haulotte
ANDALUGA
21 226 08 30
www.andaluga.com
ANDALUGA
21 226 08 30
www.andaluga.com
AMITO

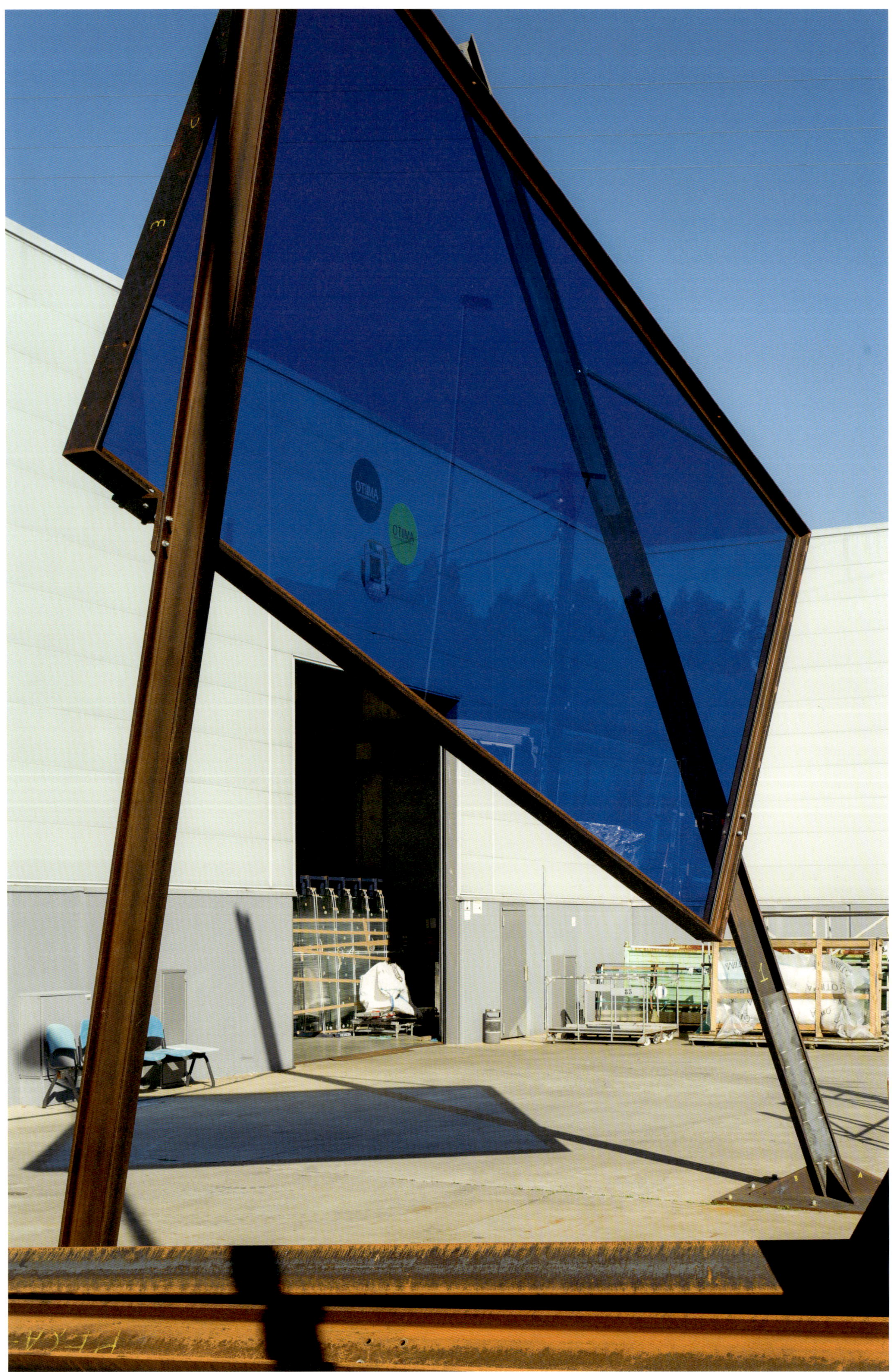

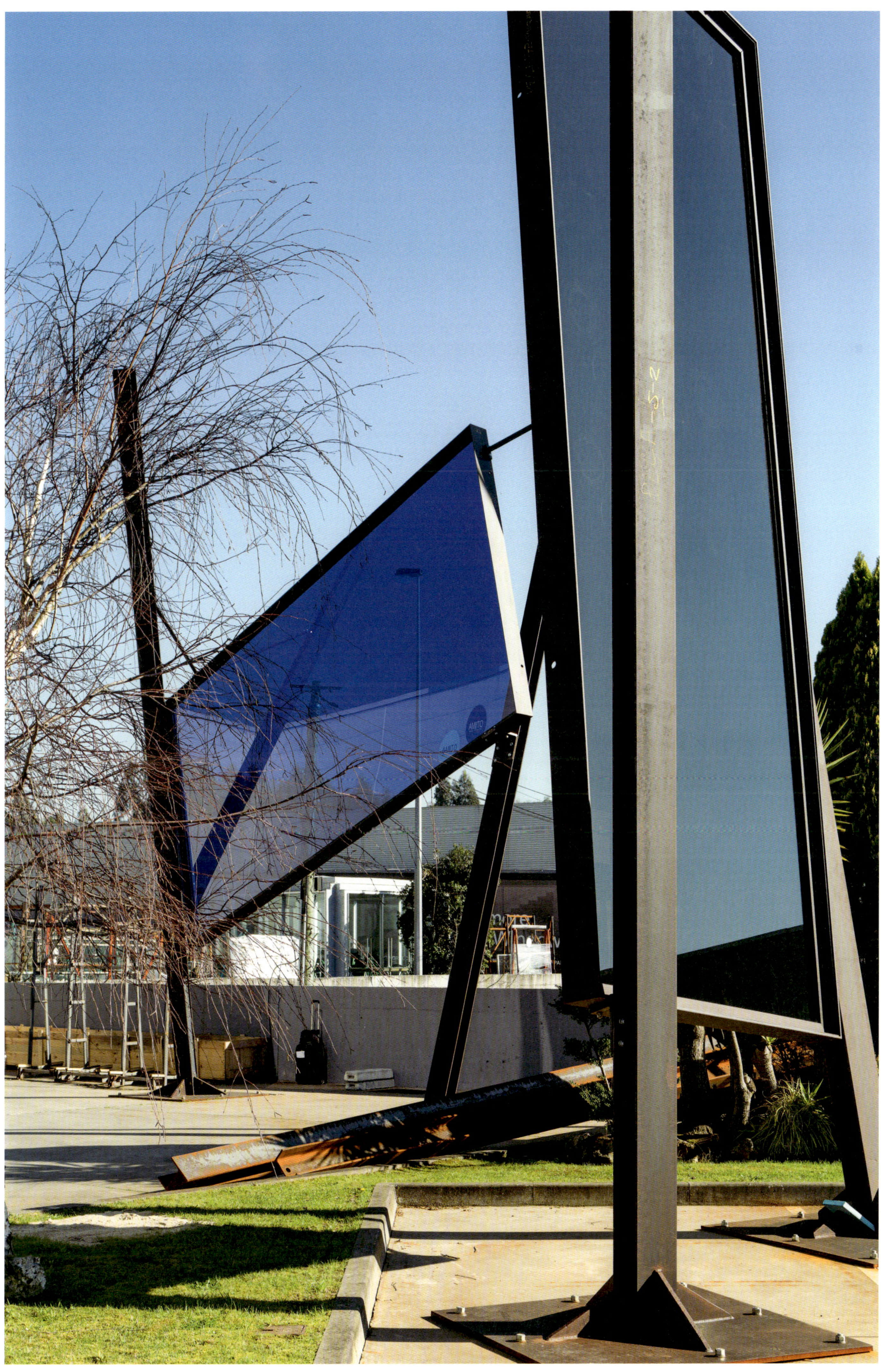

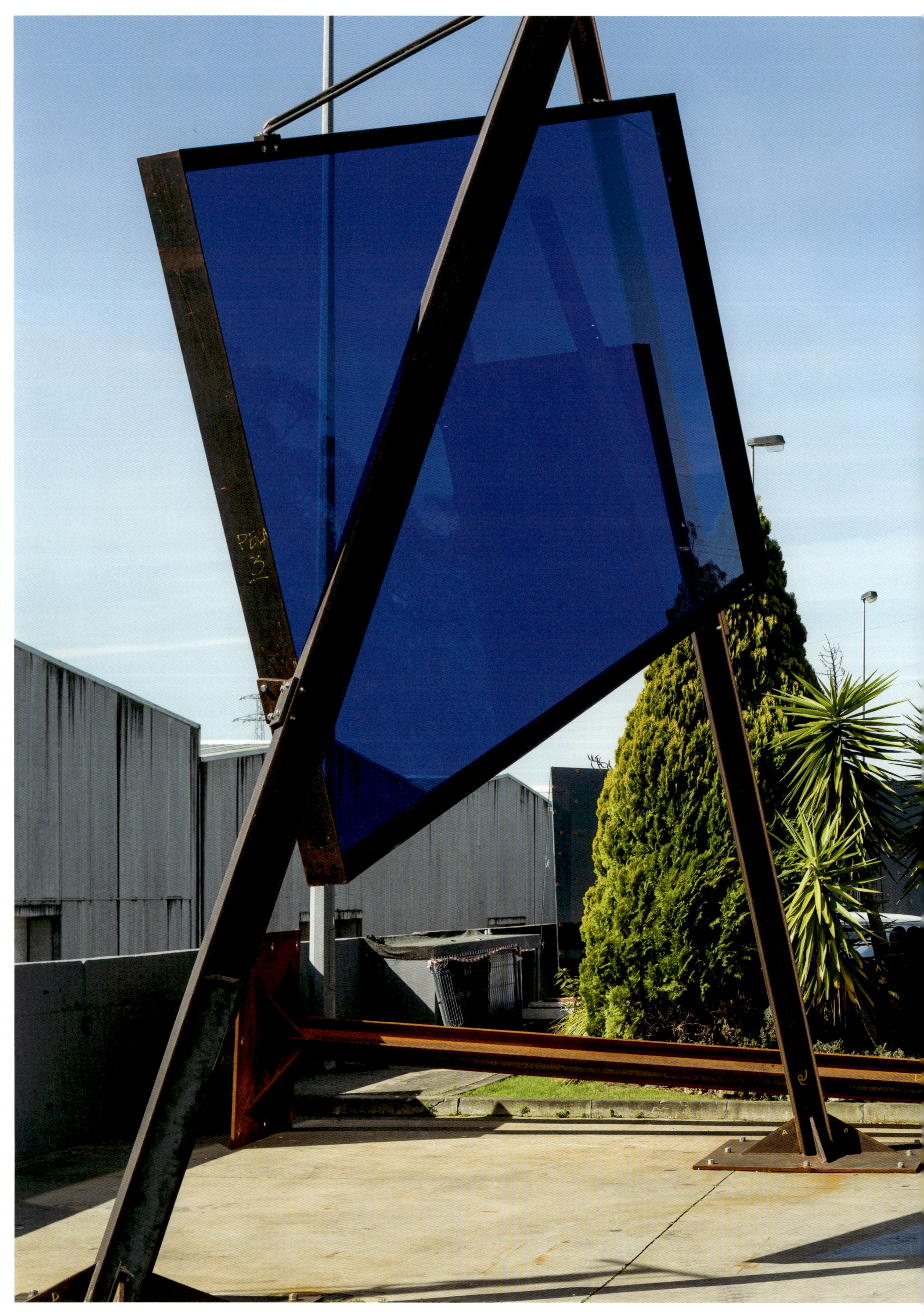

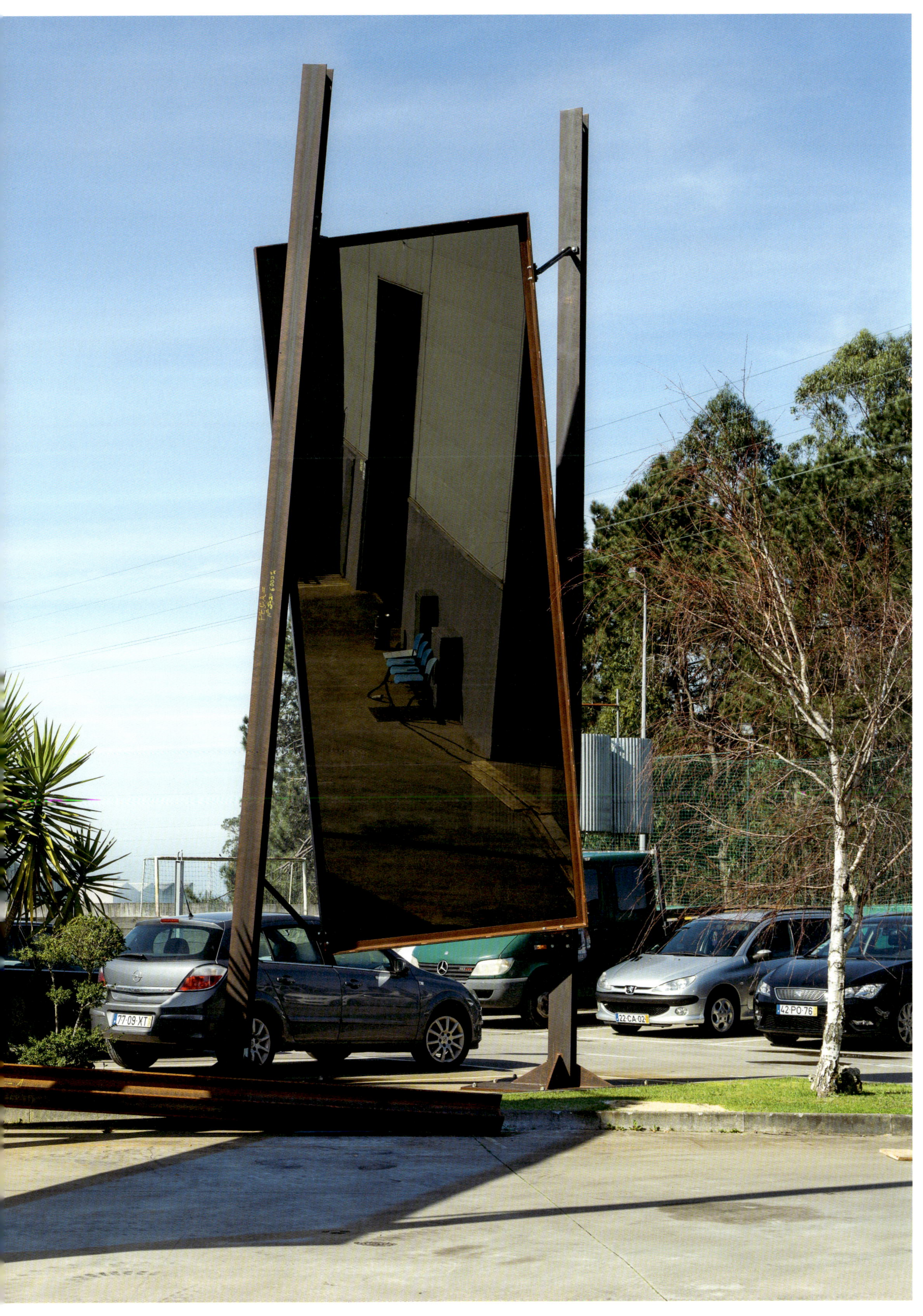

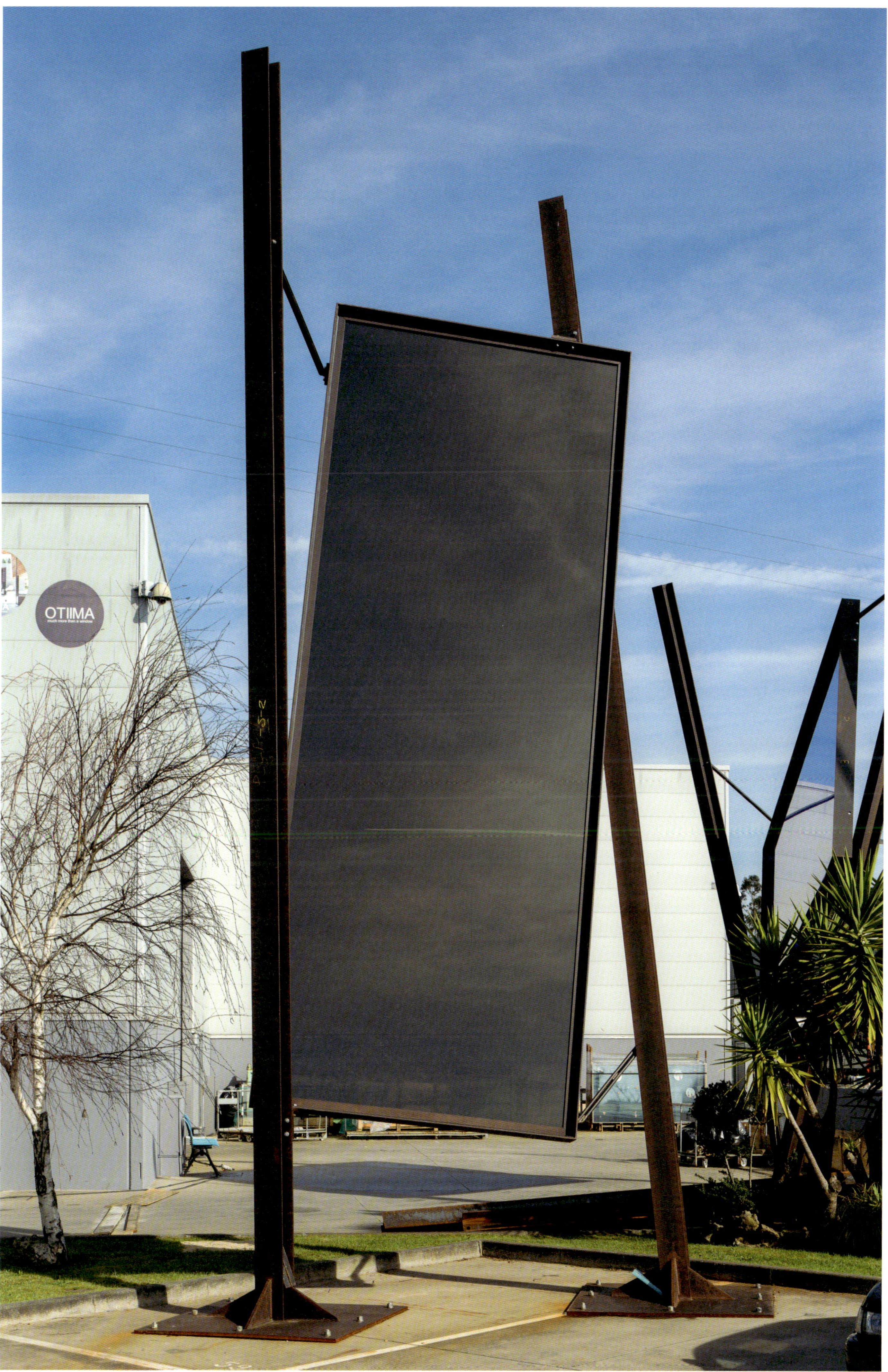

OTIIMA

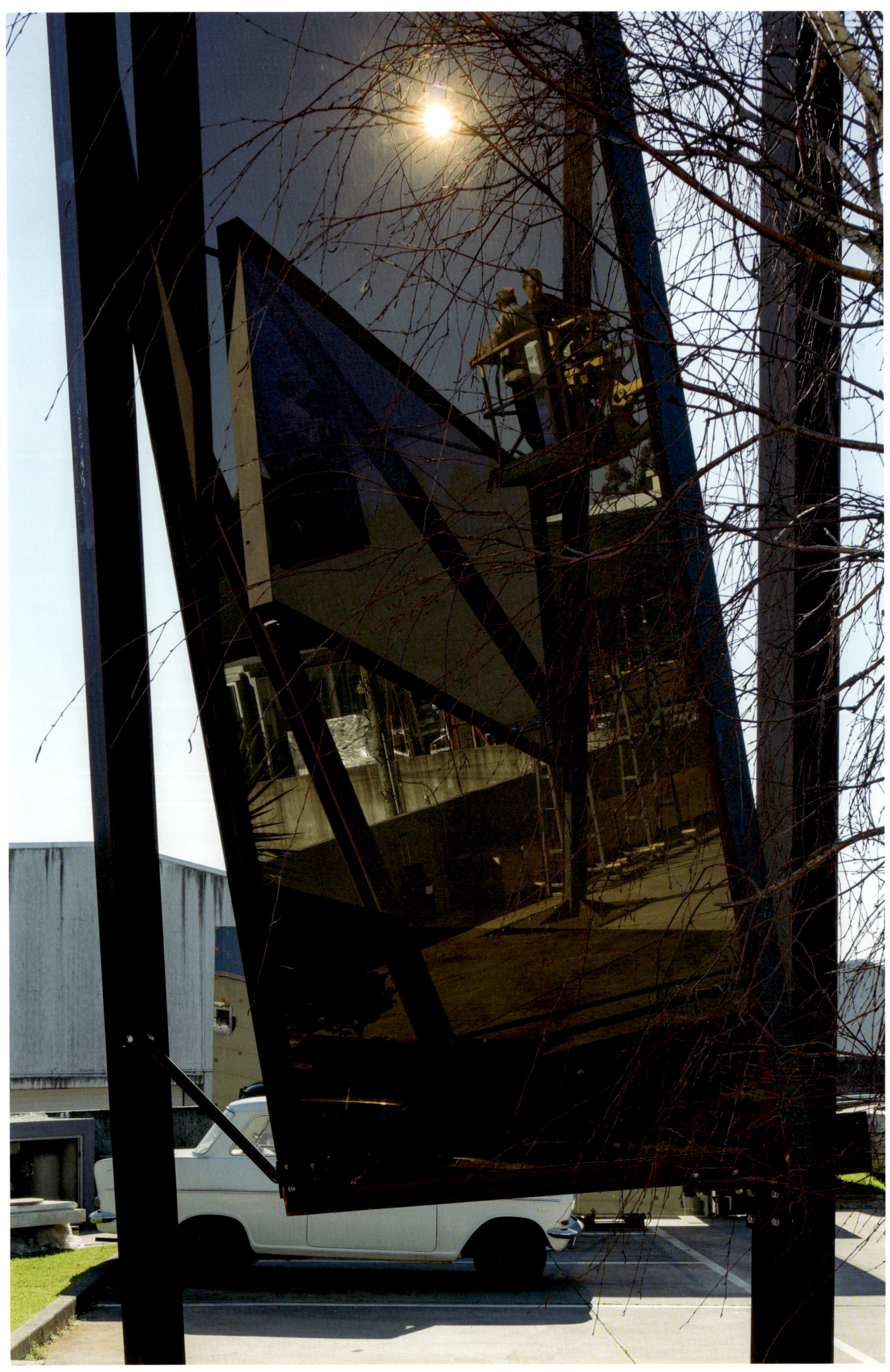

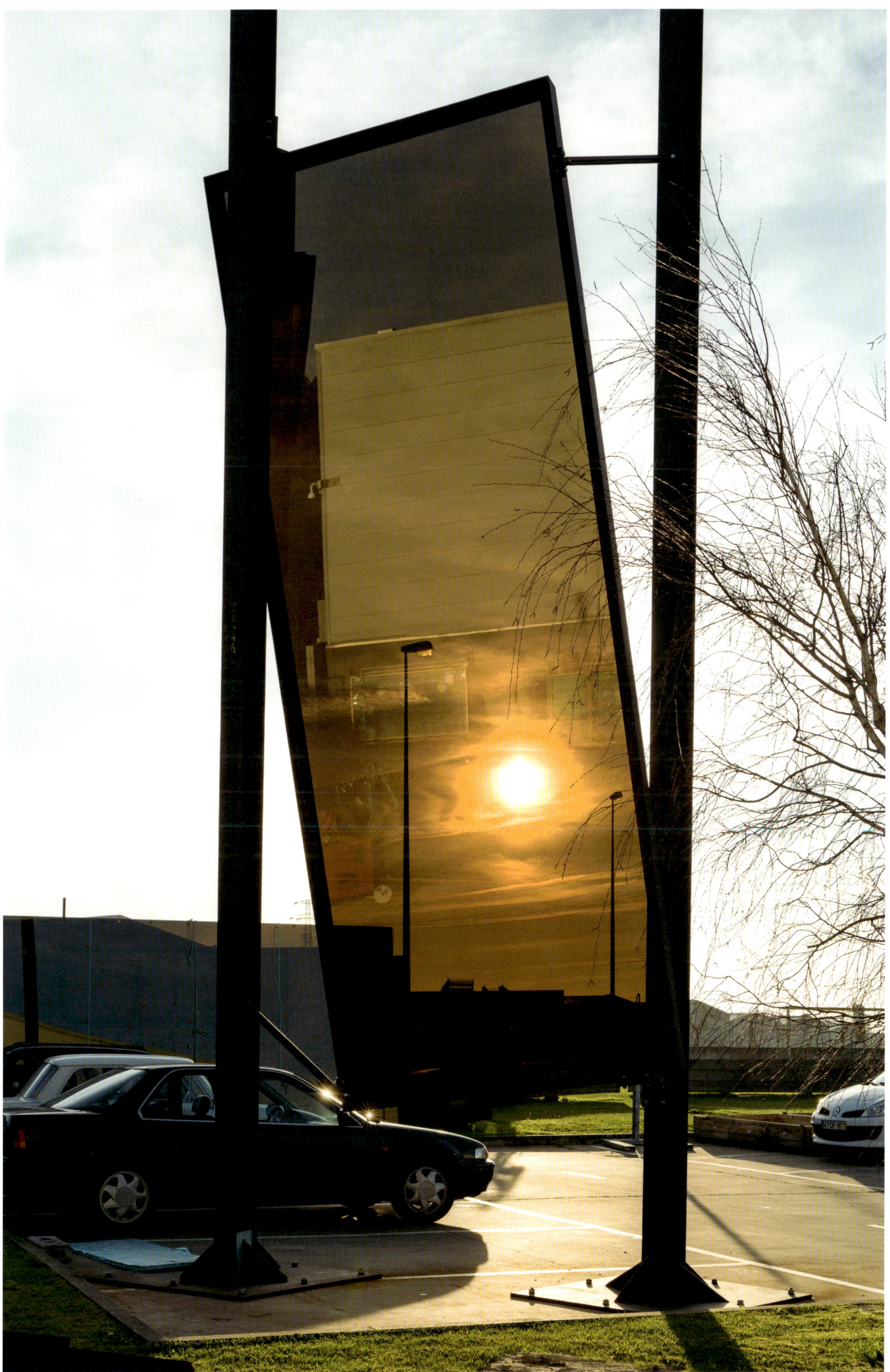

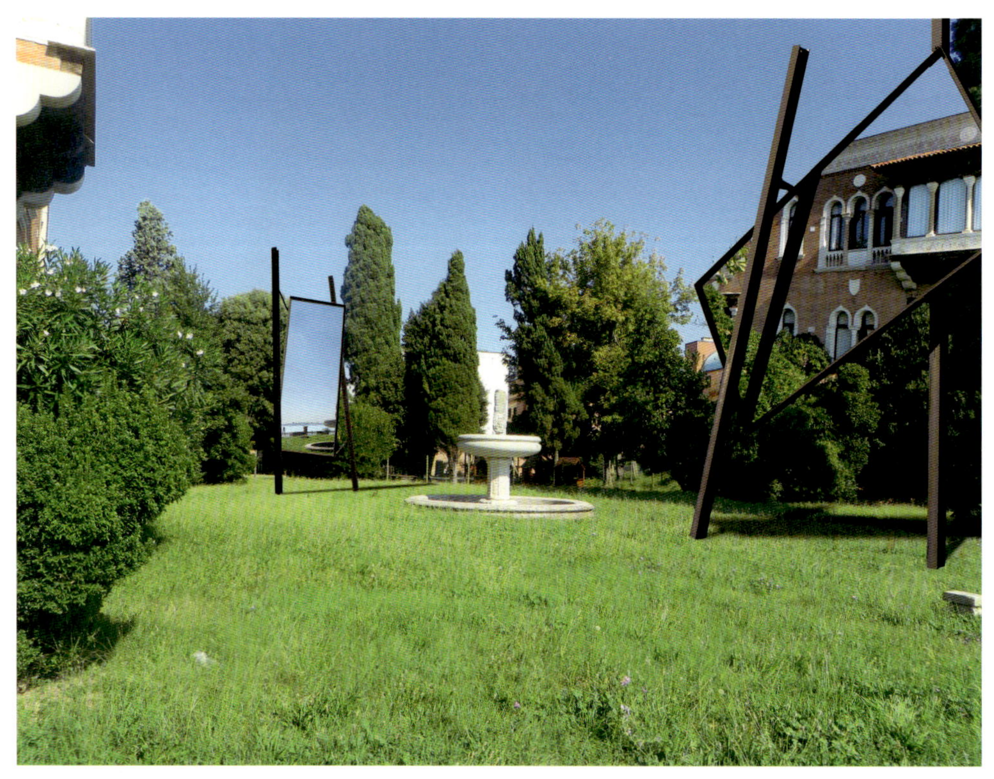

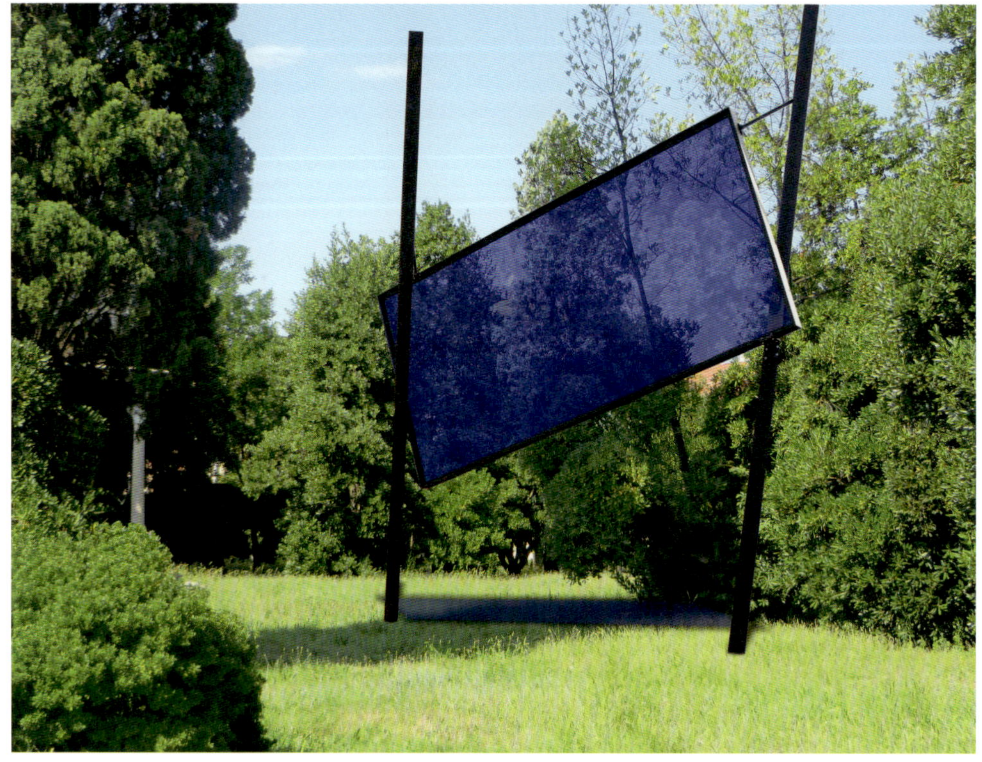

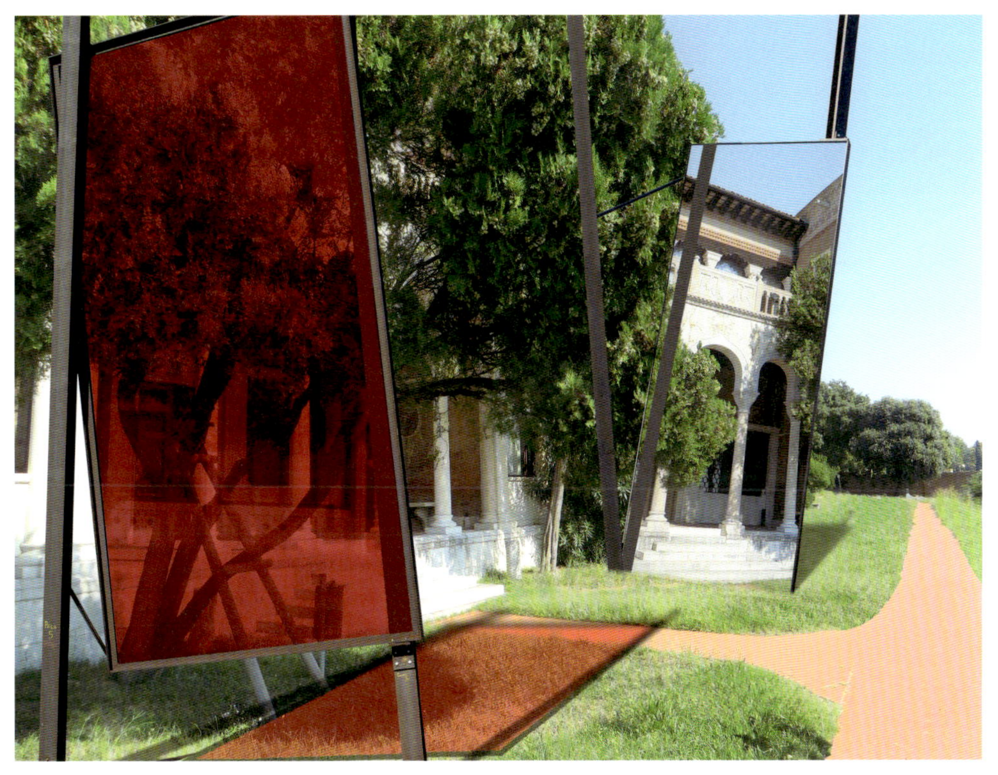

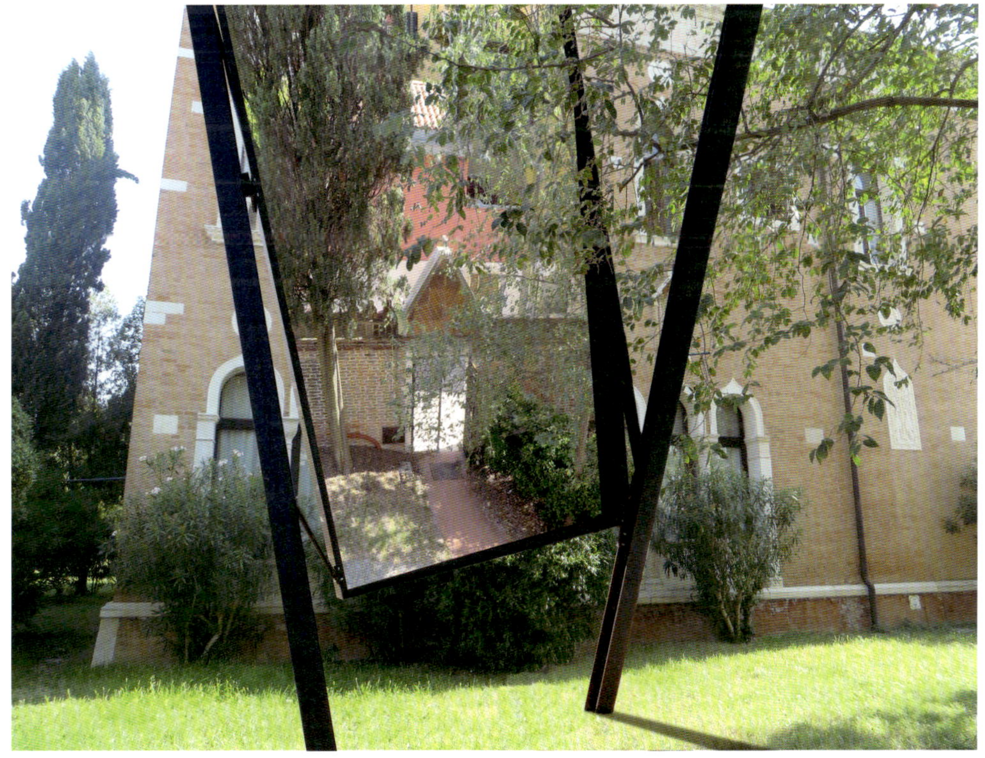

p. 99
Escultura 1 / *Sculpture 1, 2016*
Ferro e vidro
Iron and glass
820 × 320 × 170 cm

p. 105
Escultura 2 / *Sculpture 2, 2016*
Ferro e vidro
Iron and glass
830 × 420 × 210 cm

p. 111
Escultura 3 / *Sculpture 3, 2016*
Ferro e vidro
Iron and glass
810 × 450 × 440 cm

p. 116
Escultura 4 / *Sculpture 4, 2016*
Ferro e vidro
Iron and glass
800 × 420 × 220 cm

p. 123
Escultura 5 / *Sculpture 5, 2016*
Ferro e vidro
Iron and glass
800 × 670 × 350 cm

p. 129
Escultura 6 / *Sculpture 6, 2016*
Ferro e vidro
Iron and glass
820 × 350 × 200 cm

pp. 132-133
Fotomontagens / *Photomontages*
João Moura

Estas esculturas, executadas nas
instalações da ÓTIIMA! na Póvoa de
Varzim foram adquiridas pela Câmara
Municipal de Matosinhos.
These sculptures were executed at
ÓTIIMA! in Póvoa do Varzim and
acquired by the Town Hall of Matosinhos.

Fotografias / *Photographs*
Daniel Malhão

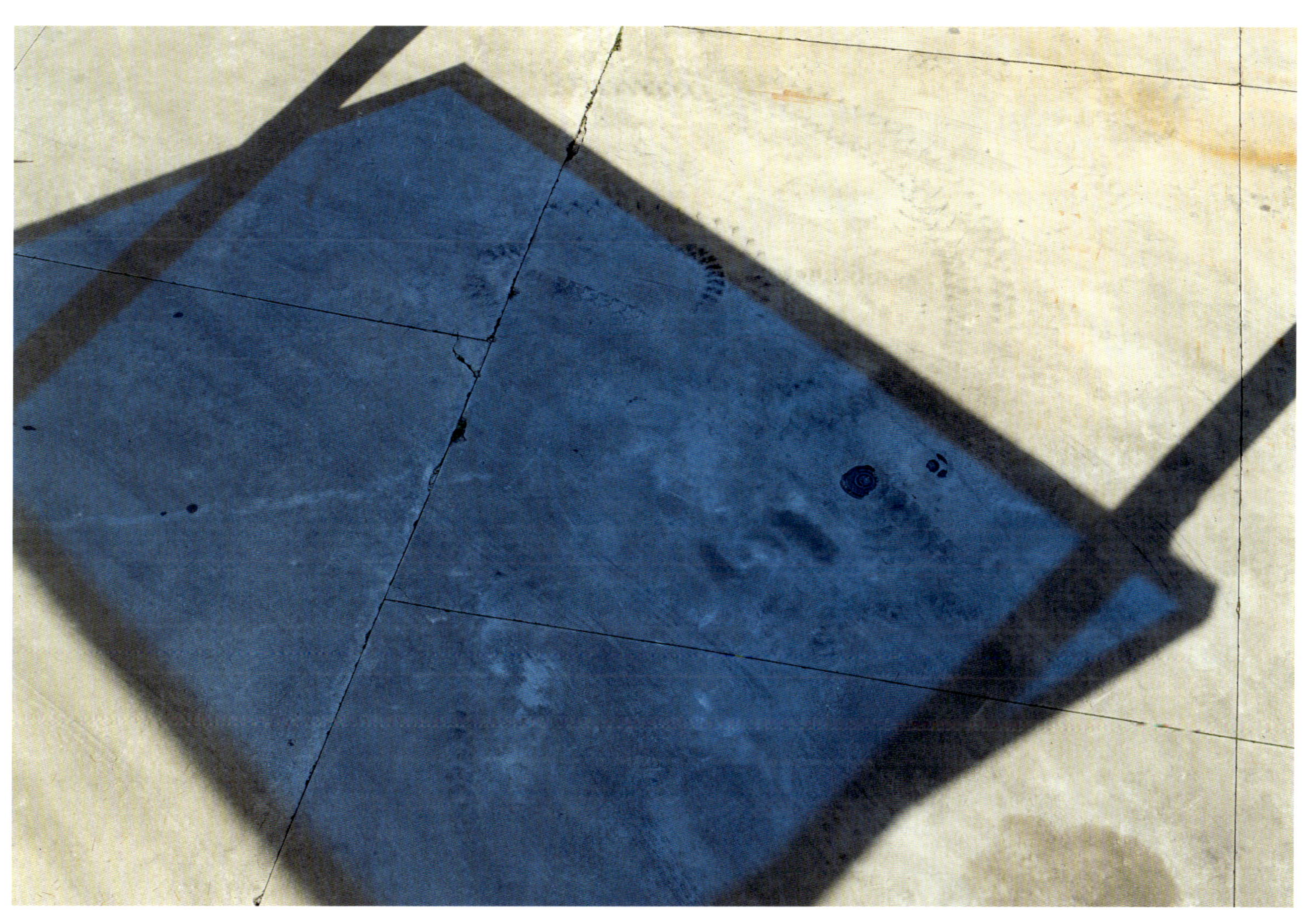

BIENNALE
ARTE 2017
/
VENEZIA

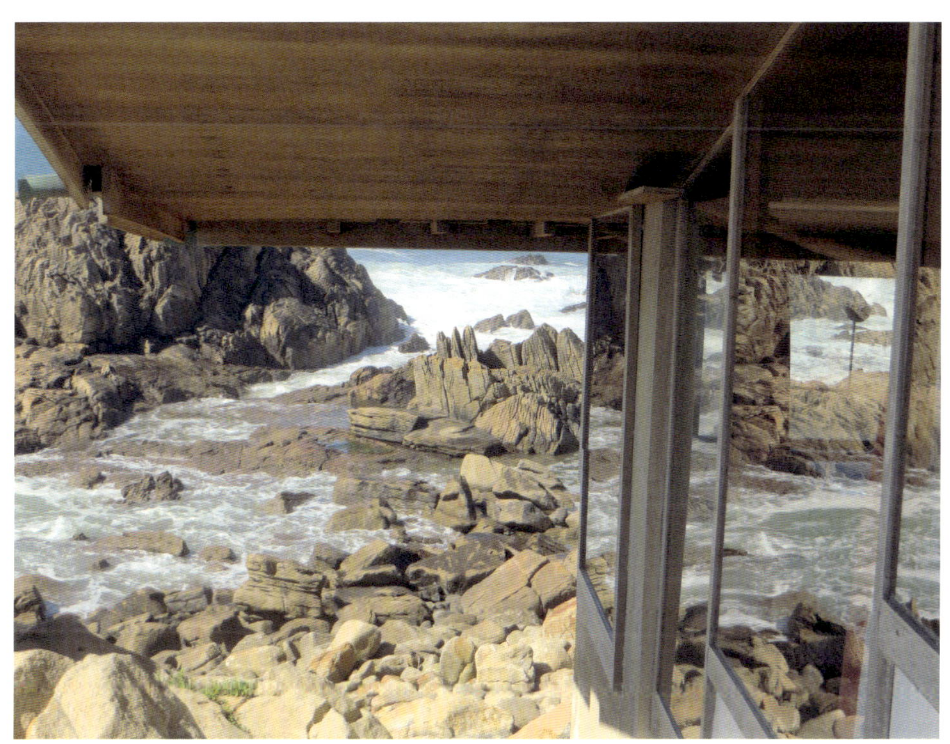

Álvaro Siza, Casa de chá da Boanova, 2017

VOCABULARY: SIX SCULPTURES BY JOSÉ PEDRO CROFT IN VENICE

/

João Pinharanda

How to use this Vocabulary

Readers can approach the text as they see fit: they may follow the alphabetical order or leap from one entry to another, as if leafing through a dictionary or a book of poems or prose fragments.

The entries discuss José Pedro Croft's sculptures installed on Giudecca island alongside older or contemporary works by the artist, as well as various facts, realities, abstract concepts and ideas, characters, elements or episodes of the city of Venice, its human and artistic environment, the working experiences enjoyed there, close or distant references, burdens or illuminations.

Features of this Vocabulary

The six sculptures on display were conceived in such a way as to simulate the instability of their own structure. The fact that they all contain the same constructive elements, although in a variety of combinations, with the glass panes and mirrors set in planes that do not quite fit the frames, generates a number of mismatches and deviations, giddiness and disruption, changes in color, advances and withdrawals of planes and reflections.

The fragmentary quality of the entries in this dictionary, now rational and illustrative, now haphazard and poetic, matches the fragmentary look of the works and of the reality that surrounds them, matches the very essence of the works. However, these notes aspire to the coherence of the sculptures' rhythmic composition: they repeat words that, far from being redundant, clarify notions and meanings that would be impoverished by a single viewpoint; they open, without undoing them, some of the internal bonds that tie these multiple words together; and, just like the sculptural pieces (individually and as a group), they perform a continuous process of moving closer and moving away, separating what is united and uniting what is separated.

Venice, 2016

Air

Would it be more correct to use the word "atmosphere" and then elaborate on it? To approach the subject of painting, that would be the ideal choice. Probably, it will be also necessary to employ it in order to discuss José Pedro Croft's sculptures in the gardens of the Villa Hériot (see). The air is, anyway, one of the "materials" (the most important) that "make" the atmosphere – always associated with water vapor in suspension, in this instance, with the humidity that rises up from the Lagoon, which filters and reflects light in ever-different ways, to the wind (see), which moves and shifts everything. All these are essential elements to our understanding of Venice.

Why is Renaissance painting in Venice color-based, while in Florence it is about drawing and form? Even so, it took a contemporary approach to turn Venice's *vedute* and *capricci* into pure celebrations of painted light and color. In fact, what does Turner paint during his sojourns of intense labor: the city, the light that reveals it or the atmosphere that envelops it? The city, whose revelation (mythified as a female character) Turner received from Byron, whose work he even quotes in his paintings' titles, is not really disclosed by them; rather, it is concealed in mantles of blinding light. That same city comes to Monet in a rather dissolved condition the French painter cared little for the historiography that supports the architectural-artistic studies which Ruskin developed and Proust received. Monet's visions are pure Impressionist reverberation: Venice is a pretext for an abstract exercise; and as such it joins the sunlight on the Thames, on the mutating facades of Chartres or on the cliffs of Normandy.

For all these reasons, atmosphere is something more than the composition of the air or the way the Sun's beams are refracted: atmosphere is synonymous with a subjective, civilizational feeling. And precisely because of that, Venice's atmosphere can also be nocturnal, foggy, wintry, freezing, humid, polluted, unhealthy and lethal. It is felt as so by some tourists, overly sanitized by the pasteurization of urban life. But Thomas Mann also saw it as pestiferous and created a masterpiece out of it, alongside Visconti (*Death in Venice*, 1912 and 1971 respectively), offering us one of the most powerful mythic images of the city: its negative image. Gustav von Aschenbach (or Mann or Visconti, or any one of us) becomes lost; lost in the city's maze of alleys, he pursues a single, fleeting ray of light, just ahead of him: Tadzio – whom he thought he could use to transfix the threat of his inner malaise and proved, in the end, a spear he turned against himself.

José Pedro Croft's sculptures (see *Uncertain Measure*) are justified by the practical comprehension of the place in which they are implanted. While they reveal all their transforming power under the Sun, the clear wind and the soft glow of the stars or of the moonlit nights over the Lagoon, their bodies, dispersed across the Villa Hériot (see) garden, are also open to receive the echoes of the dark Venice, metaphorically revealed in the rain, in the cold, in the wind, in the blindness of its tarnished, misty mirrors, of its window-panes dripping with wetness, of the freezing metals, of the impossibility of their reflecting panes ever welcoming a single ray of living light (see).

Biennale

I am not concerned, here, with sketching out the Biennale's history, from 1800s salon to Fascist-Futurist showcase, from the site of postwar American art's recognition to the postmodern show of Achille Bonito Oliva's *Aperto*. Or even with making a detailed survey of the Portuguese presence in that same history. Personally, I was a precocious visitor, and then a regular one thanks to the professional benefits of being a specialized journalist with paid trips; during the present century, my visits have become irregular. Before the Erasmus program, the Interrail Pass was, in the 1970s, the means whereby young Europeans could go everywhere on holiday. It was thus that, in 1980, I managed to visit one of the Biennale's most important editions, precisely the one that displayed to the world the unbridled energy that would characterize the decade.

Ernesto Sousa had brought to the Alvar Aalto Pavilion, leased from Finland, a collective show, *A Palavra e a Letra*, featuring selections that still obeyed the criterion of *Alternativa Zero*, the 1977 exhibition he had organized in Portugal as both a presentation and a stock-taking of Neo-Conceptualism.

Then came a long intermission, broken only by an attempted return, in 1995, with Monterroso Teixeira as Commissioner and works by Rui Chafes, Cabrita Reis and Croft; Portugal would only fully return, now with the strategic sponsorship of the State, in 1997, at a time when cultural management was enjoying a euphoric and effective autonomy, thanks to the action of the Contemporary Art Institute (IAC). Portuguese representations became regular, though always on leased locations; the decision to purchase or build a permanent space never came, and the aforementioned autonomy was quickly lost. However, henceforth Portugal would never again fail to be represented in the Biennale, in a series of quite varied contributions made possible by the only major Portuguese State-sponsored commitment to the celebration and diffusion of Portuguese art.

It is is within this logic, in a series of perfectly transparent phases (see Process), that the subject of this text, the Portuguese representation to the 2017 Biennale, the 57th so far, takes place.

Bird's-eye View

Nowadays, the best way to come to Venice is probably by plane. Throughout the centuries, there were boats, to which the 20th century added trains and cars. Paul Morand, that hater of novelty, still tells us of arriving by boat through the Adriatic. But those who reach it today by that means perhaps no longer deserve to do so: tourists now even forget to look around: they have a cellphone screen to record their entrance in the city, all pearly in the morning light — they can see it better later at home.

The graphic simplifications of modern communication pretend to reduce the infinite, fractal form of Venice to the shape of a fish: a logo-fish which, evidently, smiles a smile devoid of any depth, because such is the kind of superficial serenity currently being sold to the tourists. But as the plane makes its broad descending sweep over the city's islands, we disclose no graphic simplification in the labyrinth that awaits us: if the day is sunny, the water's glitter may dazzle us and, as the shadows quicly shift position, we see the towers bend towards the sky like sculptures; should a veil of mist cover the landscape, it will only delay a little our confrontation with the most complex of Italo Calvino's invisible cities.

Our descent is too quick for further considerations. Soon we will make the long crossing of the Lagoon on a boat that powerfully and noisily marches across the water towards a quay. The water shatters into silvery scales and tiles of manifold grays and greens, broken enamel plates, tarnished mirrors, precious gems and floating shards of colorful Murano glass, as powerful odors come and go in the wind's gusts.

José Pedro Croft's sculptures (see *Uncertain Measure*) in the gardens of Villa Hériot (see), perhaps invisible from the angle of our descent out of this dizzying sky from which we fall, combine all these reverberations and meanings into a concrete play of abstract planes, made up of reflections on mirrors and light reflected from colored glass.

Camaraderie

Work marks people, quite like a tattoo. People who do the same work bear similar marks on their bodies, words and soul (even if they are not by any means soulmates).

The hands of Venetian gondoliers, the hands of sculptors, the indelible paint on the fingers and nails of painters all presage the coincident flux of the terms they employ — a vocabulary for thoughts and inflections, gestures of the same family.

Then, what is the shape and location of that tattoo that connects beings so different as those who write about art and those who make it? First, we must acknowledge that the artist does not work to be written about, and that the writer does not work to get reviews on the papers. That independence immediately sets them apart, giving them boundless freedom and confronting them with extraordinary dangers. Those who work with reviews in mind are meritless slaves.

Now, he who writes about artists is dependent on what he has to see (or hear, or read): he earns his pleasure and freedom (together with the danger that accords him that pleasure and that freedom) by combining what he sees with what he knows. It is probably on the eyes that is etched the mark of similitude that unifies the community of those who make things and those who look at them, collect them, show them, write about and speak of them.

José Pedro Croft and João Pinharanda walked through the same streets and leaped aboard the same *vaporetti*, ate at the same restaurants, visited together museums, palaces and churches, lingered before the same paintings and sculptures or called one another to come and see things already known but discovered separately, spoke about what they had seen, discussed initial ideas, solutions found and discarded, found themselves drawn to anger by the same injustices and incoherences.

At the end of the process it is evidently possible to find, etched on their retinas, a similar watermark: the stereoscopic image of the project — such an intense piece of work that only Venice's final tide will erase it.

Campo di Marte

This name always evokes an urban structure with military memories. All "Fields of Mars" are in real or symbolic terms connected to that Roman god's activity: war. Nearby stands a Financial Guard barracks, once known as the Summer Palace of the Monicego, a Venetian aristocratic family.

On two of the sides of this wide *piazza* (70 × 30 m), rise the social housing buildings that Siza Vieira designed in the 1980s, as part of a process partnered by Rossi and Moneo. On one of the larger sides, a building by Rafael Moneo will eventually stand, completing the *piazza*'s enclosure. Finally, the second smaller side of the rectangle faces the wall that circumscribes the north side of the Villa Hériot's (see) gardens.

Siza's buildings have had a long and rich life. They were the subject of one of the chapters in the exhibition that featured the architect's work, when he represented Portugal during the 2016 Venice Architecture Biennale. The exhibition was presented in the basic structure of a then-unfinished building that became the Portuguese Pavilion in the 2016 Biennale. The synergy of this Portuguese presence had an unexpected and highly positive outcome: it managed to concentrate the usually dispersed efforts of the countless entities that run Venetian life and thus bring about the conclusion of Siza's own project.

This square is mentioned here because it was originally announced as the location for José Pedro Croft's Portuguese Pavilion pieces, now in a public-space version (see Process). The sculptor based himself on that space for his early studies, and it was from there that he drew some of the elements for his work: the austerity of means, metrics, proportions and rhythms of Siza's windows. However, the schedule of the construction works (which coincided with the time of the 2017 Biennale) made it impossible to free the piazza's vast space for the implantation of José Pedro Croft's works, which were finally installed in the Villa Hériot gardens.

Casinos

Venice permanently produces doubles of itself. First of all, it duplicates itself on the waters that surround it — henceforth, we will have to talk in terms of multiplication (in geometric progression). It multiplies itself, certainly, in the skies, through the dawn and dusk clouds that pick up and reflect the city's oriental and southern colors, its mists from the north and the Lagoon; it multiplies itself in mirrors, both aged and shiny ones, those in which Brodsky found the traces of all the characters who had passed by them (of all their pleasure and guilt) and those sold to

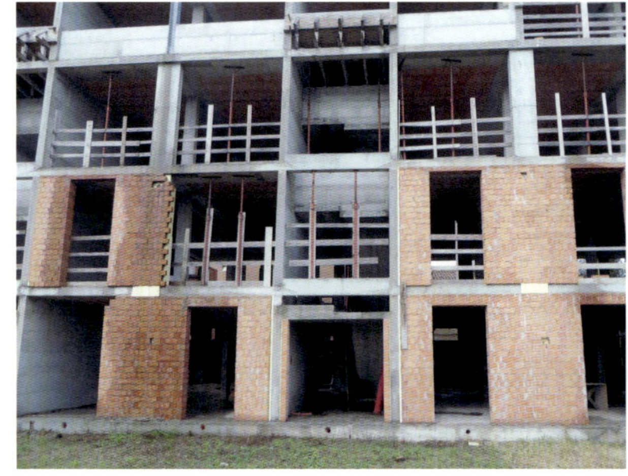

Álvaro Siza, Campo di Marte, 2016

tourists in glass shops; it multiplies itself in books, films and paintings, which are the truest places for the fragmentary multiplication of this fractal city.

But this Venice, metaphorized as mirror plays, is a very demanding poetic unreality that needs a more direct materialization: the consumer public can live on simple copies and businessmen can offer them easily.

In Venice, the game has always been essential to urban life, alongside moral liberality, festivities and political intrigue. In the USA and China, two casinos (which duplicate one another, too) have taken that reality to a paroxysm of contemporary kitsch. The *Venetian Las Vegas* (1999) and the *Venetian Macao* (2007) offer gondola rides and songs, palace facades and names, squares, towers and bridges to those who find in pastiche an *aide-mémoire* that matches the depth of their memories, or else reveal Venice to people who had never been there and will probably, one day, be disappointed by the imperfections of the real place.

Drawing

José Pedro Croft develops his work as a triangle whose vertices are engraving (see), drawing and sculpture (see). He moves inside that life triangle and explores the depth of its sides in accordance with the demands of a variable geometry. Even though it does not hold a dominant position in any personal hierarchy of the artist, outside observers consider that his drawing plays a structuring role in his other areas of work. And that, indeed, confirms the wisdom of all the artists who have meditated on, written about or practiced that technique since the Renaissance.

The revelation of his drawing practice was not, however, immediately perceptible in José Pedro Croft's work, and its importance only began to grow throughout the 1990s (alongside engraving). One of the most interesting features of that practice is related to the constant dialogue among the three disciplines — while we cannot outright state that they illustrate one another, it is also impossible to say that they autonomous or disconnected. We should say that their relationship is a complementary one: for an artist who does not make preparatory drawings (sketches) of his sculptures (the only thing he does draw are technical plans for those pieces that need outside production), drawing, as a discipline, is useful as a laboratory for developing his ideas; it helps him to think (before and after) the various stages of his sculpture, by exploring and muddying up the basic colors of his work (the blue, yellow and red of Mondrianesque modernism), two-dimensionally exploring the (specular) folding and unfolding of planes and exploring the use of the line as a support for these same planes.

Drawing is also a means to advance the engraving work (by furnishing it with forms), and in turn receives from it a number of resources that allow it to progress in increasingly complex directions — namely through the dense weaves that are traced with a ruler all over the chromatic transparencies. Indeed, and even though both are sources of energy and direction, the drawing/sculpture dialogue is currently less visible than the drawing/engraving one.

Dam (Baixo Sabor)

In a place and context that are both quite distant from the cultivated cult location that is Venice, but alongside the Biennale project and in the context of a program through which EDP (the main Portuguese electricity operator) integrates architecture and art in its dams, José Pedro Croft is currently implanting another set of sculptures (five, like the senses) in a rural environment. This particular work's relevance to this Vocabulary is the fact that it once again entails a dialogue between José Pedro Croft and the work of architect Álvaro Siza (see). Closely related to the Venice sculptures, the ones in Baixo Sabor can be seen as parts of the same discourse, separated from the rest by geography and landscape.

The control room's design was the architect's contribution to a hydraulic engineering project with no particular aesthetic grace. The landscape is equally dull, devoid of the geological heroism we usually associate with such structures: low hills on both banks; on the edge of the buildings and sculptures, the whole finishes in a delicate pendentive that sinks into the weary curves of the plateau, like an old cable sinking into the sea.

Concrete, in the hands of men, tamed the river to create a serene lake. With no deep gorges or high banks to work with, the challenge to both artists became more demanding. Siza heightened the modest visual presence of

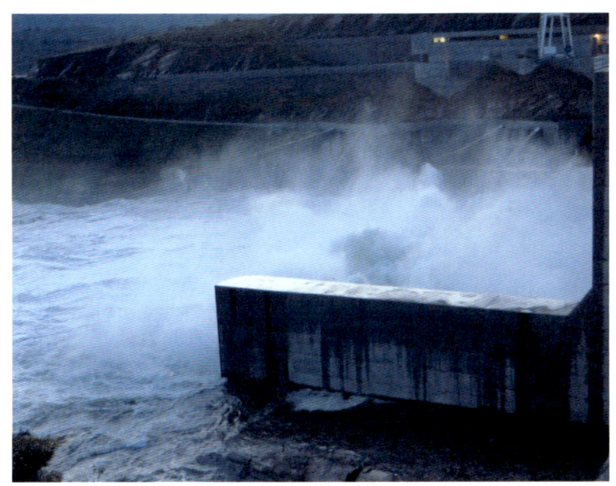

Baixo Sabor, Feiticeiro's Dam, 2016

the hillside by creating a set of contour lines (a low wall circumscribes the foot of the hill, stretching towards its end) and built-in volumes, some at the foot of the hill and others crowning its top line. Croft opted to occupy the whole plane that climbs down from the control room to the lower leg of that almost right triangle. Born at the same time as the Venice invitation, made to occupy spaces handled by the same architect and equally faced with a monumental challenge (here, an open field of an industrial/rural landscape), this work reflects such realities.

The pieces' placement defines them as "machines" for seeing and echoing the landscape. Featuring the same materials and with the same weight (steel and mirror; each piece weighs about tow tons), the pieces are laid horizontally, mirrors and frames that replicate the dimensions and rhythms found in Siza's Venetian buildings in Campo di Marte (ver). Here, however, they play a quite different role: their purposes are simpler, just like their surroundings. Mere means of reflection, they establish a direct connection to the act of perceiving and describing the landscape (mountain and plateau, reflecting pool and the discharge torrent, day and night sky). However, the whole process becomes more complex with the intervention of some complementary realities: the distance between each river bank and the need to supplement (mediate) the viewer's through the action of an auxiliary means (a long-range telescope on the opposite bank will allow us to come closer to each fragment or to their whole) artificially sets in motion basic values of Renaissance (and also post-Renaissance) visual awareness. Unlike the Venetian work (see *Uncertain Measure*), a dialogue with the tradition of painting and photography seems predominant here: such notions as vanishing point, perspective, atmospheric perspective, but also the fragmentation of the field of vision and the separation of planes obtained through the autonomy of brushstrokes or the overlapping of images, in a dizzying arc that can stretch from Cézanne to Hockney.

Engraving

José Pedro Croft develops his work as a triangle whose vertices are engraving, drawing (see) and sculpture (see). He moves inside that life triangle and explores the depth of its sides in accordance with the demands of a variable geometry. As a whole, engraving is as important to the artist as the other two disciplines. In terms of its value as a field for pre- and post-sculptural reflection, it plays a role similar to drawing. Even though it is always a "slower" and less continuous (done in major campaigns concentrated in time) activity than the artist's daily practice of drawing,

his engraving work is a continuation of drawing with different materials and tools, developing the same kind of formal exercises and maintaining lines as the primordial means to define contours and fill in or empty out planes. Plus, two of its features will be incorporated by José Pedro Croft into his drawing: the notion of a weave of lines covering vast areas of the paper, now interrupting itself, now continuing, and the use of liquid-looking patches, with varying levels of translucence or thickness, which may be a means to introduce color or else act as shadows to explain impossible shapes, inconstant spaces and interpenetrating planes that glide on top of one another, generating visual saturation and sudden emptying.

Fountain

There is a space, between the gable of the building on the north side of Campo di Marte (see) and the passage that leads into that *piazza*, that Siza (see) had always singled out for the implantation of a fountain. The story of how Siza asked José Pedro Croft to design the fountain can be told with all the solemnity we usually lend to the narration of a handover ceremony. But in fact no gesture, no special tone of voice, no ritualism were present at that moment. Everything happened so fast that reconstructing the words said is an uncertain task. In the small hotel lobby, Siza, surrounded by people, looked down from a low footstool at the drawing plans that kept spreading across the top of an ugly and scanty table, pointed at the place for which he had predicted (and already designed) a fountain, and said: "You're the sculptor; you do it." The enormously dense fraction of time in which a powerful number of past and future facts met, exploded and reconstructed themselves again in a line of time seemed as light as a soap bubble. Siza, who always confesses himself nostalgic for his missed career as a sculptor, let go of a major opportunity for sculp-

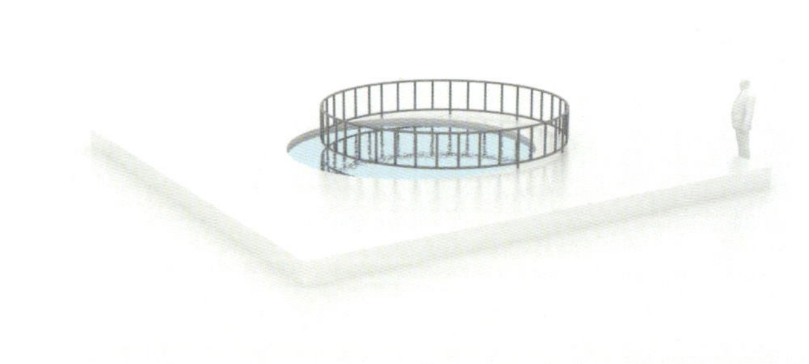

José Pedro Croft, Fountain, 2016
João Moura

tural work (and in such a location) with the same simplicity and determination with which he asks for a cigarette in the street, covers his head with his cap or sketches, on the corner of a restaurant's tablecloth, the Utopian forms of a permanent Portuguese Pavilion.

A parallelepiped of limestone (which will come from Portugal, just like the whole pavement of the square in Campo di Marte that Siza will design) rises up from the terrain before the side facade of the building that is just being finished. The fountain designed by José Pedro Croft is a field of intense symbolic contradictions that deserve to be explored. The image of the fountain is associated to the image of life, of fecundity, of the permanence of life, of immortality even. In the regular-shaped base we have mentioned, a circle that acts as a water basin is off-center; the bronze cover (a grid of an almost industrial simplicity) is equally dislocated, its circumference not quite coinciding with the basin's circle – which creates a second moment of strangeness. This being a spoutless fountain, the water rises up from inside it. In other words, like a well, the place where the upper and lower worlds meet, the mirror of heaven and the entrance to hell. Taking a closer look, we perceive that (via a collection and distribution device) the water there is not peaceful, but in constant, spiraling motion. The positive notion of the endless growth of Fibonaccian volutes is, however, stopped by the side walls of stone, and we abandon the spiral of fecundity to enter the awkward anxiety of the labyrinth or the maelstrom's vortex.

This extremely complex piece will remain as a contemporary artist's permanent mark in Venice. Few will have the time to do something of the kind in this city. By its side, the naked, white-washed and weather-worn gable of Siza's plain architecture stands watch.

Gondola

The humble gondoliers who work the *traghetti*, ferrying across the Canal Grande working people who are in a hurry to bypass the major detours imposed by the Rialto and Academmia bridges, strike us as ethically more honorable than those who work the tourist routes; their fingers have similar calluses, but their heads bear distinct crowns. Those who, under the bridges and across the narrow canals, sing their medleys of Neapolitan songs and other Italian hits universally recognizable by occasional visitors who are more interested in taking selfies anyway, are successful salesmen who save Venice with their paid-by-the-hour trade. The others have the underdog careers of community workers, but remain the proud heirs of a hard-working Venice. Both categories have inherited the same instrument: the dark figure of the gondola, that black hieroglyph that now bobs to the cadence of small waves, now rocks in the disturbing wake of the crossing *vaporetti*.

Hermes Trismegistus

Perhaps Venice is the ideal place to confirm the alchemical wisdom of "thrice-great" Hermes' following precept: *that which is below is like that which is above and that which is above is like that which is below*.

As we arrive on a cold, misty day, the oblique rain (seemingly out of a different poem than the one in which we are currently immersed) causes us to confuse sky and earth, the moving lights of the huge tourist ships and the lights of the palaces that glide by on our side. Rain appears to rise from the canals' water, towards the sky.

But, should we arrive blinded by the Sun, which in the intense heat of the days casts gold dust at the crossing lines left by motorized boats, everything reflects itself on everything, the white of the Istrian stone (see) in churches, windows and quays, the water that takes on the colors of the sky. Turner and Monet, Byron and Ruskin, Brodsky and Matvejevich were among those who better understood the potential of this city, submerged in light and water, shadows and effulgence. José Pedro Croft's sculptures invert images and turn spaces into illusions; what is far comes close (without our knowing whence it comes) and what is close eludes us (as we lose ourselves into the vanishing points): another way to confirm alchemical truth.

Istrian Stone

Across the Adriatic is Istria, a territory that was long subjected to Venetian commercial and political domination. From there came the white of the pavements and entryways, the white of the Gothic foam on the windows and stairways that climb down to the greenish expanse of the waters and on the bridges that leap over them, the white of Palladio's churches. It is the white of stones polished by the sun, by the water, by the wind, by steps, by hands that caress it, a white that receives and reflects the light that reaches it already tinted by the golds, greens and ochers of the walls, of the roofs, of whatever surfaces define the volumes of the other architectures.

In his earliest sculptures, during the 1980s, José Pedro Croft (see *Uncertain Measure*) also used a white stone as his basic material: white Portuguese marble. Before he had attained the false formal simplicity and visual illusion of lightness (sometimes imponderability) that characterize his present pieces, the stone gave weight and solemnity to his works, while at the same time ushering in the play of unbalances, faults and deviations that defines the poetics of his creations.

Here, the translucent, colored or mirrored surfaces of José Pedro Croft's sculptures refer to and radicalize the metaphor of slanting planes and unbalances for this city of floating architectures. From the atmosphere, they draw the mutating light that illumines the Istrian stone and the ocher of the architectural surroundings in which they are implanted (see Villa Hériot); from distant planes of the landscape they draw the visual echo of those ancient whites – dialoguing with the stones in opposition to which they exist.

Itaipava

In Brazil, José Pedro Croft concluded, in 2016, one of his most daring projects, just before accepting the challenge of Venice (see *Uncertain Measure*). The project, which had been in development since 2014, alludes directly to an experiment in 2013, carried out within the scope of an annual sculpture festival curated by Luísa Soares de Oliveira (*Landart Cascais*, 2013).

On a lake in Itaipava, a private property in Rio de Janeiro State, the artist laid five mirrors (measuring 580 × 220 cm each), dispersed across the surface of the water in such a way as to take advantage of the various possibilities offered by the masses of trees, views of the sky and the lake's muddy banks. Weighing about 700 kilograms each, the mirrors are basically rafts, held up by floaters and tied to the lake bottom by an anchor-like system that allows them some freedom regarding the winds and the rising and lowering of the waters.

That subtle mobility adds visual value to the project and helps dematerialize the mirrored surfaces. These *infra-mince* membranes, arranged here between two dif-

ferent realms, the air and the water, bring to the wide and peaceful surface of the lake fragments of the outside world, which is thus doubly reflected or revealed in a play between what is in focus (on the mirror) and what remains out of focus (on the water), bringing to us cultivated memories of Monet's experiments in the Giverny lakes and reminding us of the pictorial value we must add to our reading of these open-air sculptures by José Pedro Croft.

Key Figures (a few other)

Let us begin at the end: four huge drawings by Sol Lewitt, shown at the Museum of Punta della Dogana (see Places) as part of the "Accrochage" exhibition (April/November 2016), taken from his long *Wall Drawings* series. A cross, a triangle, a circle, a square – all means to evoke Malevich's founding works, to celebrate one of the historical sources of Modernism while creating at the same time an augmented reality that acts as a critical lens and ends up obliterating its principles. It was there, inside a building simplified by Tadao Ando, that José Pedro Croft saw these wall drawings and integrated some of the information they contained into his first project for the Venice sculptures (see Campo di Marte and Process).

The relationship, ever-present in his work, between drawing (see) and sculpture (see), together with his constant tendency to dialogue with (interior and exterior) architecture, immediately found a field of expansion there. Likewise, the fact of being in front of the set of archetypal geometric figures which all his two-dimensional (including engraving – see) and three-dimensional work uses as a reference has facilitated the transit of the forms, which gained substance in the project, where circular, square or rectangular mirror and colored glass pieces overlap crosswise.

The rest of the first project's physical structure was found in a dialogue with exterior reality, with the city's architecture and with the architecture depicted by the powerful dynasties of painters and sculptors (from the 1400s to the 1800s) found in its museums and churches – in real or imaginary porticoes and colonnades, in Serlian windows or simpler structures, open to landscapes where nature is always more philosophic than naturalistic. For instance, in the way time stands still around Giovanni Bellini's Madonnas, or in the restlessness of time, space and action, nature and humanity in Giorgione's *Tempest*, or else in that most simple and yet extraordinarily complex architecture that frames Carpaccio's altarpiece painting *San Vidal on Horseback with Eight Saints*, which you can see every day, even from the street, while going from the Ponte dell'Accademia to Campo Santo Stefano; or, finally,

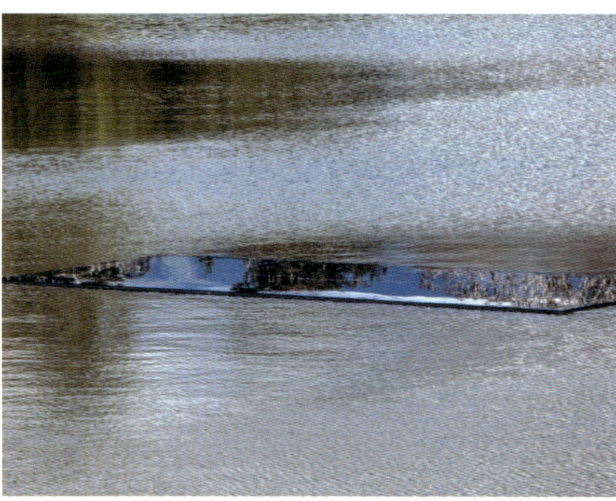

José Pedro Croft, Untitled, Itaipava, 2016
Collection Tuiui

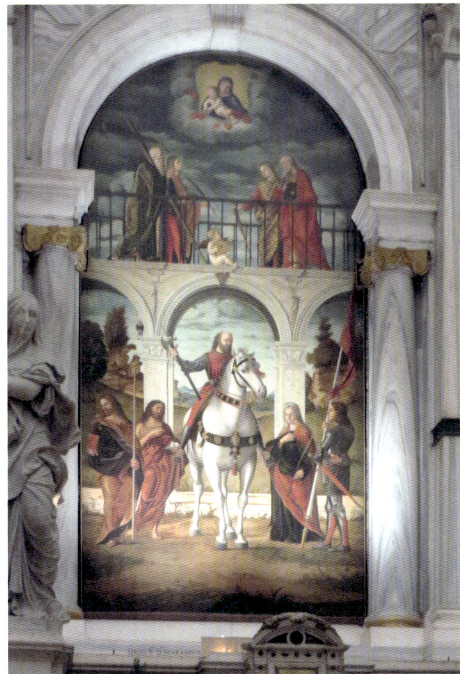

rial survival of all that (we know it thanks to the testimonies of all the living ghosts of all the creators that preceded José Pedro Croft) has been experienced in Venice.

Light

And why not reduce all the entries in this "vocabulary" to the development of this single entry, *light*?

Meanings Notebook

A meanings notebook is a small lined notebook, usually in A5 size, in which the user notes down, on each side of a vertical line that divides each pages, the synonymous vocabulary of two different languages. Basically, it is an embryonic dictionary, filled in by hand, as the study or travel needs of its owner dictate. Fragmentary and empirical, it has largely fallen into disuse, due to the existence of handy pocket dictionaries and, even more so, to the immediate answers on the Internet. I have never finished filling in the meanings notebooks I had to buy for school. Recently, I bought one in Venice. My presumption of understanding, more or less, all that was being told to me in Italian, coupled with the fact that in Berlin, where I traveled to deal with matters concerning the present catalog, the need to list German words and their translation did not arise, meant that the small volume would eventually be used to set down the entries for the present text on José Pedro Croft's sculptures, as well as the first drafts of the definitions I would later develop on my computer.

Mestre

A truck carried the twelve tons of materials for the pieces by José Pedro Croft that were set in the gardens of Villa Hériot (see). It left Lisbon and arrived four days later at Mestre. Mestre, like Marghera, is the Terraferma city where Venice became modern and industrial. Currently, it suffers the effects of deindustrialization and unemployment. There, the harsh beauty of machines, the tactile seductiveness of rust on fuel tanks, the monumental scale of the factories are seen by nearly everyone, due to the vicinity of Venice, as instances of pure ugliness.

The pieces for José Pedro Croft's sculptures were then taken by boat to the Villa Hériot, where a crane unloaded them and they were placed on previously prepared bases, over a long, wearying and delicate building operation. The Villa's quay had not witnessed, since the early 1910s, an

in the seemingly so natural use of mirrors to bring close and fixate the biblical narrative in Tintoretto's ceilings at the Scuola Grande di San Rocco (see Mirror).

Using as a starting-point the unnatural complexity of the facades (which often appear to reverse the laws of physics by laying all the weight of the walls on top of delicate colonnades), simplifying the Gothic lacework of the Canal Grande palaces and expanding the chromatic values of Byzantine architecture and its mosaic-covered walls, José Pedro Croft created a discontinuous facade of steel, glass and mirror that is able to dialogue with both the past it evokes and the present it faced (the architecture by Siza); outside images are incorporated (in motion), demanding mobility and involvement from the viewer, like those itineraries that allow the figure of the *flâneur* to conquer a city.

The plays of clarity and intelligence of Palladio's architecture also influence the Mannerist (never Baroque) wanderings of José Pedro Croft, in which all decorative elements are removed from essential forms. Spatial distortions and illusions, impossible perspectives composed out of force lines and vanishing points unexpectedly found or amassed in contradictory ways, planes stolen from afar, orthogonal torsions, games of unbalance that do nothing but heighten the balance of oblique lines, the dominance of vertical lines and the tensions of suspension (between weight and lightness, weight and delicateness, weight and gravity) are all essential elements in a discourse that also incorporates all the melancholy written and filmed in Venice: among plagues and festivities, prisons and escapes, convents and licentiousness, callous tourists and the mate-

Carpaccio, *San Vidal on Horseback with Eight Saints*, 1514

operation of such positive energy and constructive excitement – thanks to the commitment of the metal-working factory of Póvoa do Varzim, of the Ponferrada (Orense) mirror factory, and of the city of Mestre itself: after all, poetical metaphors rest, as Brecht taught us, on the strong will and profound practical knowledge of the builders.

Mirror

Some of the most celebrated and oppressed professionals in Venice were the glass- and mirror-makers. Forced to keep the secret of a complex manufacturing process that brought glory and wealth to the Republic, these craftsmen lived in near sequestration in Murano; traveling or talking to foreigners was forbidden to them.

José Pedro Croft does not use mirrors in his Venice sculptures (see *Uncertain Measure*) to bring "local color" to his work; in fact, he is simply continuing a line of work with several years.

Fortunately, the Portuguese word for mirror, *espelho* (and its Italian and Spanish equivalents), remains quite close to the Latin root that explains everything. By containing in itself the root of the *speculum* noun, from which the verb "to speculate" also comes, the mirror brings us close to the act of knowing. Of knowing what is seen in it (our concern here is only the flat mirror, free from deliberate distortion): and that may be ourselves or the stars, a distant landscape or architecture, the human soul or the grass that grows beneath our feet. That truth, conveyed through the visual image, is, however, an image we must learn how to see: because its flat two-dimensionality deceives us as to the depth of what it replicates; and, more than that, because it is primarily a "truth" that reverses, in the image, the right and left of what it reflects.

However, the Ancients used (polished metal) mirrors to record the motion of celestial bodies, much in the same way that we now, in tourist mode, look at Tintoretto's ceilings in Scuola Grande de San Rocco.

It is in order to know what the mirrors conceal, or may perhaps conceal, that some fictionalize about entering them. It is because they do not recognize themselves in them or because they do not like what they recognize that some, through vanity, horror or bereavement, break them, cover them with cloths or hide them – the contrary of what Oscar Wilde did when he led Dorian Gray to stab a canvas where his image does not grow old, until it starts mirroring the monstrous reality of his being.

The mirror, that multiplier of images, has many uses, scientific, practical, playful, decorative and artistic: it can be a piece of fairground art or scenic prop in architecture (the mirror galleries in palaces), theater and film (Orson Welles / James Bond), it can be challenged (from Van Eyck to Titian, from Velasquez to Bonnard or Picasso) to become painting or drawing, until it becomes an art material (from Amadeo to Pistoletto, from Dan Graham to Tony Craag).

Periphery

Venice is a center born of a periphery. The periphery of an empire razed by barbarians, Venice survived the destruction of the center and eventually became a center itself; in much the same way, it also survived the dislocation of European commerce's main thoroughfare to the Atlantic routes. Not even Napoleonic domination, followed by Austrian rule, could truly defeat it – it simply became a political and economic periphery. In fact, during the 1800s Venice even managed to greatly increase the position it had held since the Middle Ages in the European imagination, eventually becoming the key image and metaphor of all Romantic and Neo-Romantic musings on splendor and decadence. Today, it is the centripetal location of the most dynamic initiatives in mass tourism – having moved briskly from a place of refined erudition and British or German nostalgia to the centerpiece of a generic, universal imagination. The frenzied destination of many American, Japanese and, recently, Chinese tourists, its economic success acts as a seismograph of the growths or crises of the economies and middle classes on which it feeds – in a kind of symbiotic relationship in which the city's consumers are in turn consumed by it, allowing it to survive: the same tourist that degrades it gives it funds for its conservation: the same tourist that decharacterizes it will in turn receive, while visiting it, the basic seeds of a lesson in civilization that may perhaps change him.

If the center is made of many peripheries and the peripheries are made of many centers, then Giudecca island, on

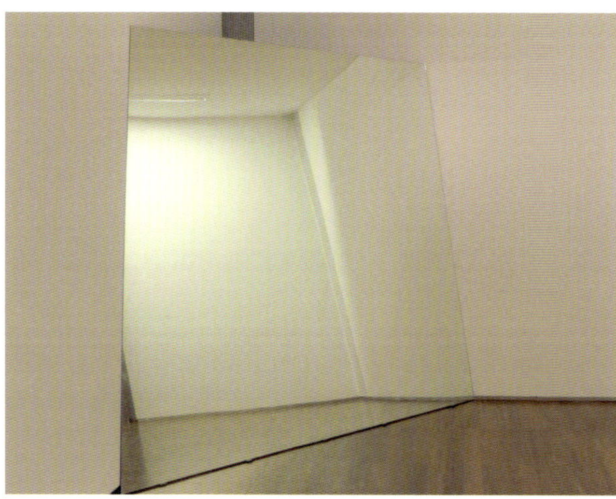

José Pedro Croft, Untitled, 2016

which Portugal installed its Pavilion in 2016 (Álvaro Siza, 15th Architecture Biennale) and 2017 (José Pedro Croft, 57th Art Biennale), is a periphery that was once the central location of some of the most famous Summer houses of the Republic's foremost families, that was once a center of working-class life during the industrialization of the 1800s, a process that found itself compromised during the 20th century's second half, and is now the center of a series of urban renewal operations in which Siza (see) took part (see Campo di Marte).

Similarly, Croft's work is central to that periphery to which it belongs — Portuguese art. And Portuguese art, in turn, is the center out of which radiate some of the most important contemporary artists, artists that the central discourse of art history and criticism, dominated by the central operators in the contemporary art market, has yet to take into consideration — even though it has recently acclaimed as central (beginning with Siza's work and now including a younger generation of 50 year-old architects) that periphery in which Portuguese architectural creation takes place.

Photography (by Daniel Malhão)

Daniel Malhão, the photographer of this Portuguese artistic embassy in Venice, has his own activity as an author, not visible here. That life as an author is, however, invisibly represented in the three kinds of photos he has made for this catalog, giving it visual and conceptual support. What stands out in his reproductions of José Pedro Croft's drawings is the precision of his focusing and lighting technique, while the photos of small- and medium-sized interior sculptures showcase the creativity of his pan angles, which reveal plays of shadows, lines, reflections that lend meaning to what appears to be a simple reproduction work. Lastly, during his visits to the places where José Pedro Croft's sculptures are being executed, Malhão discloses other features of his work as an author. These photos reveal tense moments in the construction and transportation of the huge pieces, the play of scale between the sculptures and the manufacturing structures, between the sculptures and the men who build them, move them and install them in their locations, men who move among, inside and under them. These photos disclose formal and chromatic plays between the pieces (posts, frames, glass sheets), making everything engage in dialogue — and Daniel Malhão ensures that in everything there will be rigor (in the prolixity of elements present), balance (in the dynamics he creates) and compositional coherence (in the void spaces in the images).

By walking around the finished pieces (see *Uncertain Measure*) in the gardens of the Villa Hériot (see), the photographer will help those who can only see the sculptures through his photos to fill in the emptied interior of the pieces, to reconstruct the moving surface on which the mirrors capture images, to penetrate reality via the transforming color of the glass sheets. His photography plays against the moving image while at the same time revealing movement, plays against the ephemeral while feeding itself on it.

Places (a few other)

The place is Venice, city of a thousand places and, in the end, of a single place, one of unmistakable identity. Everything has been written, everything has been said about everything and, even more so, about this city, so often repeated, retold and copied (see Casinos). Has anybody written that this is an impossible city? More impossible than all the cities fictionalized by Calvino, than all the libraries and gardens designed by Borges, than all Utopias, from Plato to Moore and henceforth. Impossible, because it was born in defiance of the history of survival of the cities, impossible because it could not have been imagined before it was created — like a work of art.

As we walk through it today, we are voluntary characters in a naumachia in the scale of a city (a city that is a world): we side with the *vaporetti* that have triumphed over the gondolas, and with the gaseous emanations that accelerate the slow work of the waters and humidity on the stones; we side with real-time digital images, to the detriment of the time of painting and also of the time of photographic developing tanks, images that flood the memories of the whole world with pictures of water and architectural vistas of colored stone. Within this context, in which everything (everyone) flows into here and in

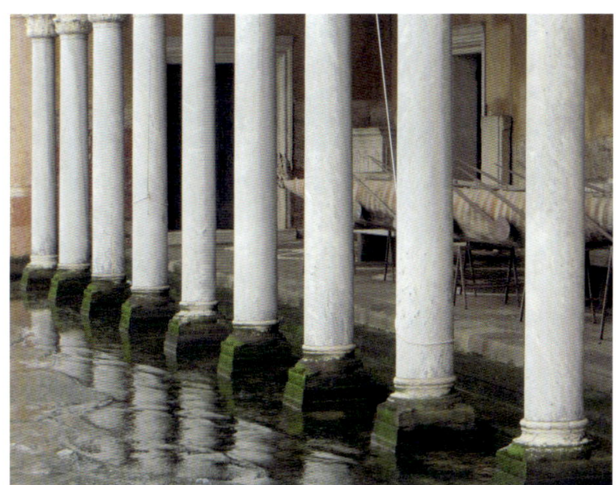

Venice, 2016

which everything is flooded from here, Venice is a veritable (two-way) *cloaca maxima* of the touristic religion. In it, even the *acqua alta*'s destabilizing action is in an inevitable path to domestication; in the end, it is just a source of amusement for the "outside people".

The bridges, even those without names or romantic legends, are places rich with sighs and signs of passing loves. The Venetian reality of the city as a labyrinth is a banality whose nomination, or even insinuation, is only bearable in major literary works (from Henry James to Mann, from Casanova to Byron). Some describe as dying (Paul Morand) and some as living (Philippe Sollers or Matthias Zschokke) this city of the East in the West, this place where two empires (Constantinople and Rome) overlap, a phenomenon to which the silent sculpture of the Tetrarchs, the cornerstone of Saint Mark's Basilica, bears discreet witness.

But Venice, today, is a place where the whole world gathers around the city's eternal historic features: luxury and color in exclusive brand shops (for the rich) or endless rows of shops offering gaudy trinkets (for the masses), but also in the persistence of its tapestries and stone lacework facades through many restorations and reconstructions. Should we escape to Giudecca (see Periphery), that island of many islands joined by a succession of bridges that hosts José Pedro Croft's sculptures (see *Uncertain Measure*), we will come across a different reality, namely what some may still believe to be the untouched people of the region, but who are in fact simply proletarians who lost touch of the historic mission Marxism had entrusted them with, and whom deindustrialization reduced to unemployment or to working for the tourism industry.

From the eastern top of Giudecca one can reach, via the Zittere *vaporetti* station, the Villa Hériot (see) and the sculptures of José Pedro Croft, as well as the architecture of Aldo Rossi and Siza Vieira (see Campo di Marte). If we choose not to go west and visit Palladio's finest church, his most sober and complex temple, the Il Redentore Church, and go on eastward, through the Fondamenta San Giovanni, we will eventually come within sight of another work by Palladio, the church on the island of San Giorgio Maggiore. Across the Canal, and along the various quays of the Zattere (Al Gesuatti, allo Spirito Santo, al Saloni), our eye roams from the Jesuits' Church to the Punta della Dogana, a sight over which towers the quasi-Oriental back of the Baroque Church della Salutte. Further away, past the Customs House, and after the opening of the Canal Grande, we see the two St Mark's Squares, with all their signs of identity, power and wealth. Finally, we follow the line that goes from the Riva dei Schiavoni to the Giardini, where most of the national pavilions of the Arts and Architecture

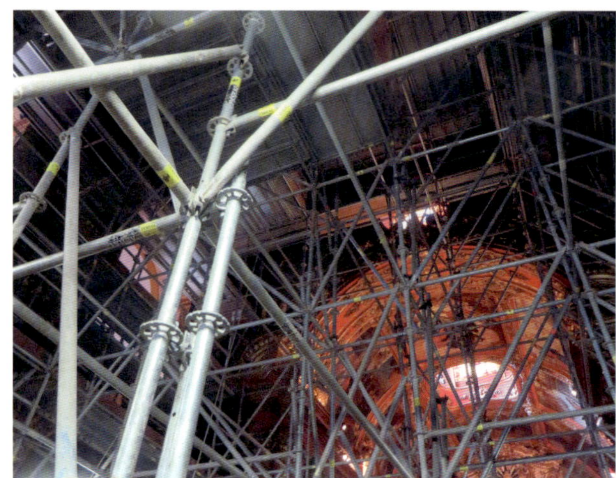

Biennales can be found. But we may also look toward the Lido, at the back of it all, to the left. Sollers, who saw all these sights from Giudecca, from the window in the room of his long stays, tells us that this is the most beautiful place in the work – and I am tempted to agree with him.

These are some of the recurring places in the pilgrimages owed to a city where the eyes (as Brodsky tells us) become autonomous as special organs of sight and possession, of dreaming and fulfillment, but where walking is essential to overcome the tangled distances between museums and churches; and where repose is crucial, allowing us to sit on the steps leading to a well, in a darkened entranceway, on a sunny *piazzetta* or in the joyous noise of a *trattoria* – for instance, during a day of work on Giudecca island, we went to the Altanella, simply because it was one of Mitterrand's favorite haunts; or, during a night out, we entered Harry's Bar, simply because figures from a past worthy of our homage lived there once, even if those places where they found happiness no longer service us exactly as they serviced them.

The impermanence of time (visible in the water, in the mirrors, in the wind, in the color of the walls…) is the defining mark of Venice – and that is what José Pedro Croft's sculptures wish to capture and divulge.

Portico

The portico is a development of the trilithon, the minimal, basic structure of classical architecture: two upright stone blocks or columns united on top by a transverse block. Out of that association of two pillars with a block lying on top of them, the neolithic peoples made their funerary monuments. José Pedro Croft was greatly interested in that primeval memory at the start of his career, but it was to the classical portico, called *stoa* by the Greeks and developed

Saint Benedict Church, Rio de Janeiro, 2015

during the Renaissance as the colonnades that surrounded squares, marked the entrances to public and private, religious and secular buildings and were idealized in painting since the 1400s (one instance of that is Carpaccio's *San Vidal*, in the former Church of San Vidal – see Key Figures), that José Pedro Croft resorted while planning the first version of his dialogue with Álvaro Siza.

That version consisted of a set of vertical rectangular frames that were filled in with plates of colored glass and mirror, which gave them a wall-like quality. The metrics that defined the initial version's rhythms (and which was kept in the following versions) was drawn from Siza's architecture, which, just in the vicinity, on two sides of the Campo di Marte (see) displays its sober facades, with tall but simplified windows and doors. Similarly, José Pedro Croft looked, during that gestation phase, for structural references in Sol Lewitt's monumental drawings that refer to basic shapes in Constructivist grammar: square, circle and cross. It is also during this stage in the development of plans for the place originally indicated as the destination of the pieces that José Pedro Croft did away with any possible rigidity in the project: each one of the elements became autonomous, clearly freed of the position that had been more or less ascribed to it. The great wall was dismantled, and thus were born the six sculptures now displayed on the grounds of the Villa Hériot (see). As for the interior forms of Constructivist "drawing", which he had made with mirror and transparent glass plates, they were simply replaced with rectangles that "detach" themselves from the frames. Having thus lost the literal weight one may attribute to all quotations, the sculptures become the performers of a free, tense choreography in a discourse that challenges engineering and destabilizes architecture, drawing, line and color, abstract and real space, confronting viewers with themselves.

Process (part of the)

José Pedro Croft is Portugal's official representative to the 57th Venice Art Biennale. The process of his nomination involved an invitation being made to the curator, who indicated his name. That choice was determined by aesthetic, historic and circumstantial factors: there was no doubt regarding the great quality of the artist's work, which transcended mere generational acclaim to develop over the long time of a coherent evolution, in a territory of critical melancholy, aware of the dead-ends of its time but all the while carrying and conveying intense energy; the historic fact that he had never been present as a solo artist at the Venetian event; and finally the need to choose an artist who could engage with a context of great spatial amplitude and urban quality, something that was clearly within the scope of his work.

The Directorate-General for the Arts (DGA) is the entity behind the Portuguese representation to the Biennale. The process began in the Summer of 2015, when Carlos Moura-Carvalho, who was Director of the DGA at the time, invited João Pinharanda to be the Portuguese delegation's commissioner. Once the commissioner had been fully briefed on his work duties, the process continued in December of the same year, when the invitation to the artist (who had been the commissioner's first choice) was publicly announced. The names of both the commissioner and the artist, as well as the pieces' final location, were for the first time made public by the Minister of Culture of the time, João Soares, in March 2016, at the Bairro da Bouça housing complex, in Porto, during the press conference in which the Portuguese participation in the 2016 Venice Architecture Biennale, also organized by the DGA (curated by Nuno Grande and Roberto Cremascoli and having as guest Álvaro Siza – see), was announced. Both artist and commissioner were finally nominated, via an official bulletin, in July 2016; by then, Luís Filipe Castro Mendes was the new Minister of Culture, with Miguel Honrado as Secretary of State and Paula Varanda as Director-General of the Arts.

The artist and curator, who had been working on the project since late 2015, had to face some important changes to their work's initial circumstances. Originally, the project was supposed to interact directly with (urban and architectural) spaces that had been previously defined by the work of Siza Vieira: two social housing buildings – one of them yet unfinished at the time – and a 70 × 30 m square, the Campo di Marte (see). The happy fact that Siza's incomplete building began its finishing works at the time combined with the unfortunate circumstance that most of the Campo di Marte square had to be occupied by the

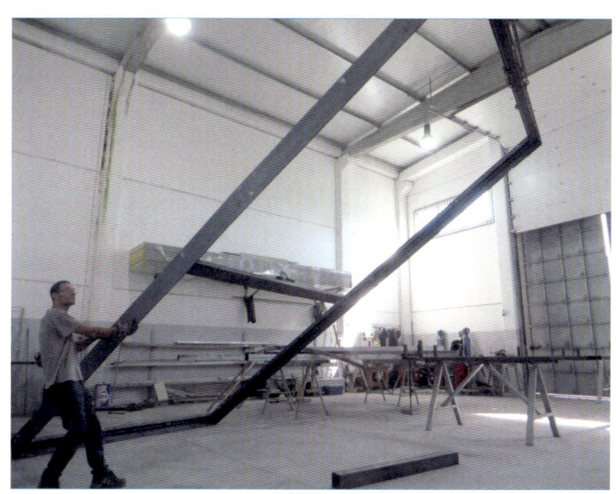

Póvoa de Varzim, 2016

construction site; that intervention, which was announced in July 2016, made it impossible to install at that location the pieces (see Portico) that José Pedro Croft had already designed and were actually already being made at the time.

The solution was to move them to the nearby gardens of the Villa Hériot (see), where, within the scope of the 2016 Architecture Biennale, a conference on Siza Vieira had taken place, as well as a design exhibition curated by Guta Moura Guedes. Now, the project had to meet a new set of challenges: to preserve the visual and rhythmic rapport between the sculptures and the memory of Siza's clean-lined architecture; to establish at the same time a new rapport with the totally different eclectic and historicist architecture of Villa Hériot, its garden and the Lagoon; to solve a series of technical and patrimonial implantation problems (less consolidated grounds, archaeological remains, technical infrastructures). In the end, while still preserving visual contact with Siza's buildings, the project (see *Uncertain Measure*) became more complex and rich, adding new, unexpected visual meanings to the elements that had been conceived for the initial location.

San Michele (or Melancholy, today)

The Linea Blu boat passes by the island in its way from the airport to the city. But we may one day take a *vaporetto* of the regular lines, which will leave us under the silent shade of the brick walls behind which cypress-trees rise like black candles to the skies. It is impossible not to think of Böcklin, even though the topography of the many *Islands of the Dead* he painted is suffused with a dramatic quality that does not exist here. It is equally impossible not to list the illustrious names who lie in this place, because fate chose to take their lives in Venice: Diaghilev, Ezra Pound, Wagner, Brodsky, Stravinsky, Luigi Nono, Emilio Vedova… But it is better not to give up, simply because neither we nor the living who surround us seem at the moment worthy of resting on this island. The Melancholy that covers the city is not illustrated by this or any other list of lost "goods": it is not mere local color or some kind of travel poster, but the expression of a global feature of contemporaneity that seems purer here. How does the facile foam lacework left by the motor-boats relate to the complex colored patterns of marble, how do the memories of the historic coffee-houses relate to the restlessness of those who today sit in them? It is impossible to make (or look at) art in Venice or, more simply, to eat at an *osteria* or even to sleep in a boarding-house room (which may suddenly offer us a view of the Canal della Giudecca and the Ponta della Dogana, like Sollers' room; or of a tranquil *piazzetta*, like the room of Matthias Zschokke – see Places) without understanding that only that Melancholy (which has constantly renewed itself, from Mannerism to Rossi – as Diogo Seixas Lopes tells us in his *Melancholy and Architecture: On Aldo Rossi*, 2015) can produce the energy that moves us today.

Sculpture

José Pedro Croft develops his work as a triangle whose vertices are engraving (see), drawing (see) and sculpture. He moves inside that life triangle and explores the depth of its sides in accordance with the demands of a variable geometry. We know he does not use drawing to prepare his sculptures; drawing is thus an autonomous discipline that helps him think about sculpture – while thinking himself through it. In his sculptural practice, José Pedro Croft briefly employed, at the end of the 1990s, molding to make casts of objects of human manufacture and iconic value or idealized models of real elements (water containers, geometric volumes and house models, which he would sometimes combine with such everyday pieces as stools, tables and chairs). Before that, in the early 1980s, he would stack up marble debris and fit them into heavy, complex and fragile structures, horizontal, vertical or porticoed. In the new century, he began using "found objects", the basic appurtenances of an everyday existence on their way to waste or vanish (old doors, stools, frames, tables, chairs…), which he would combine together, changing their structure, incorporating mirrors, transparent glass, plaster or marble and structuring the whole with industrial metal profiles.

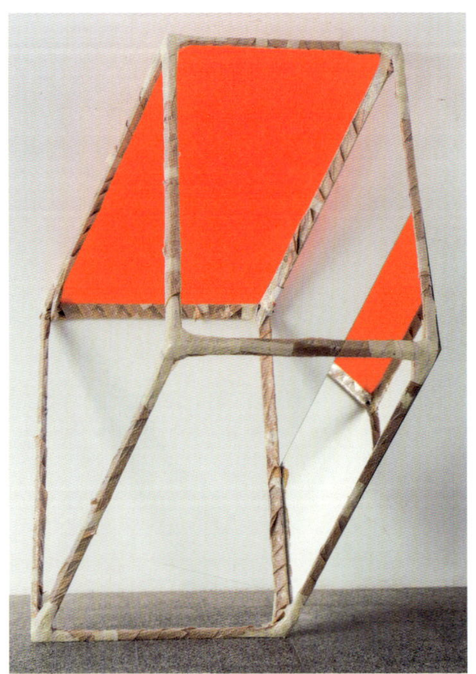

José Pedro Croft, Untitled, 2016

It was with these, initially small (due to the domestic nature of the elements used), mirror and transparent glass pieces that José Pedro Croft began his experiments in multiplying and fragmenting the image, in creating spatial illusion and dematerialization. Concurrently, the artist launched series of drawings and engravings that exhaustively analyze (with the help of color and textures) all the possibilities of deconstructing archetypal parallelepipedic shapes, turning the plane into the determinant protagonist of the image.

In sculpture, these planes can also function for themselves: sustained by the lines of the metal structures (lines that in fact describe the edges of cubic and parallelepipedic volumes, stacked or intersecting with one another), they are actual three-dimensional drawings in which color is introduced by the glass pieces and space is brought in and absorbed, multiplied and manipulated by unexpected plays of mirrors. The works that make up *Uncertain Measure* (see), as presented in Venice, belong to the apex of this phase: the search for the image's vanishing points, the variability of the perceived reality in the piece's interior/exterior, the dematerialization and complex understanding of its materiality are all essential to them.

Siza

In the original Portuguese, this entry was going to be called Mestre (Master). But it was necessary to separate it from the Mestre (see) entry, dedicated to the port that, in combination with the Marghera area, makes up Venice's industrial Terraferma. Siza is a Master for his work, of course (celebrated as one of the most significant architectural bodies of work between the second half of the 20th century and the present day). But, most of all, a Master is someone who teaches by example, who rather than impose solutions, presents issues without camouflaging or inflating them, and does so in such a way that he is able to lead those who listen to him through the paths that matter to him.

Siza leans over a low table and points at the plans, picks up a ballpoint pen and traces two, three lines, sketches a volume… Siza looks across the slow waters of the Canal Grande and draws attention to a color, a pediment, a mix of styles in a column… Siza rests one hand on a bridge's banister and points out, with the other, a low, featureless hill… How does all this configure a Master's stance? Because in each one of these moments, his very low voice and his very discreet gestures capture the attention of those around him without any visible effort on his part to make that happen, because the solutions he proposes immedi-

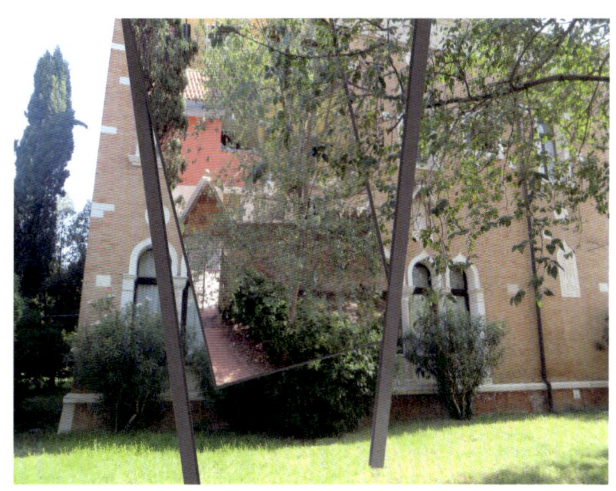

ately come across as the most evident and even banal phrases become maxims. The tenants of his houses on Giudecca (or in Porto, The Hague, Berlin…) are perfectly convinced by his explanations (as attested by Jordi Buch's photos and Cândida Pinto's documentary, produced by SIC, 2016 — works carried out during the 2016 Venice Architecture Biennale, under the supervision of Nuno Grande and Roberto Cremascoli) and Croft achieves the freedom to imagine a Fountain (see) and place his mirrors on the featureless slope of the Sabor river (see Dam). We walk through the Venetian *calle* and *piazze*, between intense sunlight and dark shadows, we talk in the hotel hall… and, out of his consecutive cigarettes, discussion rises like smoke, tenuous but persistent, ascending but twisted, the image of that Greece of endless dialogues, masters and disciples we all invent for our homeland and recreate everywhere.

Uncertain Measure: Six sculptures by José Pedro Croft in the garden of the Villa Hériot

Displayed in a complex reality, which they absorb (see Villa Hériot), the six sculptures (nearly 900 kilograms of glass and almost a ton of steel) of the *Uncertain Measure* series ask us many questions (physical and metaphysical, metaphorical and metonymical), while offering no answers. There are laws of optical science that explain and help predict the formation of images in mirrors, by analyzing such data as angles, the position of objects, the light source, the image and the reflecting surface. José Pedro Croft's work, however, does not develop out of any precise data or previously calculated effects.

The artist's sculptural work, unlike the traditional use of mirrored glass in modernist skyscraper architecture, is not concerned with concealing volumes and reduce reality

José Pedro Croft, Villa Hériot, Venice
Photomontage: João Moura

by erasing these volumetries in the urban space; instead, it focuses on heightening reality, on recreating it by creating illusions of volume and space.

José Pedro Croft uses mirrors both as a "construction" material and as a structure; he handles them in order to ensure solid (secure) structures and obtain controlled, but unexpected, visual effects. Supported by the lines (metal profiles, frames, posts, etc.) or planes (pieces of furniture, work tables, doors, etc.) that structure the forms, the mirror incorporates the sculptures' constructive elements and helps define the final volumetry of the pieces. As a material, it plays (while exceeding or boycotting and disintegrating it) the role of color, texture and volume itself in our understanding of the sculpture of which it is a part. The reflecting quality and non-thickness that are inherent to mirrors dematerialize the sculpture, eventually negating or amplifying volume, always creating an illusion of the work's physical presence while at the same time contradictorily multiplying it across space, and thus giving it a greater spatial presence. The mirror fixates what is close, but it also distances us from what is close; it is by drawing to itself that which is distant that the mirror places the sky and its movements onto the plane of our direct gaze, establishing dialogues and confrontations, causing random fragmentations of lines and planes and promoting violent superimpositions on the enveloping architecture, thus establishing new visual associations between architecture and the landscape.

The fact that some of the sculptures support mirrors while others display sheets of transparent or colored glass alters our perception of the surrounding space. But it is certain that often the mirrors appear to act as if the eye could look through them or as empty frames through which we can pass (we only recognize them as reflecting surfaces when we see ourselves in them); and there are sheets of transparent glass that act as mirrors, developing, through the incidence of light, slight reflective qualities. The various angles in which the glass sheets are installed fragment, multiply and destabilize, in ever unexpected ways, that space, in a permanent play between near and far. The color planes are *infra-mince* films or vibrating membranes that separate/unite two hemispheres that are unaware of each other and yet recognize one another, they are filters that alter our chromatic perception of the world by functioning in both directions, framing the space that is behind and beyond each one of us and separating it into two realities. That is the reason why José Pedro Croft's mirrors keep going in and out of the simple game of mimesis and representation, in and out of the sphere where the photographic or cinematic image is fixated. Reality is omnipresent, but appears fragmented as the result of an altered state of

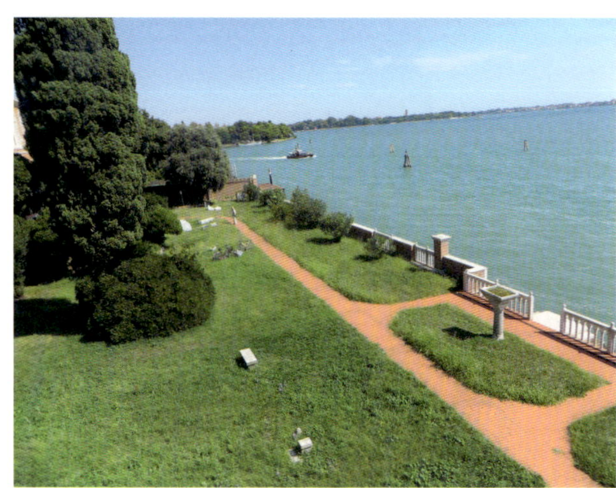

perception and awareness. What sounds will we hear, in the night, as the leaves rub against the skin of the glass sheets and the grass grows around the posts? Can their joint dynamics in space (figures in a constructive choreography, in a kind of mechanical ballet) be our only chance to suddenly witness the solemn stride of one of Giacometti's *Venetian Women*?

This new game is played between the creator's energy and his memory (which is a memory of the world). As a hub of energy, the creator is unstoppable; as a repository of memory, he carries all the melancholy of what has preceded him: human existence as an abstraction, urban views as proof that a malleable infinity is a possibility, the history of modern sculpture as a reference and, finally, the everyday reality (referenced in the large Venetian mirrors, those that Brodsky finds covered in centuries-old dust and humidity in old palaces off the beaten path and those shown to the tourists in San Rocco — see Places), but chiefly the material reality of these sculptures (their specular framing and reframing) as a digest of all that.

Villa Hériot

The Villa Hériot complex, where the six sculptures by José Pedro Croft (see *Uncertain Measure*, Portico and Process) stand, consists of two buildings and a vast garden. The house is still part of the traditional use of the island as a home-from-home by the Venetian lords (see Periphery) and, later, by the local and European bourgeoisie. In this case, a rich Parisian trader who had built, on the former location of a soap factory, this luxury home, designed by local architect Rafaelle Mainella. In 1947, Hériot's widow gave the complex to the Municipality, so that a primary could be installed there. Currently, the complex is a source of controversy, because the Munici-

Venice, 2016

pality intends to transfer the property to a private entity – an intention that is being disputed by the cultural and residents' associations of Giudecca and Venice.

Its early-1900s architecture follows the trend of eclectic quotations of the time, while attempting to coincide with local architectural tradition by using Byzantine and other pre-1500s elements, namely the use of Istrian stone (see), Byzantine arches sustained by thin columns topped with pseudo-Corinthian capitals, etc. However, the house's interior plan is modern, in accordance with the most practical side of 1900s architecture. Outside, the building presents an axial symmetry that is frequently interrupted, due to the need to open windows and balconies facing the Lagoon, thus allowing a full view of the landscape. It is with all these features and discontinuities that José Pedro Croft's sculptures (see *Uncertain Measure*) will engage in dialogue, accelerating and multiplying them.

Water

In Venice, water is the surface on which reality is laid. The city floats, and everything floats with it and on it. José Pedro Croft's sculptures live off the water just as much as they live off the earth, out of which they unexpectedly rise, or off the air against which they stand, or against the wind, like stiff sails or timeless flags.

Venice was born of, lived off and survived the waters. Waters that have been, for decades, threatening to submerge it (a universal urban myth), to the amusement of galoshes-wearing tourists. Waters from the Lagoon, waters from Lepanto, waters that brought the galleys with their cargo of Oriental goods. Waters that embraced Byron, when he slipped on the way to one of his amorous escapades.

In Venice, the values of water are revealed in their symbolic fullness, for in the Lagoon water is both life and death: issuing from rivers and the sea, it stagnates in distant marshes and falls asleep in the small canals; it is both the liquid road of the mechanized city's *vaporetti* and the home of the archaic game Colonel Richard Cantwell stalks in the freezing dawns like one waiting for death's approach (*Across the River and Into the Trees*, Hemingway). At night, the water glitters, as artificial as the black tarpaulin sets across which Giacomo's gondolas glide, in search of secret adventures (*Fellini's Casanova*, 1976).

How will José Pedro Croft's sculptures experience these serene nights? Will their mirrors, turned into black mirrors, mirrors that reiterate the night into the infinity of the sky, that replicate the real movement of the ships' lights and of the tiny boats' lanterns, attract fishes and stars to the ancient ceremony of a nocturnal fishing?

During the day, the depiction of water is dependent on many factors, which are at the same time also determined by it. By integrating a succession of interdependent realities that overlap, repeat or unfold meanings (light, clouds, wind, atmosphere, sky…), the water makes and remakes itself, makes and unmakes.

At every turn, it will influence the images that manifest in José Pedro Croft's sculptures (see *Uncertain Measure*). These receive and reflect the light, welcome and see off the clouds, as they vibrate with and defy the wind and paint and repaint the skies, like in the luminous pastel-colored church ceilings of Tiepolo, and slowly incorporate the green soil of the garden, as they become one with the pale vertical ochers on the architecture of the Villa Hériot (see). And the water that right there laps the quays, a water open to the skies and to the great expanse that separates us from the distant Lido line, the circular water of the Lagoon, is what will remain there of José Pedro Croft's work once the sculptures are gone.

Wind

We wait for the wind that carries the clouds in Venice's painted skies. It blows in Tiepolo's ceilings and over the Giudecca Canal. It decorates, under all the names from the Greek and Latin tradition, the sailing charts at the Correr Museum, the Doge's Palace and the Marciana Library. We wait for it to change the city's diurnal light or the inconstancy of silver on full-moon nights (see Air). And we wait for the wind to blow on the bodies of José Pedro Croft's sculptures (see *Uncertain Measure*), on the great expanse of glass that will receive it like the sails and timbers of a great armada. Metaphors, now in glass and steel, for the full-blown sails of all ancient ships (and of those sailing today), these transparent and mirrored glass sheets were raised and kept up by the precise civil and structure engineering

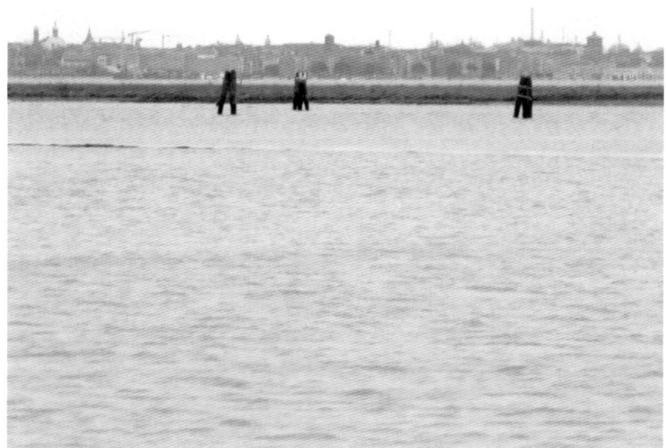

Venice, 2016

calculations that have long replaced ancient sailing lore –
but José Pedro Croft's works continue to convey the same
daring desire to sail the world.

Z to A (from)

From A to Z (and from Z to A), José Maria Ferreira and
Paula Santos were a pair of matchless figures in this process.
So much so that it became necessary to separate them from
the big picture sketched in Process (see). Geniality as deeds
and vitality as drawings – plus, the two offered their gen-
erosity as hours of work, as solutions for problems. Against
all possibilities and impossibilities: against the clock, against
setbacks, against bureaucracy. And all for the work – as if
the work were themselves joyously seeing themselves grow.
The first took care of the production of the pieces, for which
he paid without any certainty of their eventual sale, and
organized and paid for their transportation to Venice. The
second ceaselessly drew technical drawing upon technical
drawing for the sculptures and for the documentary exhibition's furniture, created scale models for the exhibition,
coordinated the team behind the delicate calculations of
the gross weight of the sculptures that were to stand on the
unstable ground, riddled with archaeological remains, and
designed their dancing feet (the bases in which they were
implanted).

That elegant, seductive and hazardous ballet in the gardens of the Villa Hériot (see) will continue uninterrupted
until November, by the Lagoon. A banquet will then be
held (also offered by the sculptures' sponsor). A crowd of
admirers will rejoice in the outcome, without any knowledge of how it was achieved – but we know that heroes
are always few, often discreet, and made (from A to Z) in
opposition to mediocre fates and wills.

Final Note

An important part of what has been written here is de-
rived from experiences accumulated over years of constant travels to the same places, of repeated readings of
the same texts, of successive visits to the same sights, to
the same restaurants, to the same works in the same museums and churches; years, too, of familiarity with José
Pedro Croft's works.

Without any pretense at erudition, especially regarding
historical or artistic matters, which would require referenc-
ing times and areas about which I could only presume, I will
now list a number of authors and titles of books or films that
were more systematically revisited or remembered in recent times and may have been in some way mentioned or
suggested in the previous texts – the book titles will be in
the languages in which they were originally read, but will
dated in accordance with their original editions.

Paul Morand (among many others, *Venises*, 1971),
Philippe Sollers (for instance, his more generalist *Dictionnaire Amoureux de Venise*, 2004, or its abbreviated version,
Petit Dictionnaire) and also Predrag Matvejevitch (*La otra
Venecia [L'autre Venice]*, 2002) and Joseph Brodsky (*Marca
de Água [Watermark]*, 1992) are the best antidote to Régis
Debray's provocative *Contre Venise*, 1995. And they are
also the best to know Venice through reason, without ceasing to love it without a reason even before we have experienced it. Because, in fact (even though it seems to hide in
all the distinct and contradictory *Invisible Cities* that Italo
Calvino had Marco Polo narrate in 1972), all of us have already seen it even before we could touch it.

We have seen it between the sunlight and shade of various eroticisms: now in *Fellini's Casanova*, 1976, now in
Visconti's *Death in Venice*, 1971 (two films born out of
books: the famous libertine's memoirs, *Histoire de ma vie*,
posthumously published in 1822; and Thomas Mann's
novel of the same title, 1912), or, perhaps only, in *Casino
Royale*, 2006, where James Bond (Daniel Craig) experiences Venice at a superlative speed Ian Fleming's novel
(1953) could not anticipate.

Slowness would seem a more advisable mode to approach the city. That slowness with which Henry James
weaves the web his narrator casts (in much the same way
water and time surround Venice) over two seemingly
fragile English ladies, in a long frustrated attempt to seize
the *Aspern Papers* (1888), several unpublished poems and
letters by a fictional poet that were supposedly in the
ladies' possession. Equally slow is the wait for that other
Venetian death Hemingway inflicts on his hero in *Across
the River and Into the Trees* (1950). Or the fastidious e-mail
correspondence between Swiss writer Matthias Zschokke
and all his professional and personal connections: mixing
incomprehension, distrust and slow discovery, the author's
writing undergoes a slow saturation of wonder, following
by addiction. I will finish with a quotation from his book:
"Venice is a hard drug that quickly turns you into an addict"
(*Trois saisons à Venise*, 2014).

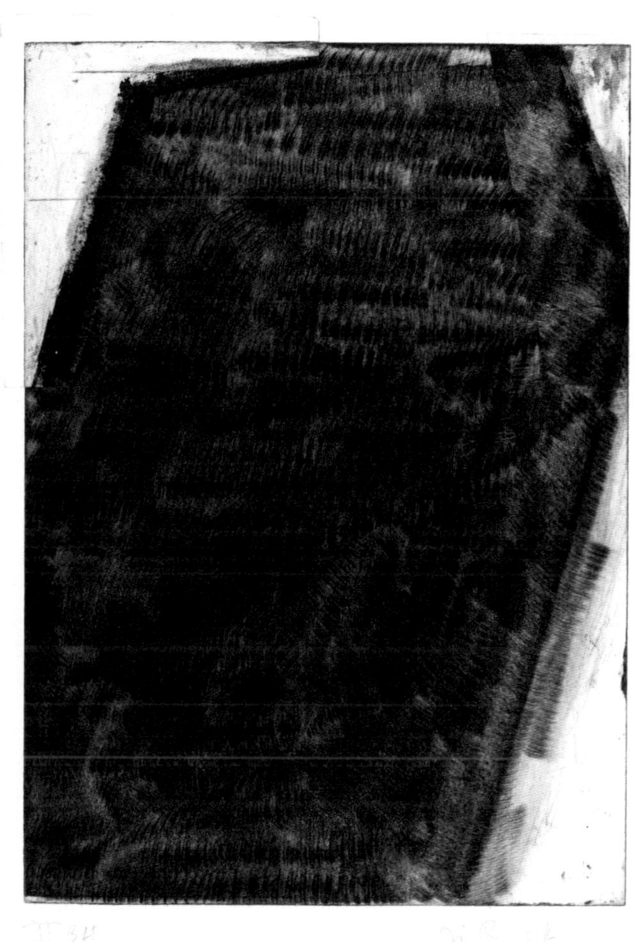

Sem título / *Untitled*, 2015
Gravura
Etching
47 × 35 cm
Cortesia / *Courtesy*
Galeria La Caja Negra

Sem título / *Untitled,* 2015
Gravura
Etching
47 × 35 cm
Cortesia / *Courtesy*
Galeria La Caja Negra

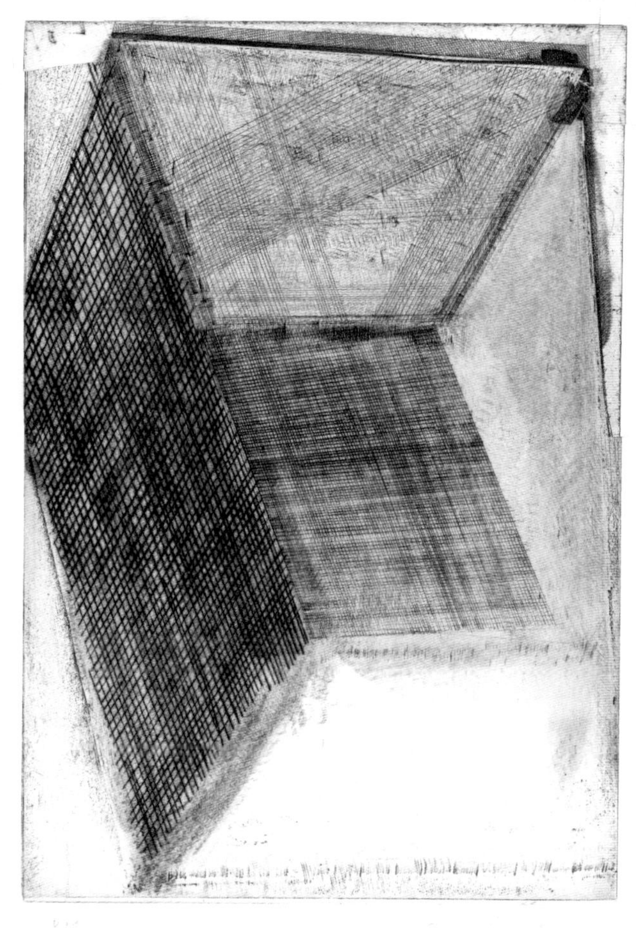

Sem título / *Untitled*, 2015
Gravura
Etching
47 × 35 cm
Cortesia / *Courtesy*
Galeria La Caja Negra

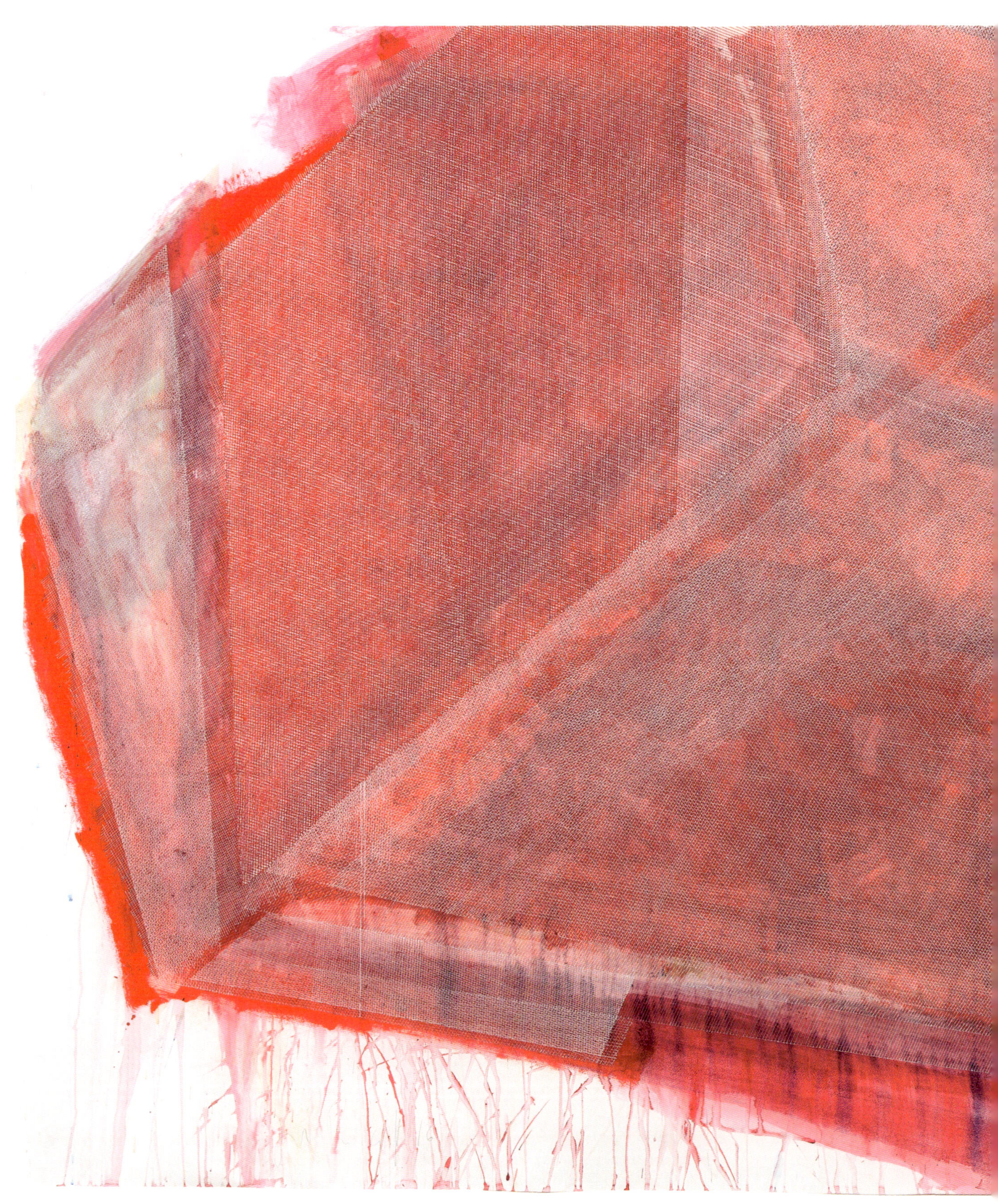

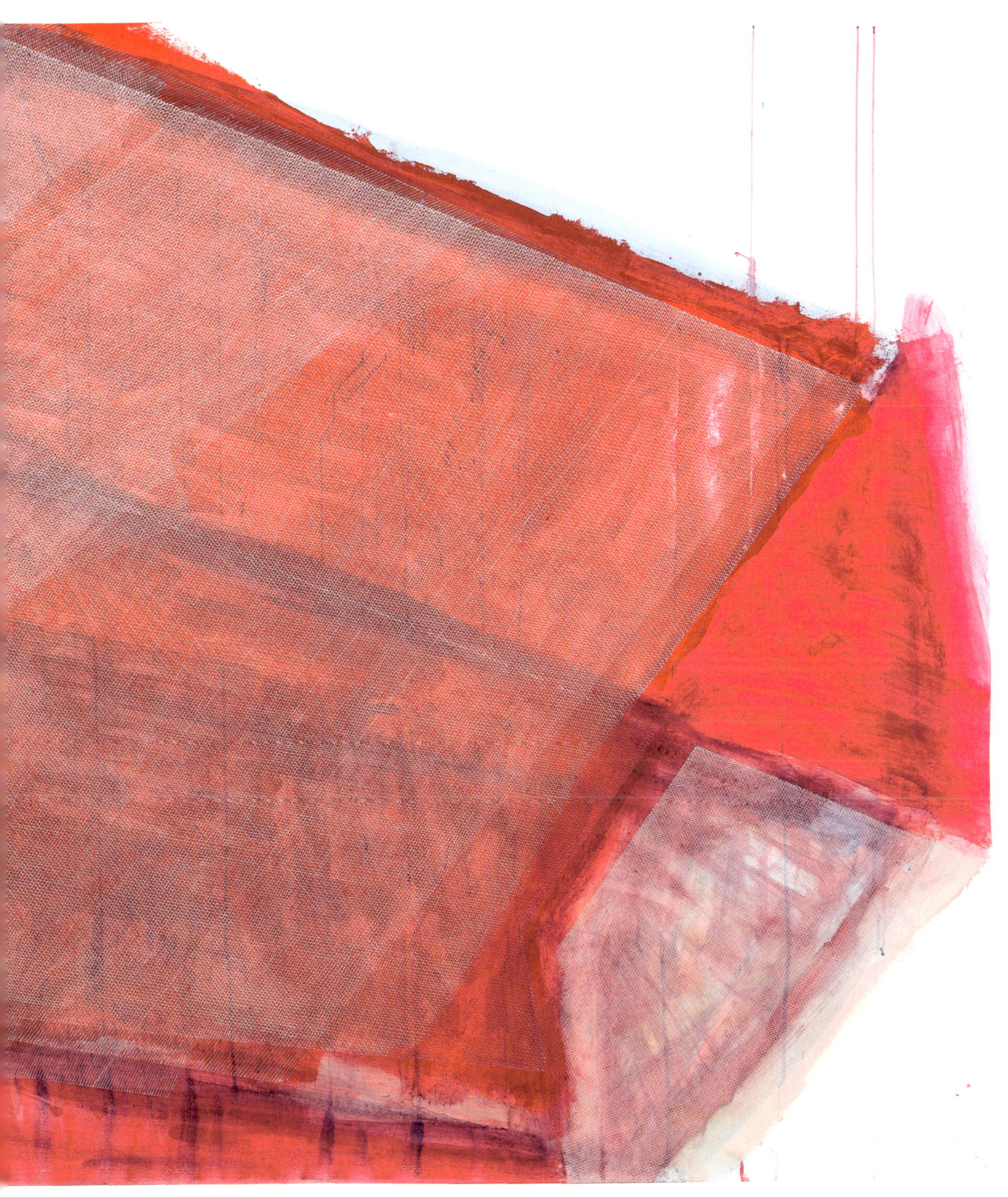

Sem título / *Untitled*, 2016
Guache, tinta sintética, verniz e tinta-da-china
Gouache, synthetic paint, varnish and Indian ink
153 × 275 cm
Cortesia / *Courtesy*
Galeria Helga de Alvear

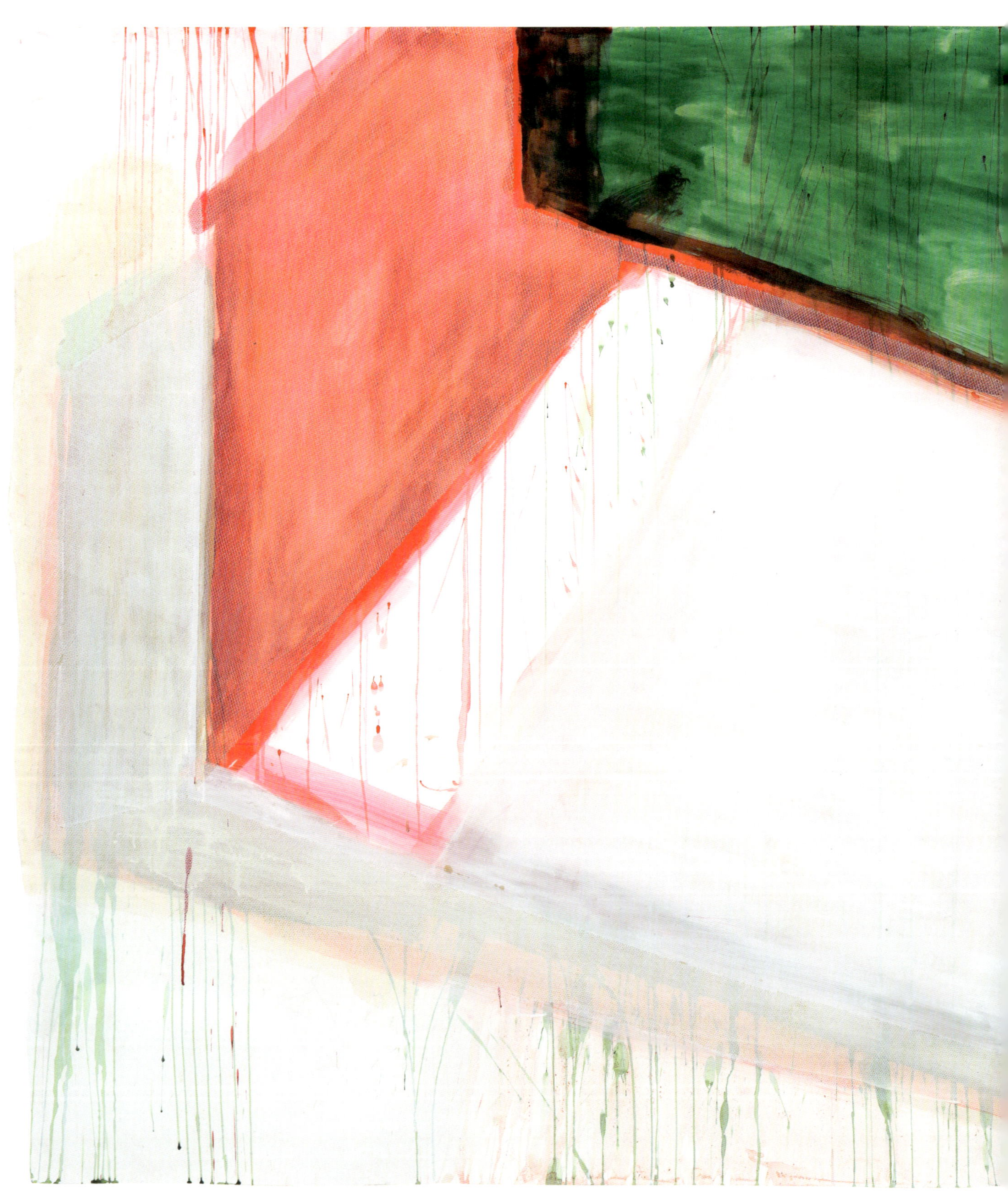

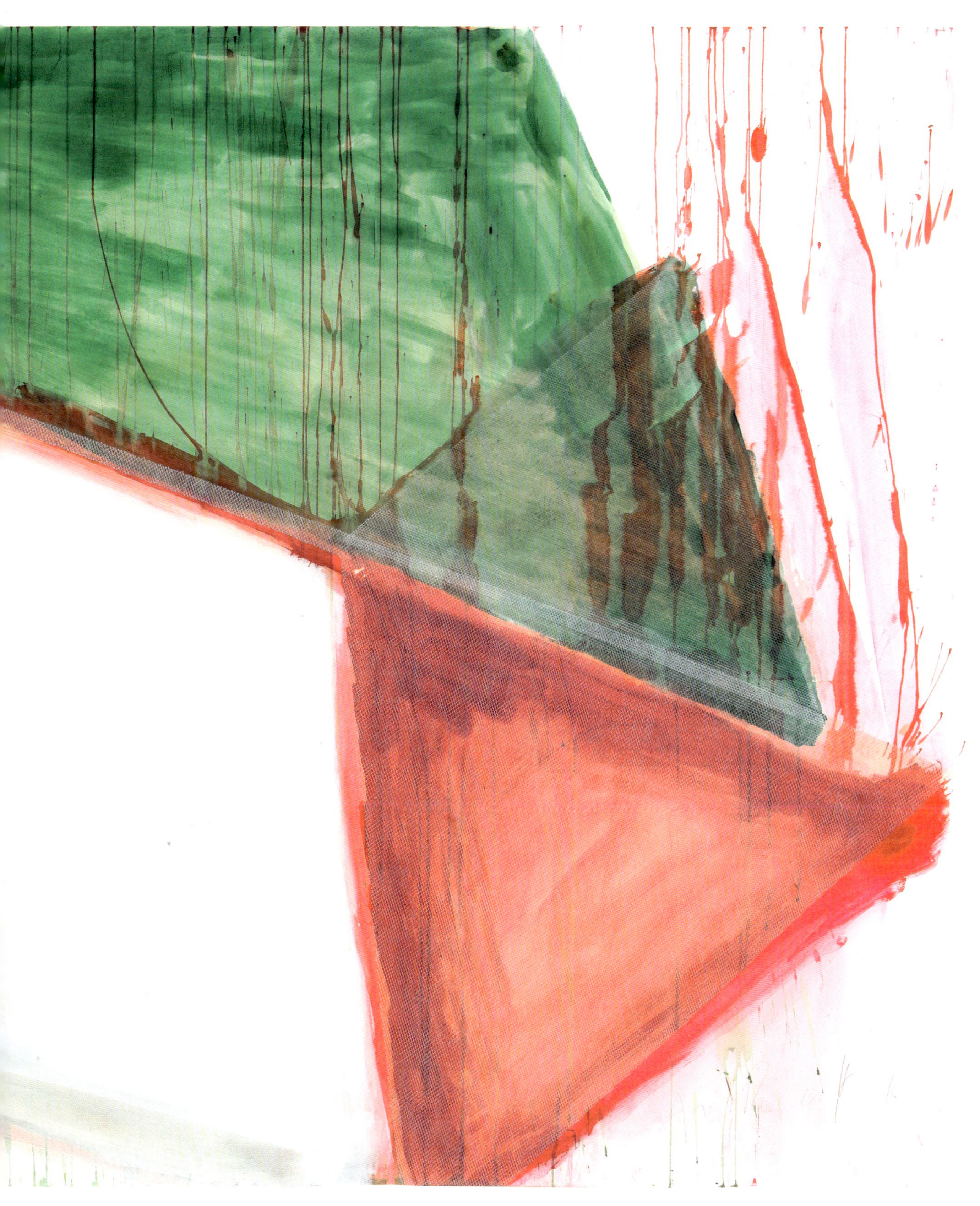

Sem título / *Untitled*, 2016
Guache, tinta sintética, verniz e tinta da china
Gouache, sintetic paint, varnish and indian ink
153 × 275 cm

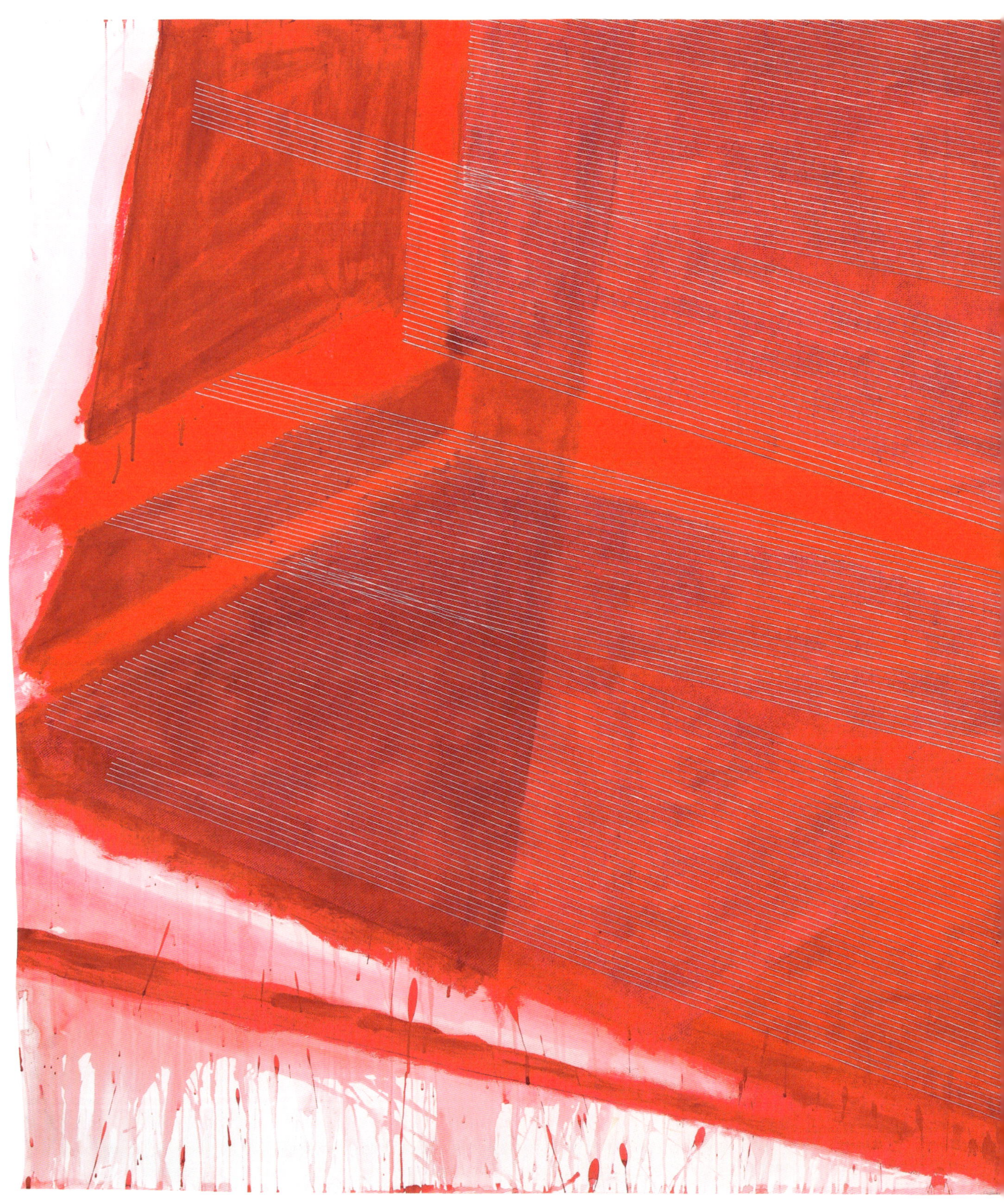

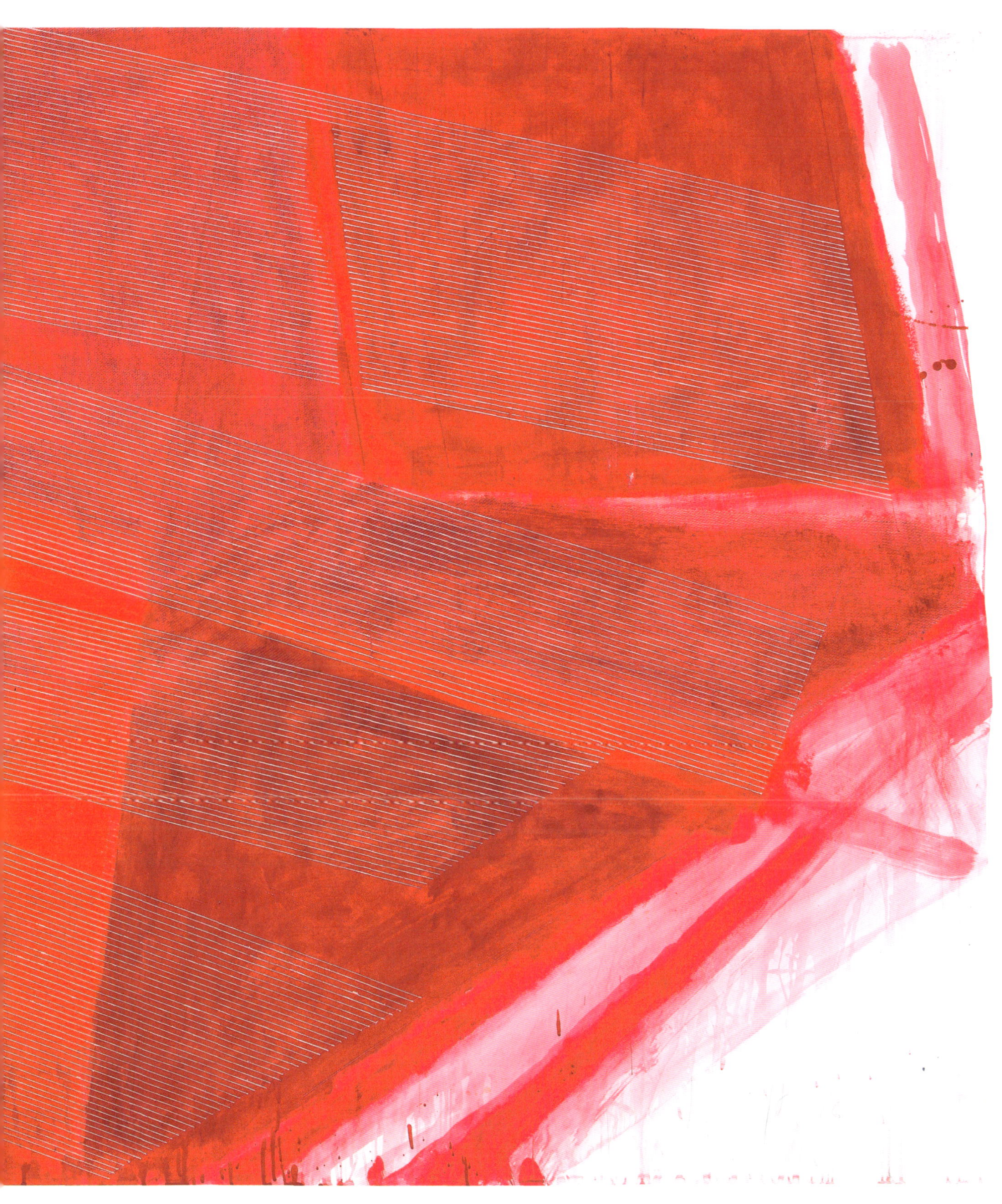

Sem título / *Untitled*, 2016
Guache, tinta sintética, verniz e tinta-da-china
Gouache, synthetic paint, varnish and Indian ink
153 × 275 cm
Cortesia / *Courtesy*
Galeria Helga de Alvear

Sem título / *Untitled*, 2016
Guache, tinta sintética, verniz e tinta-da-china
Gouache, synthetic paint, varnish and Indian ink
153 × 275 cm

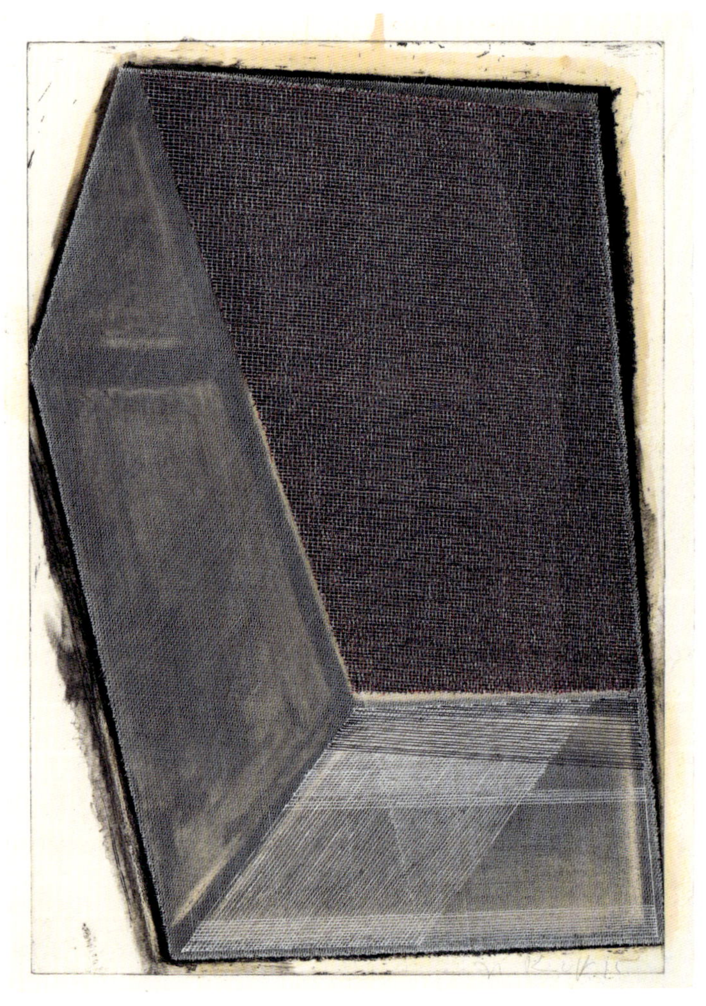

Sem título / *Untitled*, 2016
Guache, tinta sintética, verniz e tinta-da-china
Gouache, synthetic paint, varnish and Indian ink
45 × 32 cm

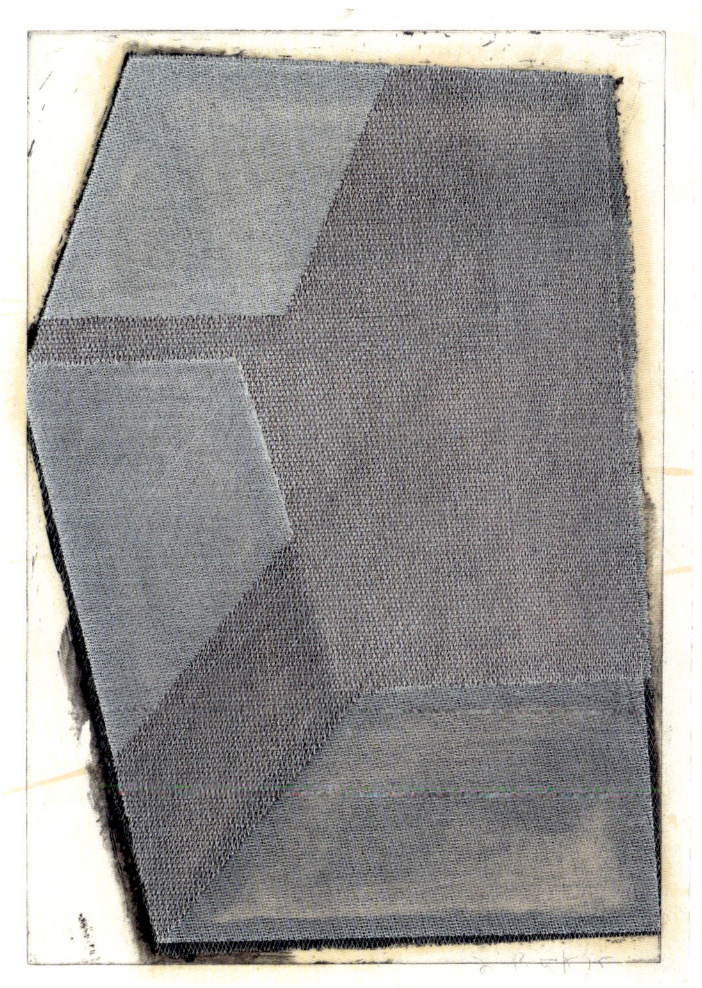

Sem título / *Untitled*, 2016
Guache, tinta sintética, verniz e tinta-da-china
Gouache, synthetic paint, varnish and Indian ink
45 × 32 cm

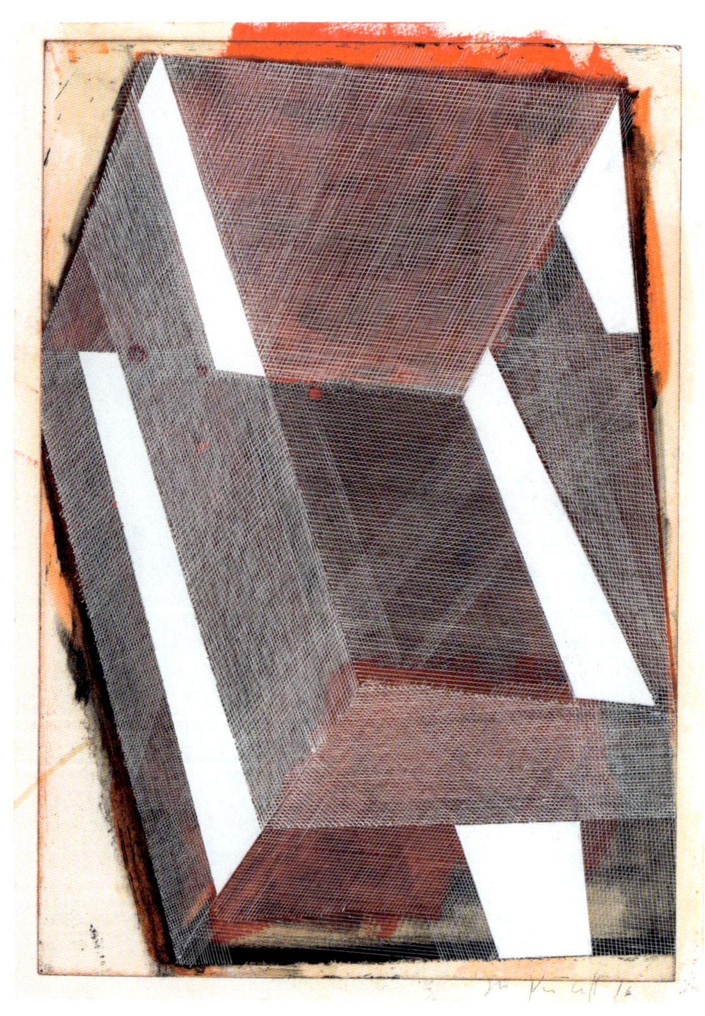

Sem título / *Untitled*, 2016
Guache, tinta sintética, verniz e tinta-da-china
Gouache, synthetic paint, varnish and Indian ink
45 × 32 cm
Colecção Particular /
Private Collection, Sintra

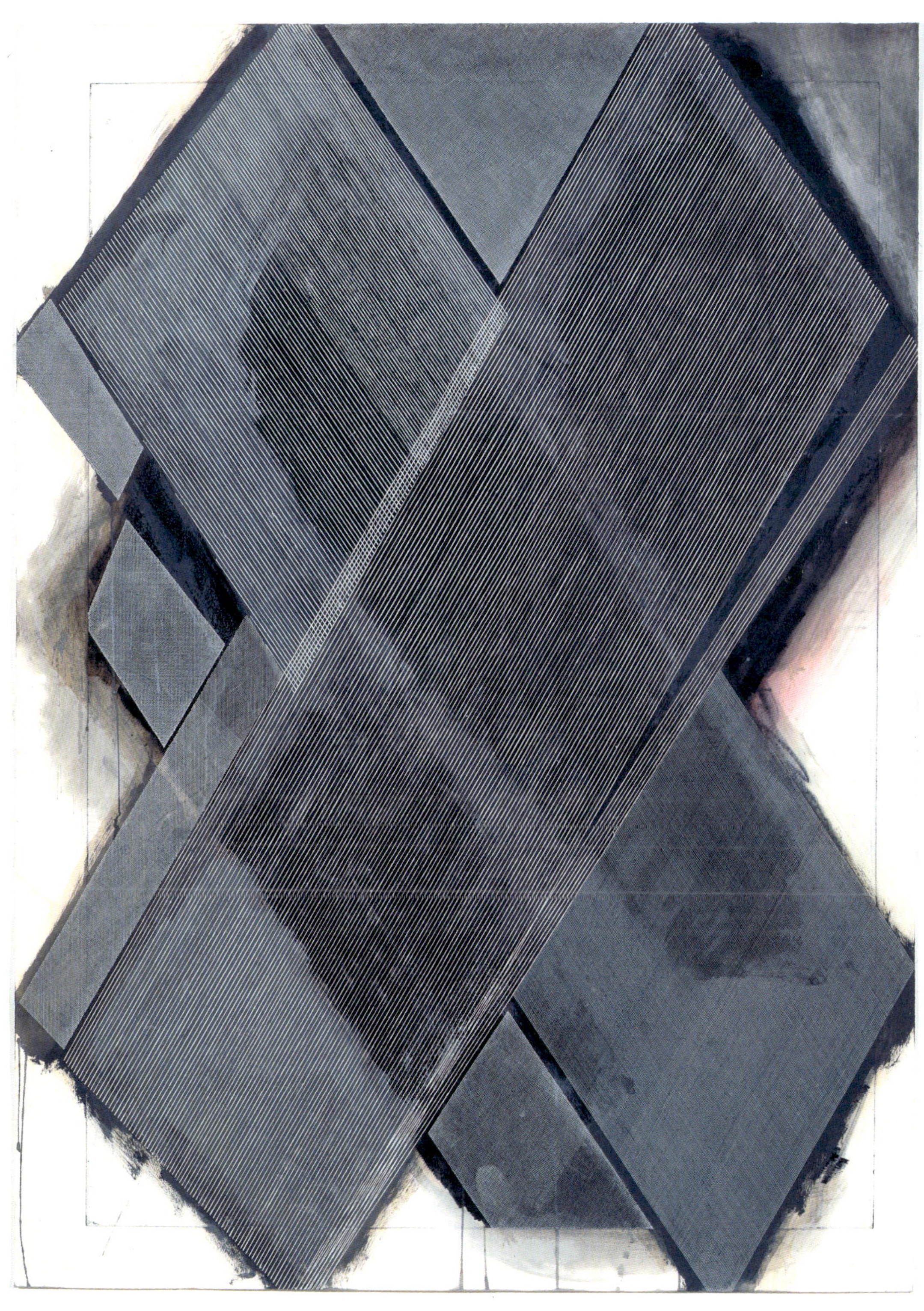

Sem título / *Untitled*, 2016
Guache, tinta sintética, verniz e tinta-da-china
Gouache, synthetic paint, varnish and Indian ink
150 × 112 cm
Colecção Particular /
Private Collection, Lisboa

A RENEWED PERCEPTION

/

Aurora García

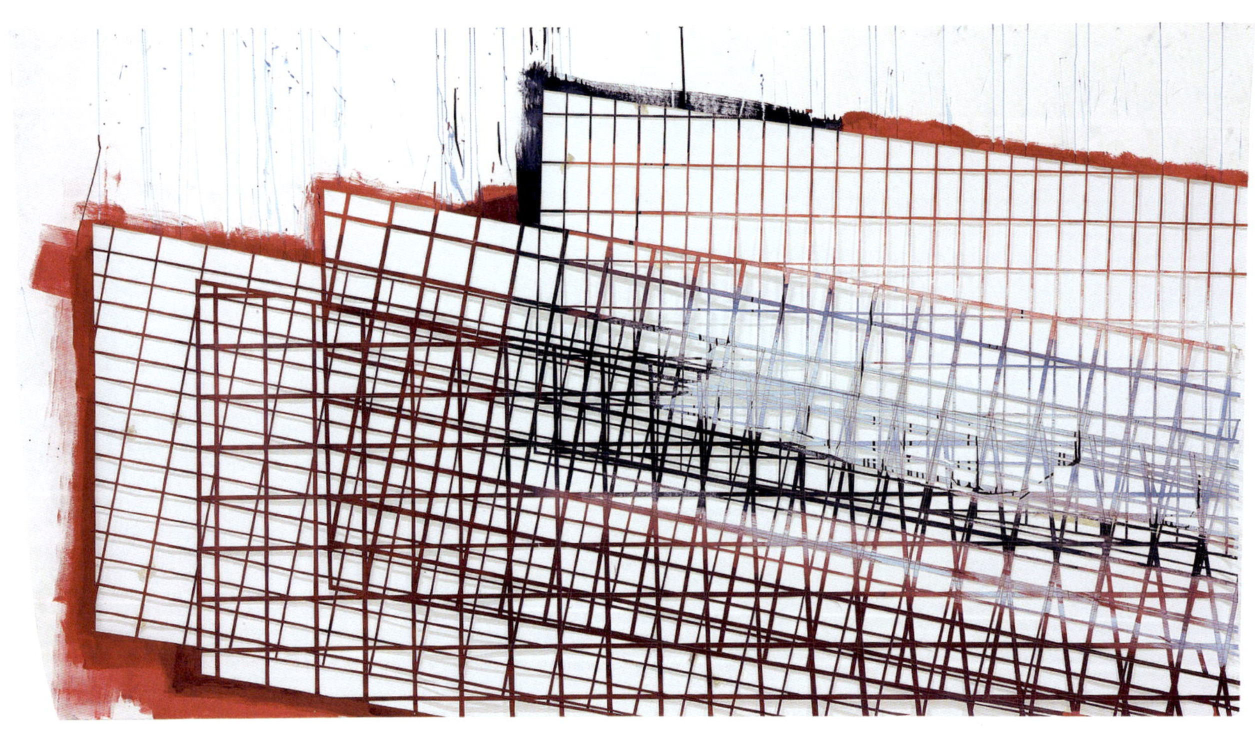

Sem título / *Untitled*, 2012
Guache, tinta sintética sobre papel recortado
Gouache, synthetic paint over cut paper
153 × 275 cm
Colecção / *Collection*
Fundación Helga de Alvear

Not only José Pedro Croft's sculptures, but also his drawings and etchings usually start formally from a few elementary geometric models, from archetypes, in which the logical certainty that, in principle, supports them as such is going to be taken through the artist's intervention towards the field of aporia, of paradox. Croft seems to be interested, first of all, in the generative aspects of art, in what a given form and matter is able to originate not as a self-engrossed object that only admits the isolated confirmation of its status, but as something inevitably related to the complexity of the world and existence, considering temporal and spatial factors subject to dynamics that entail, besides births and variations, precariousness, contingency and even death.

The basic images of strict geometric affiliation, from which this artist's work starts, respond, in principle, to universal and secularly accepted codes, thus entailing an "objectivity" which Croft is going to call into question by inflating them with subjectivity, with personal experience mediated by doubt, by multifocal, open and indefinite perspectives. Hans Belting pointed out that "the change in the experience of the image also expresses a change in the experience of the body, so the cultural history of the image is also reflected in an analogous cultural history of the body"[1]. It seems interesting to highlight here this remark by the German historian, because we think that in José Pedro Croft's body of work, expressed in different materials, techniques and supports, the body imprint is present, the one of the artist's own body that opens itself to the dialogue with the body of things and with that of the observer. It is present since the metonymic choice in the sphere of form, having soon discarded what is directly anthropomorphic and animal to resort to an object medium very often related to measure and daily human experience, a medium at times characterized by hypothetical containers of abstract and geometrical propensity, and on other occasions by its formal concretion in items of furniture and architecture that were once used as such and that now the artist recovers without annulling their memory, rather modifying and expanding their initial sense bound to the body. In this respect, and drawing a parallel with Merleau-Ponty's thought, Belting believes that perception is something inseparable from the body: it cannot occur without the establishment of a necessary connection with it.

Thus, all this leads us to the dynamics of perception, to its complexity and mutable quality. Croft resorts, in principle, to images created by him or to preexisting objects of apparent stability and definition, although, on a number of occasions, they have suffered the wear and tear of time and use, immediately leading them to instability and indefinition in an amplified perceptual exercise, which would be impossible to accomplish without activating the energetic stimuli of his body, the collision of their forces, a body that is not limited to observing, but that instead makes use of other sensorial domains as the basis for the organization of thought. Acting this way, the artist also encourages the viewer to abandon his traditionally passive role and become a subject participant in what he has before and around him, overcoming the multiple barriers that limit, beyond his own perception, the perception of others, of things and of the world.

Nowadays, it is undeniable that art has gradually expanded its old circumscriptions in tune with the development of increasingly complex societies, largely due to the technological advances and the reach of the media, being these latter saturated with images whose frequent destiny is consumption, publicity and the interested influence on opinion. Thus, all that can produce a perceptual saturation that may even lead to the bewilderment of the receiver. But, although a part of today's artistic production prefers to navigate comfortably in a direction parallel to the one indicated, there are lines of action in art that attempt to compensate for that real threat of atrophy in perception which, from the sphere of the senses, equally includes thought. In this respect, in the images created by Croft, through diverse procedures, the intervention of the body gesture is present to accomplish actions that break with the established canon without fearing paradox, and in those ruptures multiple sign approaches also play an active part, contributing to expand the viewer's conceptual and sensory perspective. On the other hand, the artist's spatial proposals do not forget a matter of great importance, time, which is inextricably linked to them. Space and time, both essential ingredients of the phenomenon of perception, indicated here in their extensive ambiguity – or, on other occasions, shortened – for the spectator to share them and live them as something intrinsic, since Croft claims an activity from those who observe his work, a body with an open mind that enters it – even if in a figurative sense – as he does himself with his own.

Concerning the complex temporal dimension that captures the interest of many contemporary artists, Rosalind E. Krauss observed the following: "One of the most striking aspects of modern sculpture is the way it manifests, through its craftsmen, the growing awareness that sculpture is a medium between rest and movement, time standing still and flowing time"(2). But there is something else of the utmost importance: it is about moving the sculpture to the real space of life, "vivifying" it, so that it truly shares the place where the possible viewer moves, so that he participates in a time parallel to the one he breathes. The work of art is supposed to be lived as something belonging to our own spatial scope, and not as a self-sufficient and imper-

1 — *Antropología de la imagen*,
Katz, Buenos Aires / Madrid,
2007, p. 30.

2 — *Pasajes de la escultura
moderna*, Akal, Madrid, 2002,
p. 12.

turbable object that is there, indifferent to the body that creates it and to the body that receives it. At this point in time, which we consider crucial as we approach Croft's work, it becomes inevitable to address some aspects of Merleau-Ponty's phenomenology, starting with his discrepancy as to the Cartesian dioptrics regarding space, by stating "I do not see it according to its outer wrapping, I live it from within, I am included in it. After all, the world is around me, not before me"[3]. In other words, I live in space thanks to my seeing and visible body and, "since it sees and moves, the things are around it in a circle, they are an attachment or extension of itself, they are embedded in its flesh, being part of its full definition and the world is made of the same fabric as the body"[4].

The influence of Merleau-Ponty's thought on a very significant part of the Western artistic *milieu* is unquestionable, especially since the early sixties from the last century and due to the English edition of his *Phenomenology of Perception* (1962), first published in the original language in Paris, in 1945. However, in America, relevant cultural figures, such as the writer and art critic Harold Rosenberg – from New York – or the poet Charles Olson, who was professor and dean at Black Mountain College (North Carolina) in the fifties, seem to have known the fundamental theses of the French philosopher previously to the sixties. About Rosenberg, in particular, Robert Hobbs emphatically says that "[he] read many of Merleau-Ponty's major phenomenological studies in French and used them in 1952 to develop his concept *action painting*"[5]. The truth is that, beyond the abstract expressionist painting, the theoretical corpus of phenomenology will decisively influence the renewing sphere of American sculpture carried out by artists such as Robert Morris or Robert Smithson. In accordance with what we are stating, Hobbs specifies that "Robert Morris in his early Green Gallery installations and Bruce Nauman in his series of corridor pieces knowingly embraced Merleau-Ponty's thought"[6], in disagreement, as they were, over something that had long been refuted by the French philosopher: empiricism and intellectualism.

Thinking now about José Pedro Croft's sculptures, and particularly about those containers made of various materials and in reference to the human body from the beginning of the eighties until now, we bring to the fore an early work, from 1981, made of marble, which represents an open sarcophagus allowing anthropomorphic marble remains to be seen. These are the early times of his three-dimensional artwork, interested in subjects related to archeology, architecture, and the history of ancient civilizations, and the language used still has remarkable figurative correspondences which, as far as human and animal images are concerned, are going to disappear very soon. But what particularly interests us here is the realization that the rectangular volumetric structure that composes the coffin is going to be a leitmotif throughout the artist's production, not only as a geometric form used in his sculpture, but also in his drawings and graphic works. The structure of the box is soon incorporated into Croft's work in direct relation to the body measure, as if it were a container for an anonymous human corpse. The body present in death, inactive, will give way to the metonymy of the parallelepiped-box that names it through the absence of its image, but also by summoning it in its activity and energy as the central motif in perception. The box symbolizes the space where the body inhabits and is as sensitive as the latter to variations, even to dematerialization.

We have just mentioned Robert Morris and we shall shortly return to him, following the thread of the box-container for the body. In 1961, Morris held a happening at the Living Theater in New York. It would not be the only time he would collaborate with experimental theater, but this intervention, standing inside a wooden box, made to order, and in an upright position, *Box for Standing*, would come into tune with aspects of Merleau-Ponty's phenomenological theory, when making statements like: "Understanding, in the full sense of the word, which is opposed to imagining, is not to judge, it is to grasp an immanent sense in the sensible, prior to any judgment"[7] or else: "our body is a two-leaved being: on one side, it is thing among things and, on the other, it is the one that sees and touches them; we say, because it is evident, that it brings two properties together, and its double belonging to the category of "object" and to the one of "subject" discloses, between both categories, very unexpected relations"[8]. And it is this duplicity in the protagonism of the body that claims a new concept of art that will also influence, to a certain degree, the minimalist assumptions, as part of Morris's own sculpture denotes, including his influential writings.

We do not intend to state, from what has been expounded so far, that José Pedro Croft has directly submerged in the theses of the phenomenology of perception nor that he is an active militant supporting them. However, we can detect important coincidences with the above-mentioned theories, which were already circulating in the renewing cultural and artistic *milieu* since the post-WWII years. It is true that his artistic approach was, in a certain way, coming close to minimalism in terms of spatial emphasis and in the election of those parallelepipeds and other elemental geometric forms that Croft will treat with freedom – unlike the "orthodoxy" of minimal art – unrelated to pre-established rules. Before considering this art movement, for example, he had already focused his sight on artists like Giacometti, whose existential expressiveness is simi-

3 — *El ojo y el espíritu*, Paidós Ibérica, Barcelona, 1986, p. 44 .
4 — Ibidem, p. 17.
5 — "Merleau Ponty's Phenomenology and Installation Art", *Installations Mattress Factory 1990-1999*, University of Pittsburgh Press, Pittsburgh, 2001, p. 18.
6 — Ibidem, p. 20.

7 — *Fenomenología de la percepción*, Planeta Agostini, Barcelona, 1993, p. 56.
8 — *Lo visible y lo invisible*, Nueva Visión, Buenos Aires, 2010, p. 125.

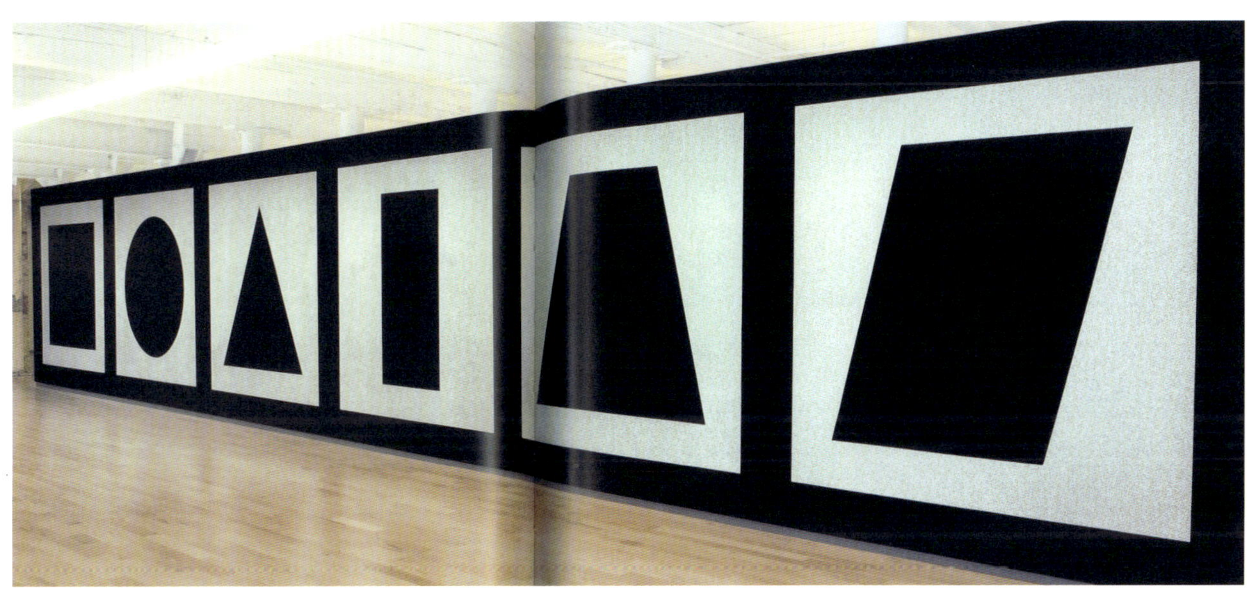

Sol Lewitt
Wall Drawing 343A, B, C, D, E, F, 1980
Lápis de cera branco sobre parede negra
White crayon on black wall

Colecção privada, Suíça
Private collection, Switzerland
Cortesia/*Courtesy*
BFAS Blondeau Fine Arts Services
Estate of Sol LeWitt

larly indebted to phenomenology. However, the abandonment of anthropomorphic images by the Portuguese artist and the adoption of more ambiguous forms of abstract tendency, allowed him, allow him, to develop in a more appropriate way a project in which concepts bearing large doses of abstraction are also relevant, such as those related to space and time. We could say that Croft's work, seen throughout its course, is dual, since it establishes an intimate dialogue between those constructions of abstract propensity that point to closed or open volumes, even altering their supposed regularity, and the figurative items of furniture, not made by the artist but found, selected and adapted to a new context, devoid of their useful purpose. A creative context that deals with semantic oppositions such as presence and absence, familiar and strange, duration and instability, gravity and lightness, transparency and opacity, reflective and veiled.

In a 2003 interview, the artist stated: "My pieces are not just a matter of thought, they also depend on how the body reacts to something before it"[9]. These words come into tune with the phenomenology of Merleau-Ponty, for whom perception, rather than being an understanding activity, is founded on the relationship between the active body and the world around it. "The consistency of the body, far from rivaling the consistency of the world, is, on the contrary, the only means I have to reach the heart of things, making me world and making them flesh"[10].

Let us dwell for a moment on a sculpture from 1993 – Croft's works have no titles – consisting of two wooden pieces of furniture, recovered, and a cylinder of white plaster that sustains them from their horizontal position on the floor. The table and the stool offer a great simplicity of lines, the first functioning as a container for the second one. Whereas the table stands in a vertical position, its legs drawing the figure of an octahedron open on all its sides except on the top, the stool beneath it is slightly inclined and its four supports form empty trapezoids, which, in turn, are accompanied by the square both on the top board that serves as a seat, as well as by the lower spikes that connect the legs. There are, thus, a variety of geometrical elements in this work, some loaded with memory and familiar connotations due to the usefulness they once had; the other one, the white and closed cylinder, built by the artist, contrasts with the dark warmth of the furniture pieces, while at the same time it has an impact on them, pointing out something primordial developed by the sculptor: its precarious balance, what is there and may in a moment shift position, it may even collapse and break. The spaces created by Croft in his works often involve the temporal notion of the instant capable of altering things, as in life itself.

Another factor directly bound up with time is light, which the sculptor wants to transmit since the initial phase of many of his projects, that is to say, resorting to materials such as glass, that, in addition to transparency and a sense of lightness, brings subtle shifting reflections according to the illumination in the space where they stand. The mirrors also play a clear protagonism in his work and we will dedicate them a few lines later on. But let us say that the artist made a statement in 1999, which still retains some of its validity, despite the great progress made in his researches since then: "My use of glass or mirrors is always inexpressive, indifferent or abstract, in the sense that it is not a question of seeing what is there, but what happens in space when the glass or the mirror interfere with vision"[11]. This is demonstrated in a work from 1995, in which the sculptor first made use of silvered glass. It is composed of an old wooden chair, having simple lines, devoid of its seat and front legs, shown facing the wall and leaning against it, holding a mirror cut to the size of the bottom of that bit of furniture. When the viewer is approaching this work, facing it, what he sees in the first place is that the chair has four legs thanks to the reflection from its back in the mirror. This is an illusory reconstruction of a spatial nature, inverted regarding the location of the sculptural object and the reflective fact that projects from within itself and back to itself, passing, should it be the case, the reflex of the visitor's feet to a second extreme, which resends it to the dynamics of real time, although adding almost no meaning to this work, whose complexity lies in what happens within itself.

Transparent glass is also a resource widely used by Croft. Combined or not with mirror, it is a very adequate material to create ambiguous spaces penetrable through sight, spaces from where the sensation of gravity and weight fades away and the idea of dematerialization prevails, gathering the concepts of interior and exterior. These spaces, in many instances, are initially boundaries of architectural nature, which can surpass the measure of the body, without ceasing to have it present and to which, however, they fully prevent access. The glass items that compose them are usually supported by industrial metal structures, sometimes previously pierced and, on other occasions, *nonpierced*. Regarding these spatial objects tending to dematerialization, we are immediately reminded of a work from 2003, with iron profiles painted light gray and semi-covered by two transparent unframed units of glass. Its length exceeds four meters and its height would allow the passage of the viewer's body, but the sensation of instability that the piece communicates is perceived from the outside, thanks to the total transparency that gathers the interior space of the piece and the one walked by the visitors' bodies.

9 — Interview with J. L. Estévez: "Las esculturas son objecto de tránsito", *El País* (Babelia), 12 April 2003, p. 18.

10 — Maurice Merleau-Ponty, *Lo visible y lo invisible*, op. cit., p. 123.

11 — Nuno Faria, "Entrevista com José Pedro Croft", *José Pedro Croft. Desenho, Escultura*, Câmara Municipal de Lisboa, Lisboa, 1999, p. 11.

The work enters the viewer without his need to bodily enter it, and the artist, body to body with its geometrical structures, has focused on developing "natural" and "humanized" disturbances that have repercussions on the experience of those who contemplate the work; he has focused on factors related to the real problem of equilibrium and permanence in space and time, to lightness and light, to possibilities of openness and transformation, as if it were an ongoing, conceptually open and dynamic, drawing. Because even bearing in mind that the sculptural work, in his case, usually evolves without sketches or preliminary drawings, there is a clear twinning between this kind of work and those executed on paper, which often accompany the others, dialoguing closely in the exhibitions. The same can be said about his abundant wall sculptures, some of which are made of metal plates almost without volume, and it is the use of paint and color that grants them the three-dimensional effect.

Discussing Lyotard's disagreements over the universe of phenomenology, Rosalind E. Krauss has written that "phenomenological" is "a world that opens up progressively, a world that constantly creates spaces for the bodies that inhabit it." In this sense, it is a fundamentally visible space, whether the principle that structures it can be seen or not. It is about the space in which "form" comes into existence, in which the being is born, the good shape, the *gestalt*"[12]. Shortly before making these statements, in the same book, the author briefly dwells on a work by Giacometti, *Suspended Ball* (1930), emphasizing that this sculptor's wrist "acts against the stability and self-evidence of the shape, of permanence — in other words — of the good *gestalt*"[13]. It is a work from the beginnings of Giacometti's surrealist period, a stretch of only five years that Krauss would emphasize as the most important in this artist's production. We will add, however, that the influence of the phenomenological theory is well known — and, more specifically, the renewing influence of Merleau-Ponty — in the development of the sculptor's work after the Second World War — without forgetting his relation to Sartrean existentialism —, giving way to a vision that calls into question the mere appearance of things, subverting and shaking them, even pointing towards the void, to their possible disappearance. In this sense, Merleau-Ponty argues that "what is proper to the visible is to be the surface of an inexhaustible depth: this is what makes us able to be open to visions other than our own"[14] and he therefore rejects the univocal and fully delineated in the perceptual phenomenon. His theories allow discussion mainly in the language field, but the rich content of his phenomenological philosophy offered and continues to offer fields of great openness related to art and creativity. Also in this sense,

Benjamin H.D. Buchloh brings to light Giacometti's strong influence, close to Merleau-Ponty's thought, in Richard Serra's work — something previously recognized by this latter — and, specially, his phenomenologically rooted contribution to the concept of the process in the field of sculpture, "redefining perception itself as an intertwinement of bodily and cognitive-perceptual responses"[15]. All this leads us back to the work by José Pedro Croft, who, just as it happens in Giacometti's — setting aside the multiple order differences between them —, takes us into the regions of doubt, which does not mean going against the perceptive fact but, on the contrary, presupposes delving into its complexity by seeking the "secret figures" (Merleau-Ponty) of what we see, overcoming absolute credulity in what has been transmitted to us via history and culture.

Having discarded, at an early stage, any representation mode of anthropomorphic signal, as we have previously said, the tensions established in Pedro Croft's whole body of work are posed through a language of abstract propensity, in which the form of geometric origin can act as a metonymy for the human body, starting with the artist's own body. Unlike the figurative Giacometti, Croft starts from the distance and its intrinsic geometry as far as the field of subjectivity is concerned, in order to transgress through gesture — understood in its broadest sense — the idea of objectivity and fixity in the vision of forms and space that would only respond to the established canons for a limited perception of what inhabits the world within our reach. Here is the great paradox raised in his work: the logical and objective proposal of the vision immediately drifts into the subjectivity inhabited by time and space lived from the very flesh itself, and it is those factors attached to it, with the disturbances they create, that are important to emphasize, not so much the material body, but what is necessarily related to it and conditions it. That is the metonymy, which is expressed, as João Silvério rightly points out, in "simple forms, although articulated through complex solutions, close to the idea of essay, densified by the simultaneity of doubts and problems that its construction proposes in an almost unlimited experimental spectrum"[16].

Unlike what is understood by minimalist sculpture, in general, Croft's geometric work admits openings and deviations, some amount of chance and it may even suggest accident. His constructions are usually articulated between sense and nonsense. On another occasion, while also referring this artist and the manifest symbolic medium, we incorporated a quote by Hans Blumenberg, which we evoke here again due to its pertinence: "The exile condition of the metaphor in a world determined by disciplined experience becomes tangible in the discomfort caused by everything that does not correspond to the pattern of a language

12 — *El inconsciente óptico*,
Tecnos, Madrid, 1997, p. 233.
13 — Ibidem, p. 231.
14 — *Lo visible y lo invisible*,
op. cit., p. 130.

15 — "Richard Serra's early work: Sculpture between labor and spectacle", Kynaston McShine and Lynne Cooke (org.), *Richard Serra: Forty years*, The Museum of Modern Art, New York, 2007, pp. 43-44.

16 — "Uma medida impura", *Objectos Imediatos*, Câmara Municipal de Lisboa / Fundação Carmona e Costa, Lisbon, 2014, p. 181.

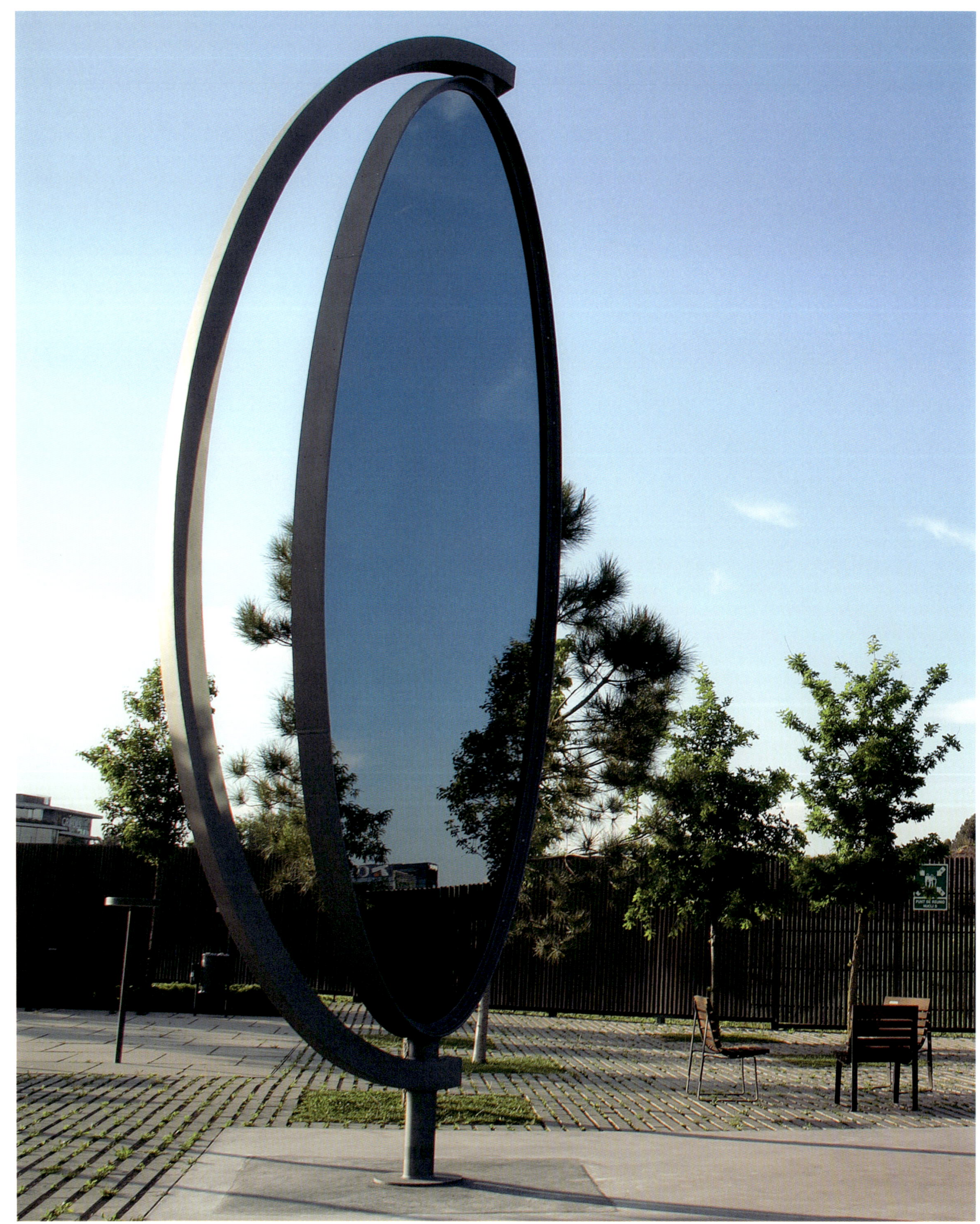

Sem título / *Untitled*, 2015
Ferro e vidro
Iron and glass
700 × 350 cm
Colecção / *Collection*
Banco Sabadell

that tends towards objective univocity"[17]. However, the minimalist orthodoxy also contemplated certain deviations from the rule. In this respect, Sol LeWitt, an artist who is highly regarded by Croft, is able to raise to flight the logic in which his idea or concept is based, to touch the scope of what we understand as countersense. Alexander van Grevenstein summed it up this way: "Paradox is the place where logic basks in relativity, so creating room for the irrational (...) It is also this freedom he claims, when he says that conceptual artists are mystics rather than rationalists"[18]. It is known that LeWitt rejected the label "minimalist" right from the beginning, claiming to be a conceptual artist. Both in some of his three-dimensional structures and in his wall drawings it is possible to see deviations from a strict and continuously logical approach. Because the idea underlying his work cannot remain caged up for a long time, whereas the generative nature of his work sometimes leads him to make deviations from a rigid program, giving rise to what derives from intuition, to which, on the other hand, he would never renounce.

These brief considerations about Sol LeWitt's work lead us to understand why the coexistence of sense and nonsense is not incoherent, in Croft's specific case. If, for example, we consider his large drawings from the last years, we will see that they are spatial extensions characterized by their openness and formed by linear, drawn and colored intersections. The interspaces that create these straight lines were cut out and emptied patiently, in order to make the spatial idea sharper, which is additionally complicated by the overlapping of weaves that point in different directions. The notion of centrality does not exist here, but instead, the emphasis is placed on what goes beyond the limits, in the dynamic flight of what not only tends to escape by the sides, but also towards the inside by means of the regular perforation of the paper support. In this way, Croft establishes a communication between the outer and the inner space in a meticulous exercise of lightness and vivacity, in which we can also find pictorial overflows and actions intrinsic to the gesture, such as *dripping*. These beautiful works, similarly, carry with them both the germ of vulnerability and the suggestion of metamorphosis, in addition to what Krauss came to clarify: "the reticles 'beyond the frame' often imply the dematerialization of the surface, the dispersion of the material in a flicker or tacit movement"[19]. This is also something that is not strange to the sculptural work by José Pedro Croft, an artist committed to overcoming the limits.

Let us now dwell on his most recent work, the one destined for the 2017 Venice Biennale, executed on purpose for his temporary installation in the gardens of Villa Hériot, in Giudecca. The initial project for the intervention at Giudecca was of a different nature, since it was meant to establish a direct relation with Álvaro Siza Vieira's architectural work at Campo di Marte, very close to the location of the mentioned *villa*. Siza Vieira has recently resumed the construction of a group of social houses, whose second phase could not be carried out with continuity, due to the interruption, some years ago, of the budget for this operation. The Portuguese architect plans to finish, also over there, a small square that will contain a circular fountain designed by Croft. The need to avoid coinciding the activity of the works in progress at the block of apartments with the ones at the square, has led the sculptor to change his first project and make six large sculptures with reflective glass that comprise mirror, transparent glass and colored glass in red-carmine. It is a multiple work of monumental size and industrially made, although the impression received is of something as light as a drawing in the air. In other words, like six aerial drawings of a geometric nature that, in their variations from the same idea, the visitor-observer finds along his course. A disturbing itinerary due to the diverse and unusual perspectives that it offers of the *villa* — formed by several brick constructions from the beginnings of the twentieth century — and its beautiful garden by the Venetian Lagoon.

Facing these mirrors rectangularly cut and whose larger side is approximately six-meter long, we cannot avoid resuming, once again, Merleau-Ponty, and what he states about the chiasmus with regard to the perception. "The CHIASMUS, reversibility, is the idea that every perception is accompanied by a counter-perception"[20], since for this philosopher every existing object becomes a mirror to all the others. The chiasmus as a rhetorical figure may well be equated with the reflection in mercury glass or polished surface; without that reflection, mirrors would not have any entity as such, which is what happens, no need going any further, in the series of solitary mirrors painted by Roy Lichtenstein, between 1969 and 1972, which do not reflect anything, but create another sort of illusionism, mute and abstract, different from the one performed by these objects in painting throughout history. In fact, these "mirrors" by the outstanding pop artist renounce reversing what is supposedly before them, because the commitment is based on the designation of the object itself, so as to identify it with the free exercise of the painting, thus interrupting the bond between this one and the conventional image. Disregarding functionality, what the American artist carries out is a kind of deviant metalanguage that puts under suspicion the usual stimuli of perception. Croft, in turn, uses the mirror functionality not to literally transmit what we expect it to transmit, but so that the use of the specular chiasmus will originate other dynamic visions of the space where we are and move. An alterable space that allows retractions and dilations.

17 — *Naufragio con espectador*, Visor, Madrid, 1995, p. 104.
18 — "*De aedibus sacris* and on beauty", *Sol LeWitt. Wall Drawings, 1968-1984*, Stedelijk Museum, Amsterdam, Stedelijk Museum, Eindhoven and Wadsworth Atheneum, Hartford, Connecticut, 1984, p. 11.
19 — Rosalind R. Krauss, *La originalidad de la vanguardia y otros mitos modernos*, Alianza, Madrid, 1996, p. 36.

20 — *Lo visible y lo invisible*, op. cit., p. 233.

The human reflection, which may have the mirror before itself, is not a priority in these works, nor is it a priority in Croft's other – and numerous – sculptures. He is mainly interested in both the plural articulations of space that he may obtain by means of the reflective glass, and in underlining the *Fluxus Temporis* concept. Space and time always as dynamic and substantial motifs in his work that, no matter whether conceived bidimensionally or developed in three dimensions, points to the fourth dimension that leads the retina to doubt its perceptual habits. Indeed, when Croft uses mirror, he does so with an interrogative and destabilizing purpose, in order to open new – and inexhaustible – ways to the phenomenon of perception. Since the paths of art have no limits, the use of mirror that, under normal circumstances, and in accordance with Gerhard Richter's words, functions as a picture because the mirror "shows something that isn't here – at least not where we see it"[21], may even lead to the negation – or, at least, to the interruption – of perception, which is another way of stimulating it. This is the case of Robert Smithson's *Enantiomorphic Chambers* (1965), that in the words of Robert Hobbs, "becomes an entry into a new way of perceiving, or perhaps one should say a way of *nonperceiving*, in which the void is apparent both visually and somatically"[22].

Smithson, interested in phenomenology – having read Husserl and Heidegger –, was also acquainted with many other areas of knowledge, such as stereoscopic technique and crystallography. Besides the *Enantiomorphic Chambers*, mentioned on different occasions concerning certain reflective structures by José Pedro Croft, Smithson carried out several works with mirrors, in 1969, acting directly on the landscape with specular screens like the one he moved from the Cornell University in Ithaca (NY) to the not-too-distant Cayuga salt mine, briefly placing this flat, bare structure in eight white and also reverberant saline environments. From that ephemeral action on site only the photographic images remained, an experimental and perceptive journey that pointed towards the inexhaustible, despite its short duration. Something parallel to this can be said of the reflective screens by Croft that coexist provisionally at the Villa Hériot, although in this case in synchrony and in a diametrically different place, an urban place by the water where architecture is powerful and the green of the ornamental garden does not admit logical comparison with the mentioned saline landscape. A place, Giudecca's, easily accessible to the spectator, who might also see – or not – his image reflected in the mirrors. But this is not the artist's priority, truthfully, instead, there are other further-reaching aspects relative to how we see, beyond what we see or think we see.

Pistoletto, who came to the use of mirror – polished steel as if it were mirror – through painting, starting with his bright self-portraits from the second half of the fifties, after a long experimentation with that medium, confessed the following: "I am more interested in the transition between objects than in the objects themselves. I am interested in the faculty of perception, the sensitization of the individual. The objects, the state of things, the human movements accepted in their conventional appearance do not contribute in any way to the deep stimulation of man, to the full use of his cerebral capacity"[23]. Also, what is substantial in these assessments seems to coincide with José Pedro Croft's work, to which we are now referring, a work that brings together the idea of painting and sculpture without the need of dwelling, here, on the notion of volume. They are large spatial drawings composed of screens and metal joists that support them, all these elements marking various open rhythms in their wealth of articulation. They have abandoned the paper and the wall where they had never physically been to materially enter the environment we step on, where reflection becomes reality and springs out its unsolved mysteries that echo within ourselves and on what happens around us, contributing to the astounding phenomenon of perception following its inexhaustible path.

21 — Interview (2004) with Jan Thorn Prikker, *Gerhard Richter. Text, Writings, Interviews and Letters, 1961-2007*, Thames & Hudson, London, 2009, p. 479.

22 — "Smithson's unresolvable dialectics", *Robert Smithson: Sculpture*, Cornell University Press, Ithaca, N. Y., 1981, p. 19.

23 — *Michelangelo Pistoletto*, MACBA / Actar, Barcelona, 2000, p. 7.

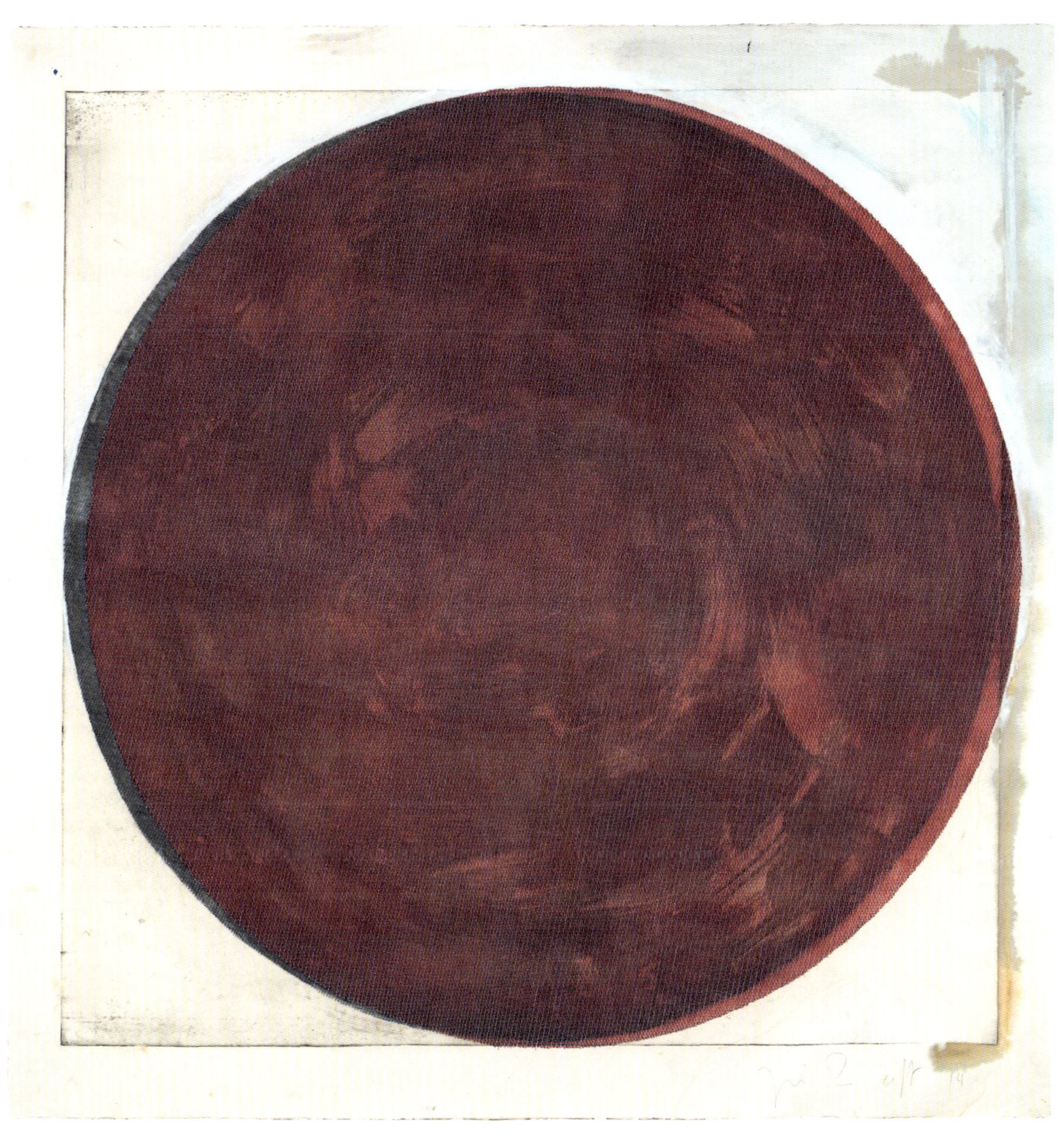

Sem título / *Untitled*, 2014
Verniz e tinta-da-china sobre gravura
Varnish and Indian ink on etching
123 × 112 cm

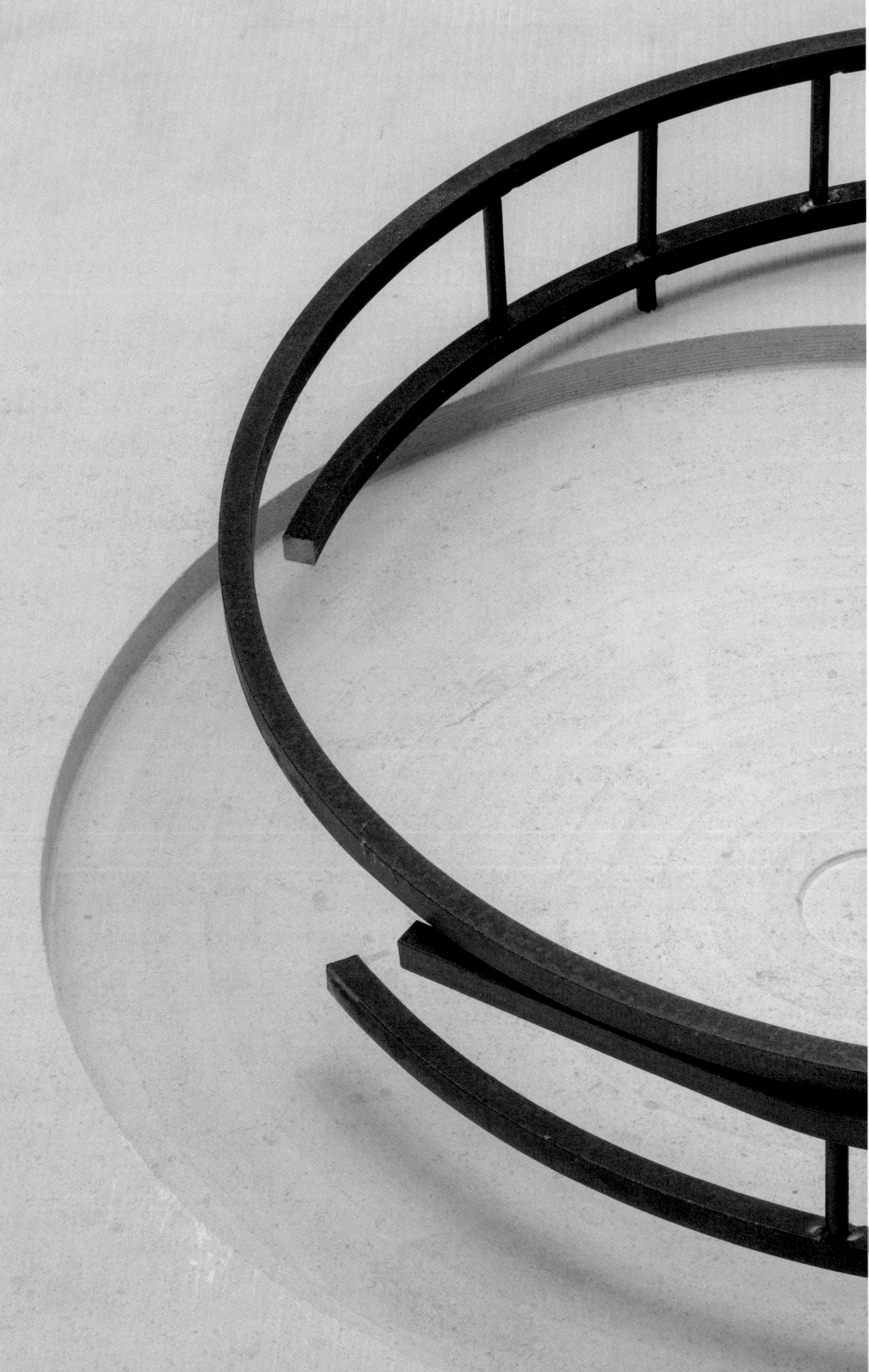

Maqueta Fonte / *Fountain model*, 2017
Calcário e ferro
Limestone and iron
100 × 100 × 14 cm

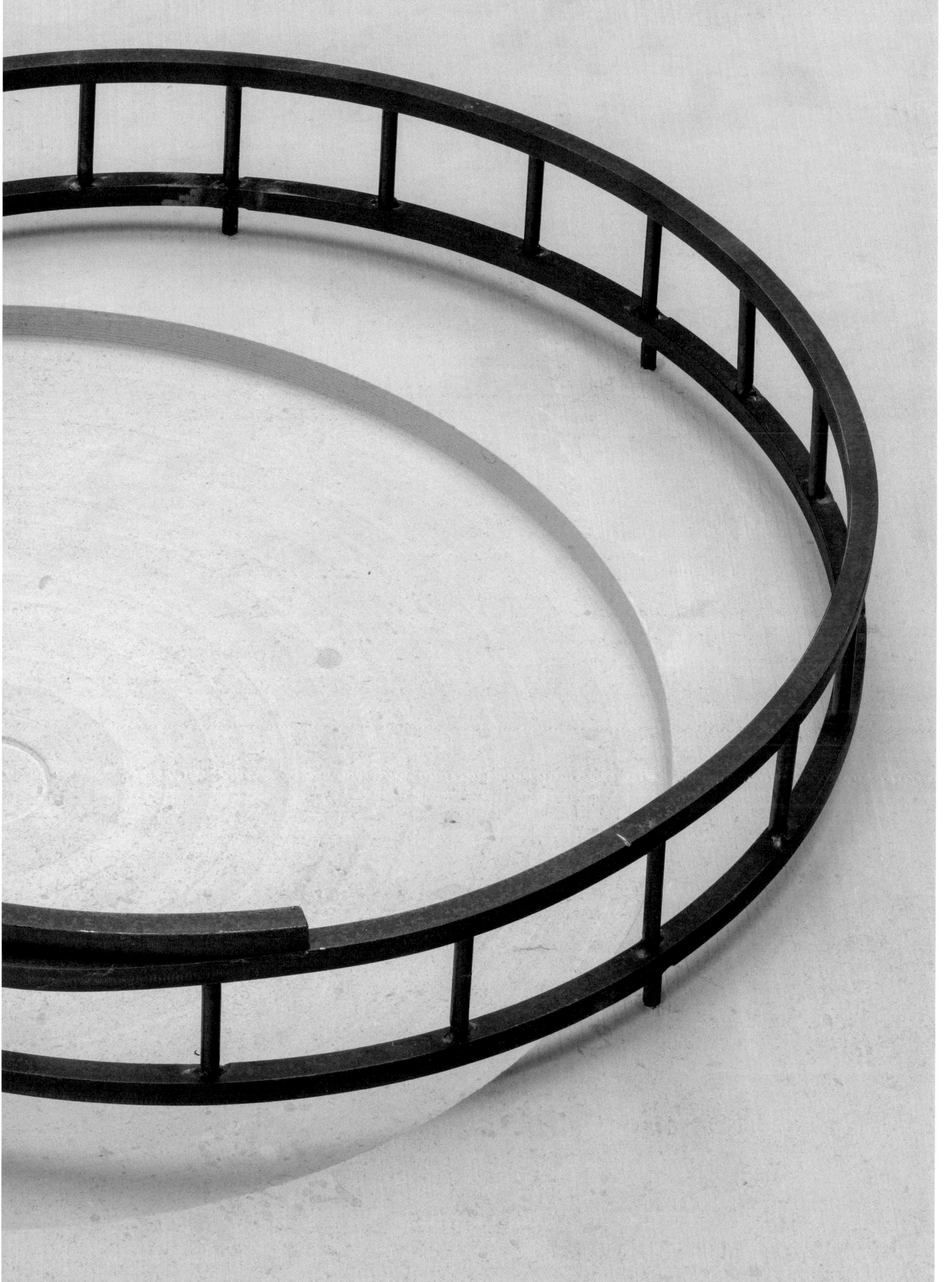

AR LIGHT
SURE REASON

Luiz Camillo Osorio

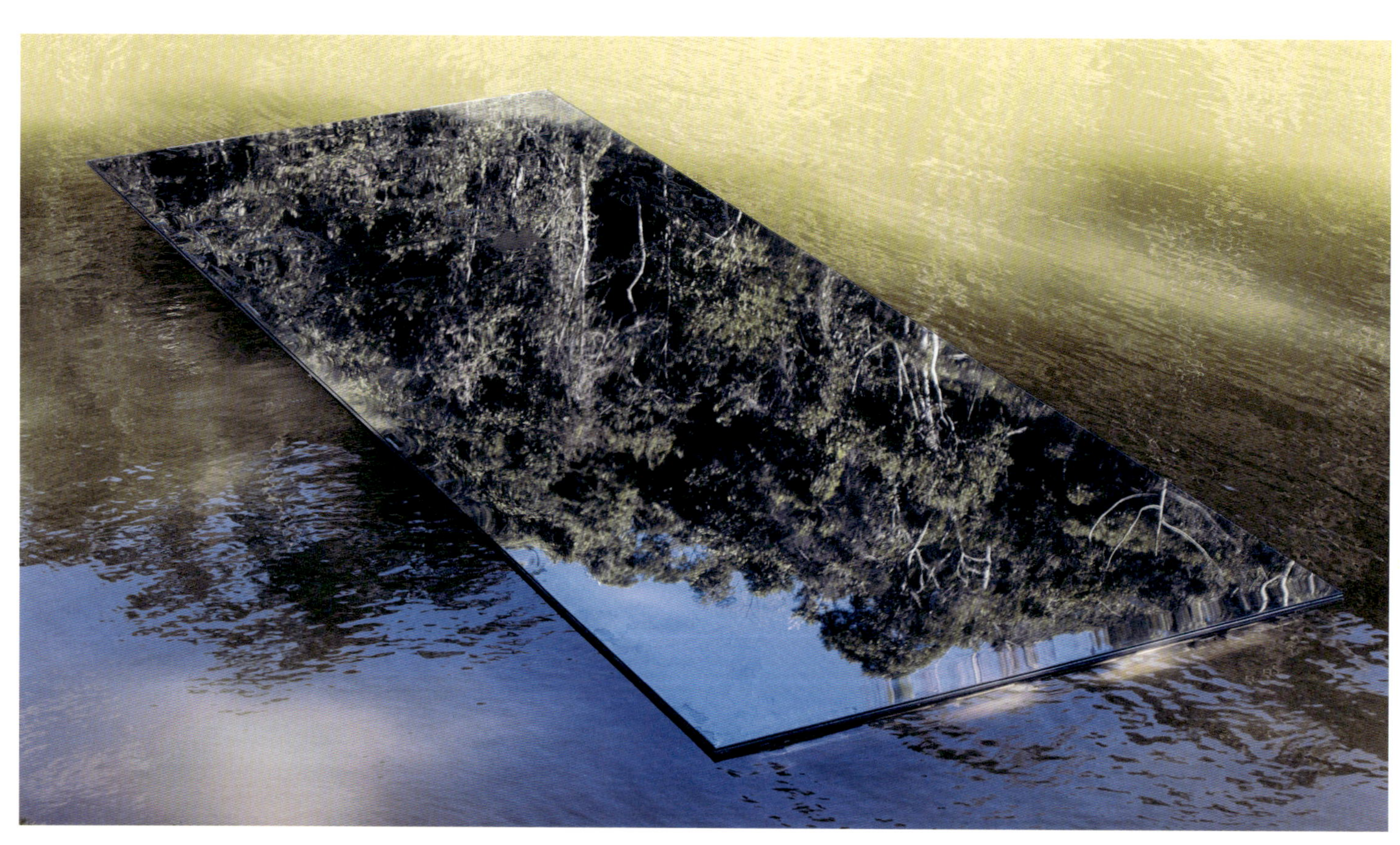

Instalação / *Installation* Itaipava, 2016
Colecção / *Collection* Tuiui

With these four words, João Cabral de Melo Neto concludes the first part of his poem *Tale of an Architect*[1]. They, and their commaless composition, feature an unexpected integration of elements that directly points at José Pedro Croft's poetics. Indeed, the poet who succeeded in bringing the constructive truth of modern architecture — where ornaments/adjectives are a crime — into the universe of poetry could not be a better partner to begin our discussion of the work of this sculptor, who made interaction with architecture an important part of his poetics. That poetics unquestionably contains an architectural quality — in the sense that his works are constantly founding and subverting places.

The fact that Croft briefly studied architecture may be an important biographic information, since tackling the public scale does not appear to affect him as a threat, but rather as a compromise. His later studies in painting, however, seem to me more important in terms of explaining certain features of this interaction with architecture, namely: the regard for the surface of materials, the constructive approach to the making of his sculptures and the no less relevant role reflection and illusionist potential play in his pieces. This last element has much to do with the presence of mirrors and their interaction with glass panes and empty sections, creating foldings and intersections that multiply the tensions between interior and exterior, places and non-places.

As art critic Clement Greenberg — who, though often quite reductive in his analyses, was also at the same time brilliant and accurate in his understanding of modernist art's formal economy — pertinently pointed out, the decisive moment in which sculpture would leap into the modern world came through Cubism, more specifically through the appropriation of collages. At that point, a new sculptural procedure emerged, one that, instead of removing matter and digging in volumes, began adding materials and generating connections not only between the constituents of the visual composition, but also between those of its integration into real space. In this sense, Brancusi is to sculpture as Cézanne is to modern painting. Henceforth, each poetic gesture will connect what is within the work with what is outside of it, potentiating the integration of formal elements and their outward expansion. Sculpture starts drawing directly on the space, inserting itself into it and transforming it at the same time. The Brancusian absorption of the base into the sculpture's structure would presently unfold itself into the constructive variations of the poetics of David Smith, Alexander Calder, Max Bill and, soon after, the Minimalists.

As we proceed with this short history of the modern sculptural form's construction — which is important to our understanding of the conditions that made it possible for the poetics of José Pedro Croft to emerge — we must also consider what should be called the contemporary linguistic turn, thus assuming that the way we perceive things and comprehend visual forms is influenced by a set of forces that are part of institutional discourse and institutional belonging. This generates further complexity in the organization of sculptural creation, and we must acknowledge that if we wish to proceed with our study of Croft's work. What is seen and what can be discussed about what is seen refer back to the places of visibility and discussion, as well as to the ways of sharing meaning that emerge out of that interweaving. Sculptural procedures expand, acting and interfering out of specific places and taking the form of installations. Sculpture moves away from the object, toward the implantation of poetic places. Ever since the 1960s, ever since the conceptual turn, no dematerialization of art or sculpture has taken place; much to the contrary, there has been an increased understanding of what the materiality of art might be, of the ways it affects and means.

In a recent conversation I had with Croft — published on the occasion of his 2015 Rio de Janeiro exhibition — we were discussing the connection of his pieces to architecture, and he mentioned the fact that they always position themselves in accordance with movements of "confrontation/dialogue or harmony/opposition, without which the works would be like photoshopped pictures, floating without a ground or a shadow". These visual presence-produced tensions set up the pieces, create places for them, generate force fields that act upon their confrontation with their surroundings and remove from them any decorative accommodation. The clash of the sculpture with the architecture ends up generating the deconstruction of the latter, subverting our way of being in the architecture and finding our bearings in it. In other words, Croft's poetic gesture comprises the dismantlement of the perceptive field, while at the same time appropriating constructive materials that bring perception into the body's gravitational field. The dialogue between Croft and Siza Vieira that is at the source of the present interventions in Venice reveals a confrontation of two poetics that refuse the seduction of spectacle; there, the harmony/opposition of volumes and voids generates a force field that runs through the experience of the place in which they are installed.

In a critical piece on the work of Dan Flavin, theorist Hal Foster claims to perceive in Flavin's fluorescent light installations an atypical ability to disturb the locations in which they are inserted: "his work appears more site-erosive than site-specific".[2] Besides that, while reconsidering the conceptual terms that have marked the minimalist critical debate, he also comes to observe that these luminous

1 — Melo Neto, João Cabral —
*Education by Stone: Selected
Poems* (transl. Richard Zenith),
Archipelago Books, NY, 2005.

2 — Foster, H. – "Six paragraphs
on Dan Flavin", *ArtForum*, NY,
February 2005.

pieces dislocate the opposition between literality and illusionism. Foster points out the fact that literality is not anti-illusionist here; on the contrary, it is part of an expanded field of illusionism. It appears to me that two of the highlighted features in Flavin's work can be dislocated to our appreciation of Croft, to help us understand the tension between place and non-place, architecture and sculpture, exterior and interior; they are: 1) the ability to disturb the places in which they are installed; 2) the exploration of the illusionist potential of art and the aesthetic experience. I find it interesting to point out how disturbance and illusion indicate a feeling of dislocation, of leaving the place, of causing us to perceive something out of visual range, of increasing our ability to see while at the same time disorienting us.

Back to our dialogue with Croft, it would be appropriate to add another indirect, yet decisive influence: Robert Smithson. Let us consider two pieces by this American artist: *Yucatan mirror displacements* and *Hotel Palenque*. The first consisted in the installation of twelve small square mirrors in the landscape, which were then photographed and published in *Artforum* magazine. In the second, a set of slides picturing a decaying hotel, also in the historic region of Yucatan, in Mexico, was used to "show", in a conference/performance at the University of Utah's College of Architecture, the archaeological site of the Mayan civilization. What is seen and what is shown do not coincide; place and non-place overlap and are dislocated. The ability these landscape interferences and/or appropriations have to evoke something beyond them, of causing a narrative-generating machine to emerge in whoever looks at them has no need of any spectacular effects. Everything in them is restrained, while poetically unfolding in a variety of directions. They contain territoriality and a sense of belonging to a place, but also at the same time a sense of deterritorialization and loss of belonging that cause us to reinvent the bonds between nature, culture and history.

Moving away from the expanded field of civilizational archaeology and entropy, so adequate to Smithson's work, and into Croft's field of poetical, landscape and architectural micro-relationships, it becomes possible to understand, for instance, how the four iron, glass plate and mirror pieces installed in the Octagon of the Pinacoteca do Estado de São Paulo in 2016[3] disturb the circulation of viewers by fragmenting and multiplying their fields of vision, while generating through perception a constant spatial non-identification. What we see does not coincide with what we expect to see. When we see our own reflection, we are surprised by the faceted movement of the mirrors and feel like we have been cast into another place, different from the one in which we know we are. Nothing is ever stable in the perception of those who wander among Croft's pieces. References such as time and space, here and now, enter a kind of wandering delirium. We see in this the erosion of belonging, the defamiliarization of perception that make it impossible to definitely recognize the place where we stand. Continuing in this vein of estrangement, I would like to focus on another piece in a Brazilian collection, made up of a number of mirrors laid on the surface of a lake.[4] The reverberation of the mirrors, as they float on the reflecting pool, creates a subtle mirage, by lending increased clarity and movement to the reflections of the sky, the trees and the enveloping space. It is as if the placement of this geometric artificial element on top of the water, subtle though it its, had frozen the flux of time, generating collage-like cuts and overlaps within nature itself.

To dislocate, to speculate, to leave a place: each one of these movements, at once physical and spiritual, by someone who reflects while seeing and walks while speculating, emerges out of this singular equation of Croft's poetics between literality and illusionism, materiality and narration. Regarding this aspect, and looking at the Pinacoteca pieces and, more radically, at those pieces in Venice, it is important to highlight the sculptural, graphic presence of the iron structures in which the mirrors and glass panes are fitted. More than simple supports, these are constructions that appear to choreograph space, setting the pace at which our gaze and body circulate through it. From that, an imbalance emerges. The gaze, fascinated by the reflectivity of the surfaces, plunges into a kind of sideration that casts it far away; the body, aware of the physical presence of iron and fascinated by the dynamics of its movements and replications, knows it is inside a landscape/labyrinth where everything is exteriority. Alice would find nothing to pass through in Croft's mirrors. When they are installed in the landscape or inserted in architecture, their presence and the reflections they generate turn our gaze outward, to an unfolding multiplication of our surroundings.

A similar program of dislocations of the visible, created by the relationship/tension between materiality and illusionism, runs through part of Croft's photographic production. It should be stressed that illusionism is not to be taken as some kind of visual forgery, deceit or trap. Here, I see illusion as an invitation to see beyond, to transcend those data that automatically link the visible with the cognizable. In his photographs, we are confronted with fleeting recordings of an eye open to the potential of non-events. They often depict scenes that are uninhabited, but displaying some hint of a possible presence – park benches, tombs, dirt tracks, porticoes, windows. They contain density and absence. They are places of passage frozen in time. What we see suggests more than it shows, an indicial impression

3 — Set up during the exhibition "Fora da Ordem: coleção de Helga de Alvear", Pinacoteca do Estado de São Paulo, June 2016.

4 — This piece, part of the Tuiuiu collection, is installed in Itaipava, Petrópolis, Rio de Janeiro.

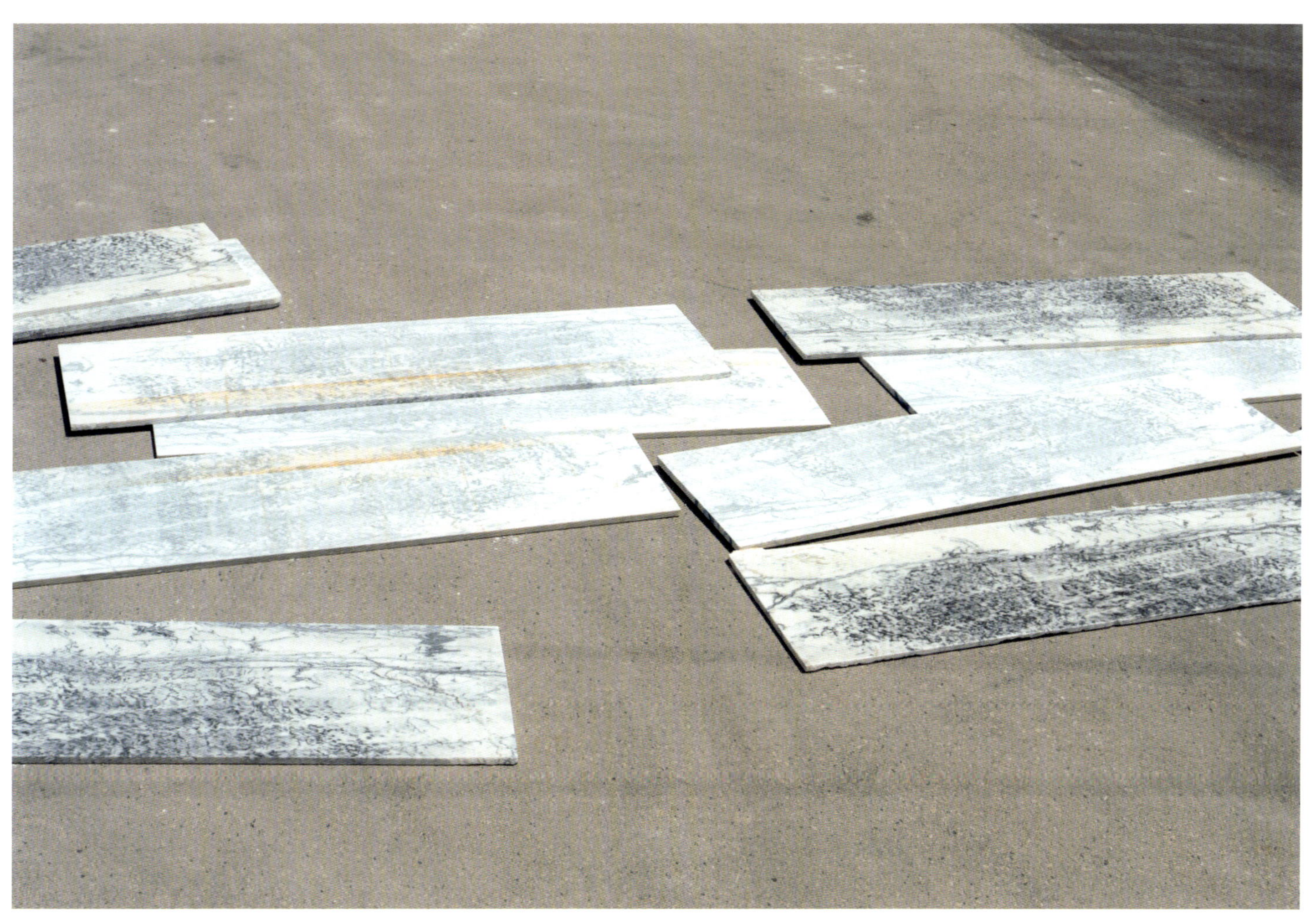

Instalação / *Installation*, 2014

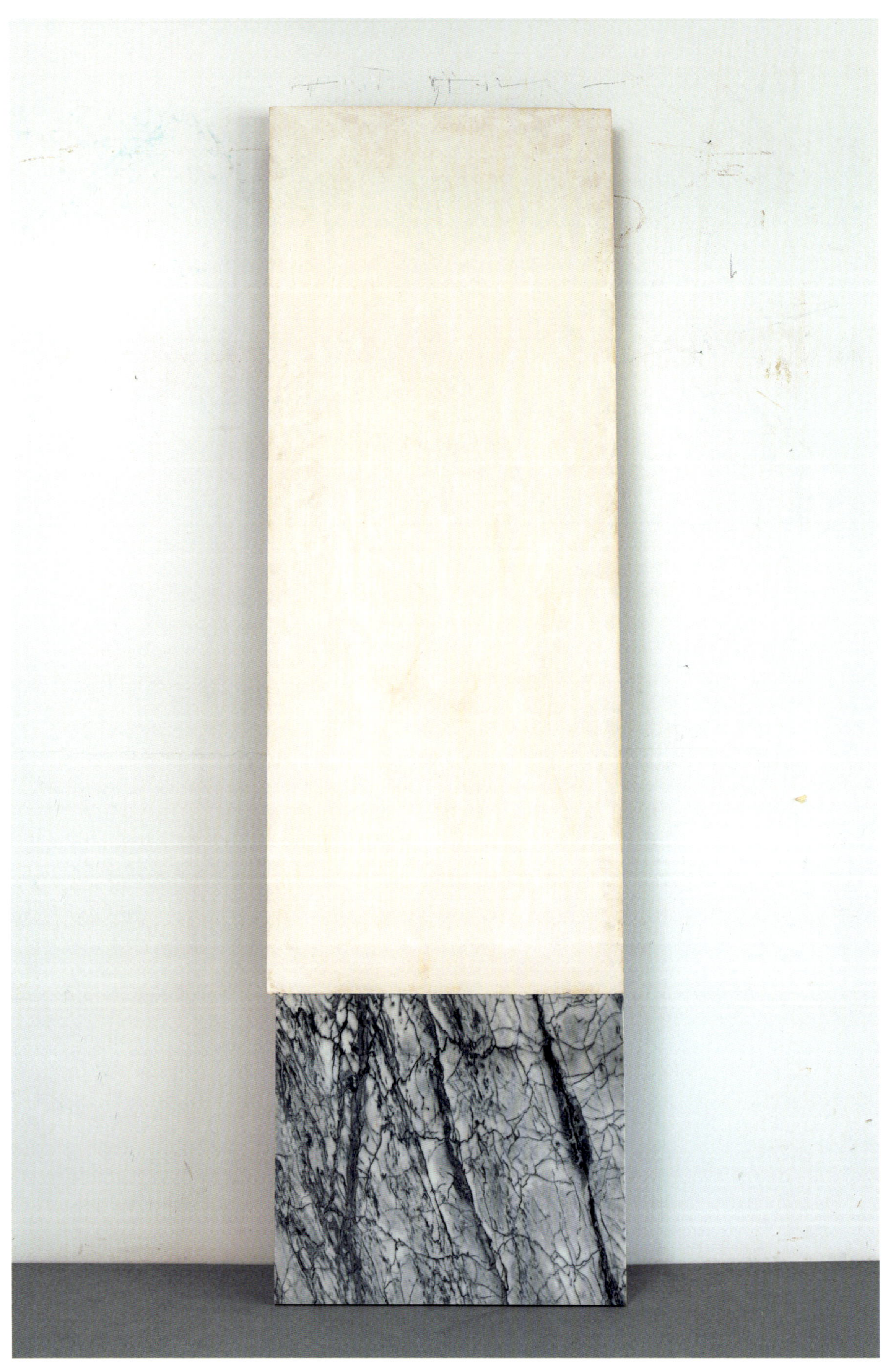

Sem título / *Untitled*, 2016
Mármore, madeira e gesso
Marble, wood and plaster
222 × 67 × 30 cm
Cortesia / *Courtesy*
Galeria Vera Cortês

that captures the gaze and leads it in other directions. In the words of Isabel Matos Dias, "The experience of the artist's look takes us to the common place of daily things, to a different experience, to experience of a life that is closer to infinity or to the unlimited and therefore is freer although more impossible at the same time. Impossible because the unlimited is only encompassed by the mixture of an unforgettable marvel in short-lived moments. These mixture instants are the fragments that constitute his photographs".[5] In both his photographs and his sculptural interventions, materiality and illusionism, body and eye, architecture and landscape interweave with one another.

When I said that the reflections in the mirrors of Croft's pieces expanded outward, I was in fact pointing out the poetic-illusionist device that frees the eye from a bond of submission to the cogito. What is seen is not immediately recognized; it is not a clear and objective image. What we see defines itself through our action of walking through the space, thus affirming the physical and bodily condition of the eye, which is revealed by seeing. The fragments of the gaze do not aggregate themselves into a whole; instead, they multiply themselves into other gazes. Let us return to the poem by João Cabral de Melo Neto we have quoted at the beginning. In it, the poet tells of the architect, who opens to man "doors-leading-to, never doors-against; / doors for freeing: air light sure reason". To me, these pieces by Croft seem to give sculptural form to these passages and openings that occur in the virtuality of a seeing-through-which things, trees, clouds, lines and colors are multiplied, multiplying the ways of seeing, upsetting the visible, making everything air light sure reason.

5 — Matos Dias, I. –
"Encruzilhadas de um olhar",
Croft, J.P., *Cadernos de Viagem*,
CGAC, Galicia, 2003.

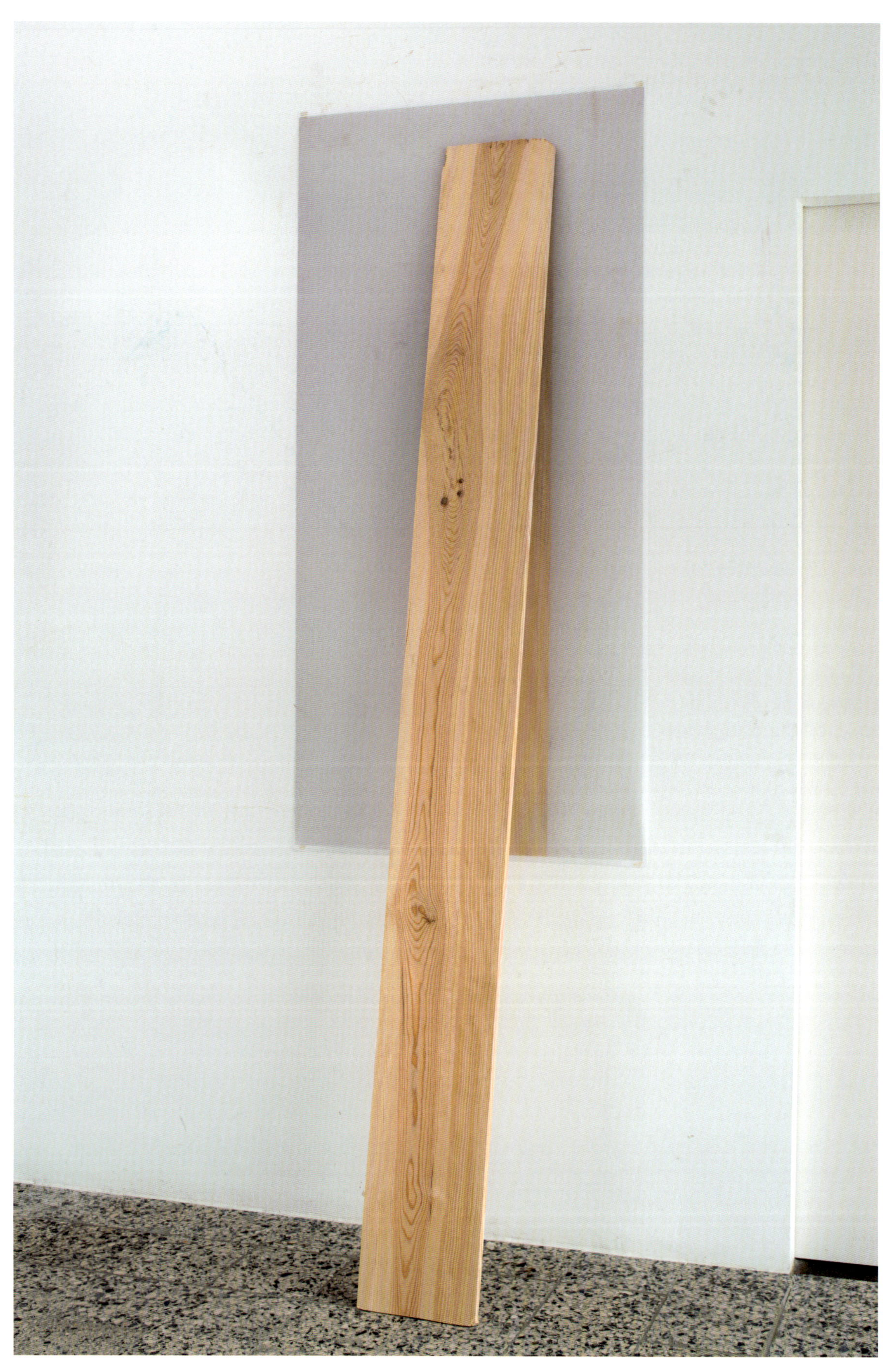

Sem título / *Untitled*, 2015
Madeira e fotografia
Wood and photograph
270 × 91 × 40 cm
Colecção Privada /
Private Collection, França

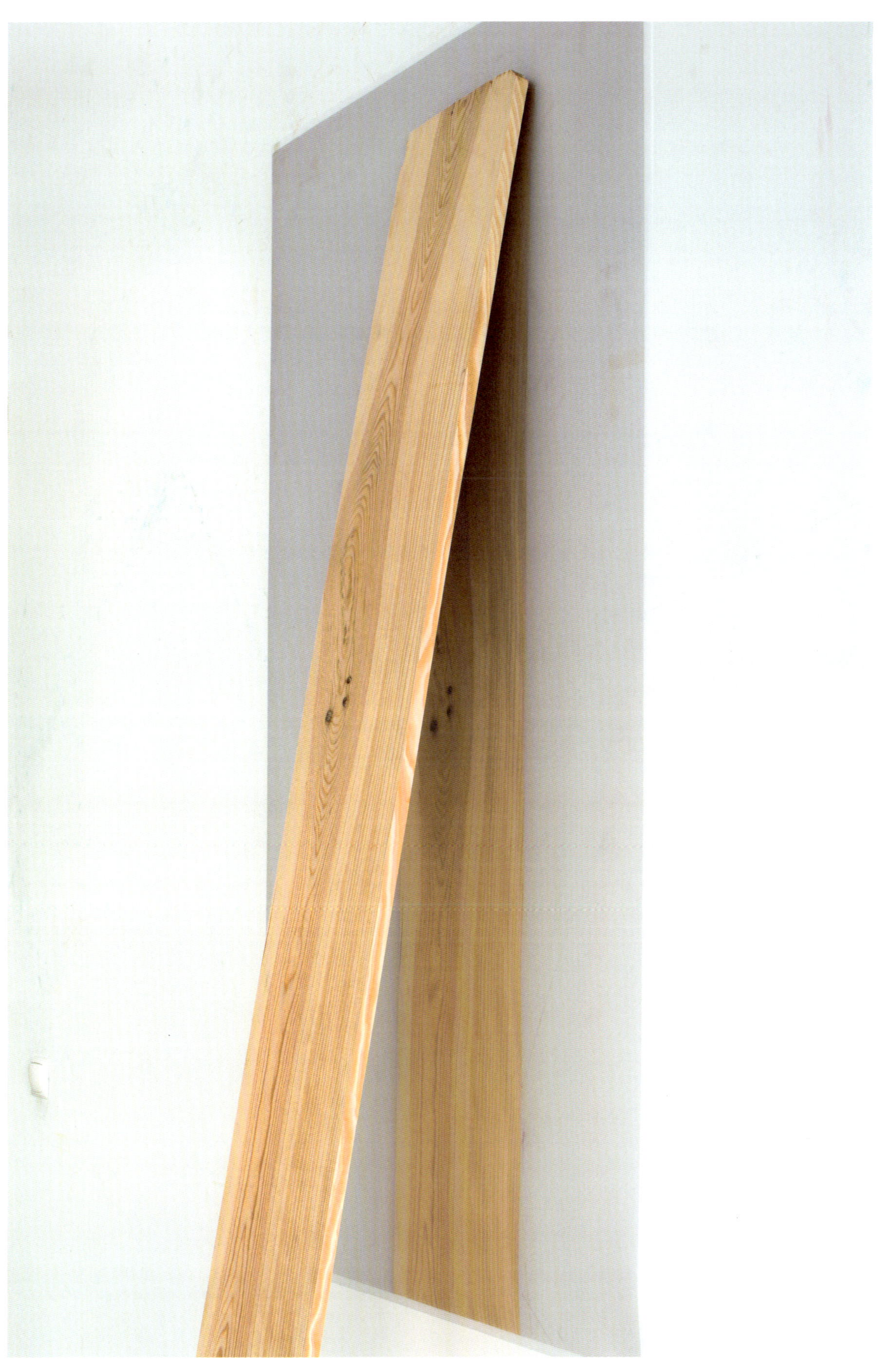

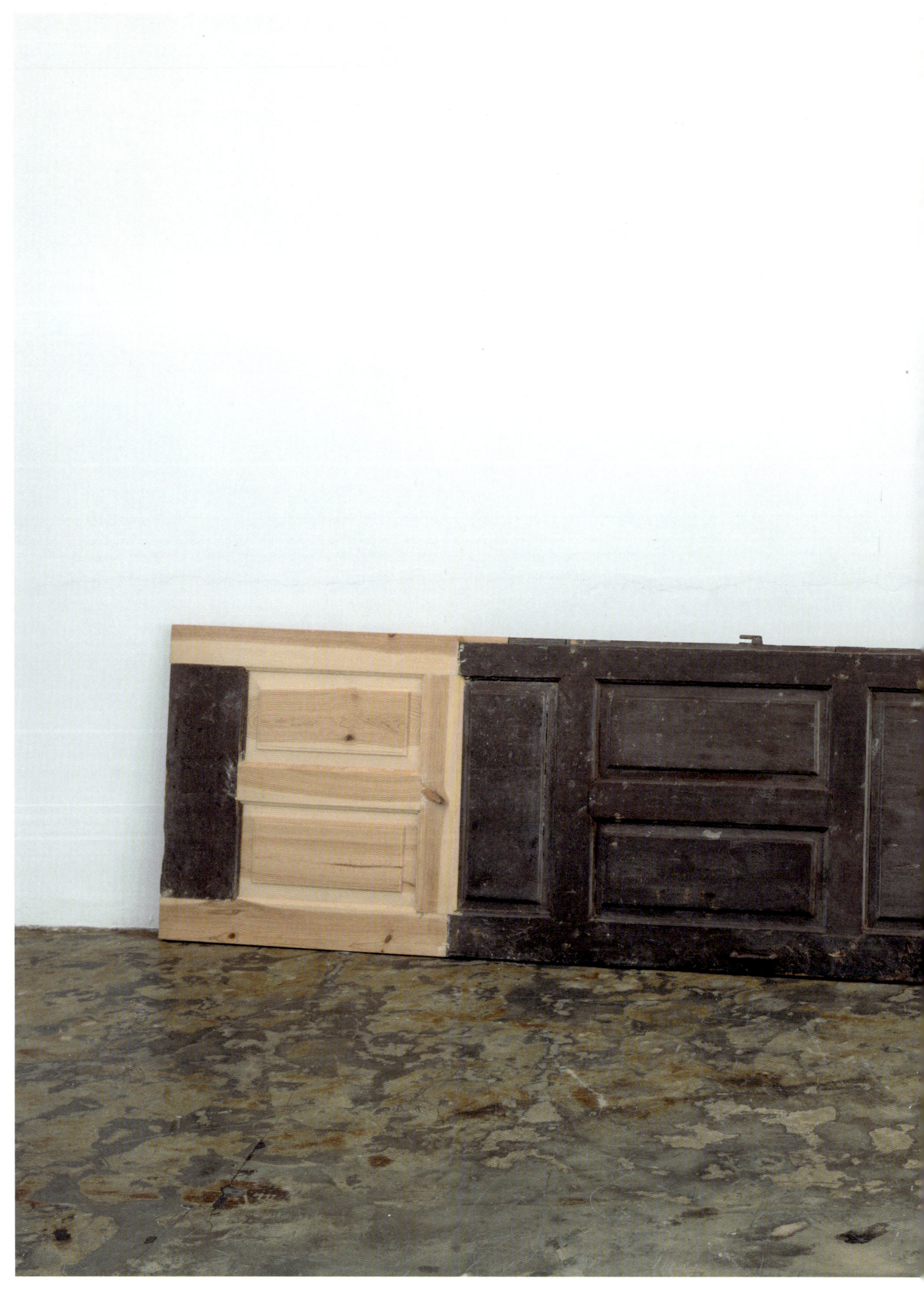

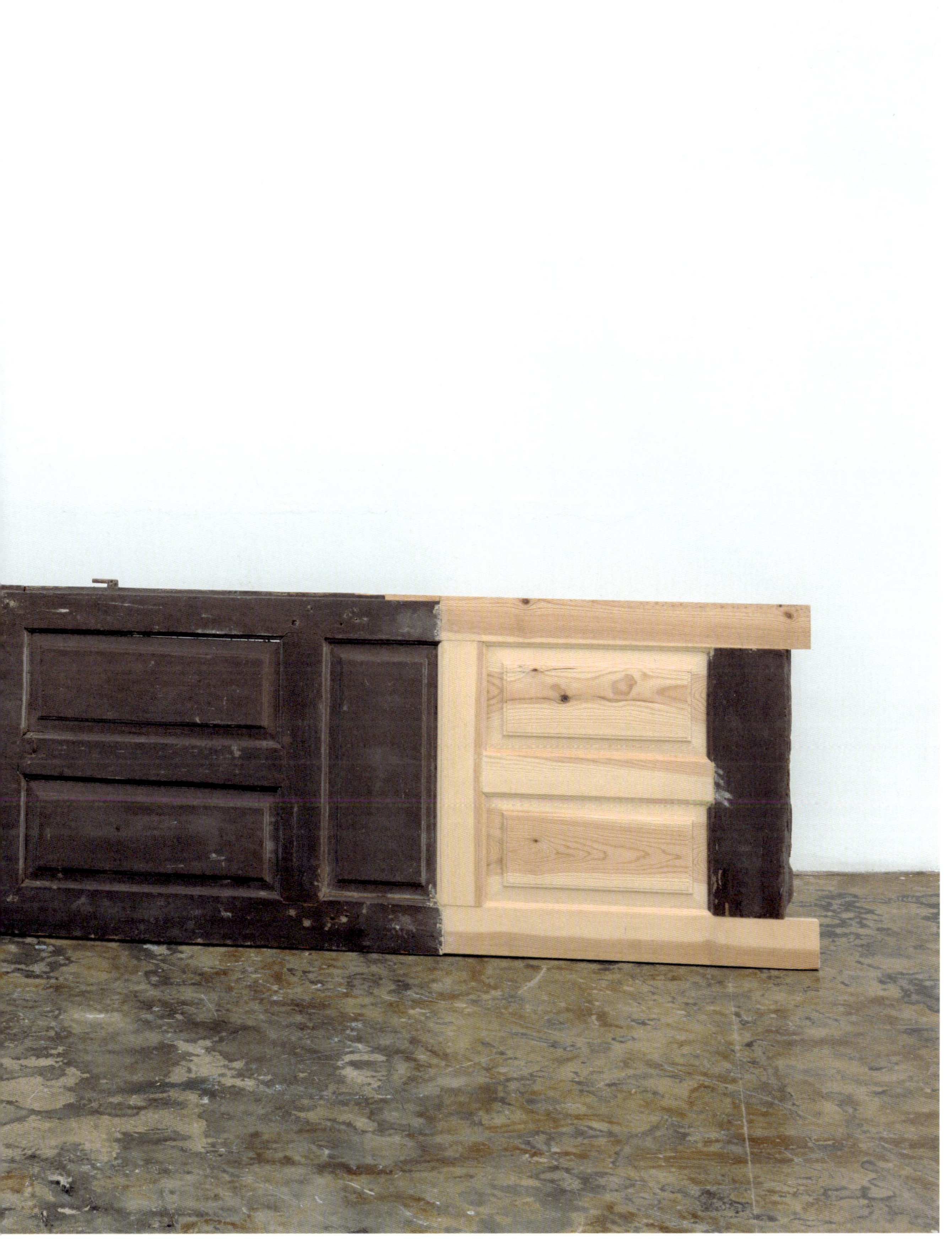

Sem título / *Untitled*, 2014
Madeira
Wood
75 × 378 × 60 cm

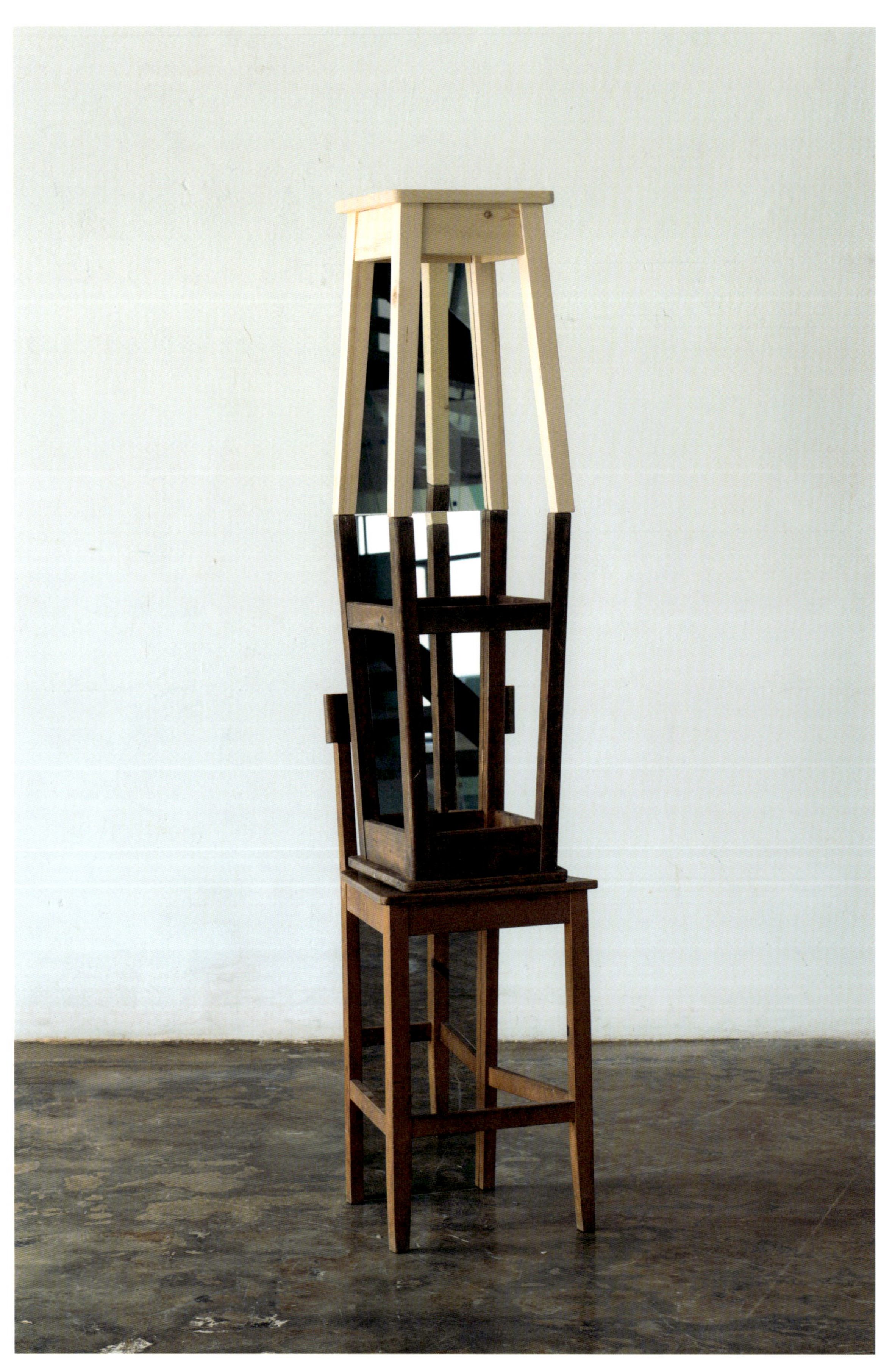

Sem título / *Untitled*, 2015
Madeira e espelho
Wood and mirror
190 × 50 × 45 cm
Cortesia / *Courtesy*
Galeria Bernard Bouche

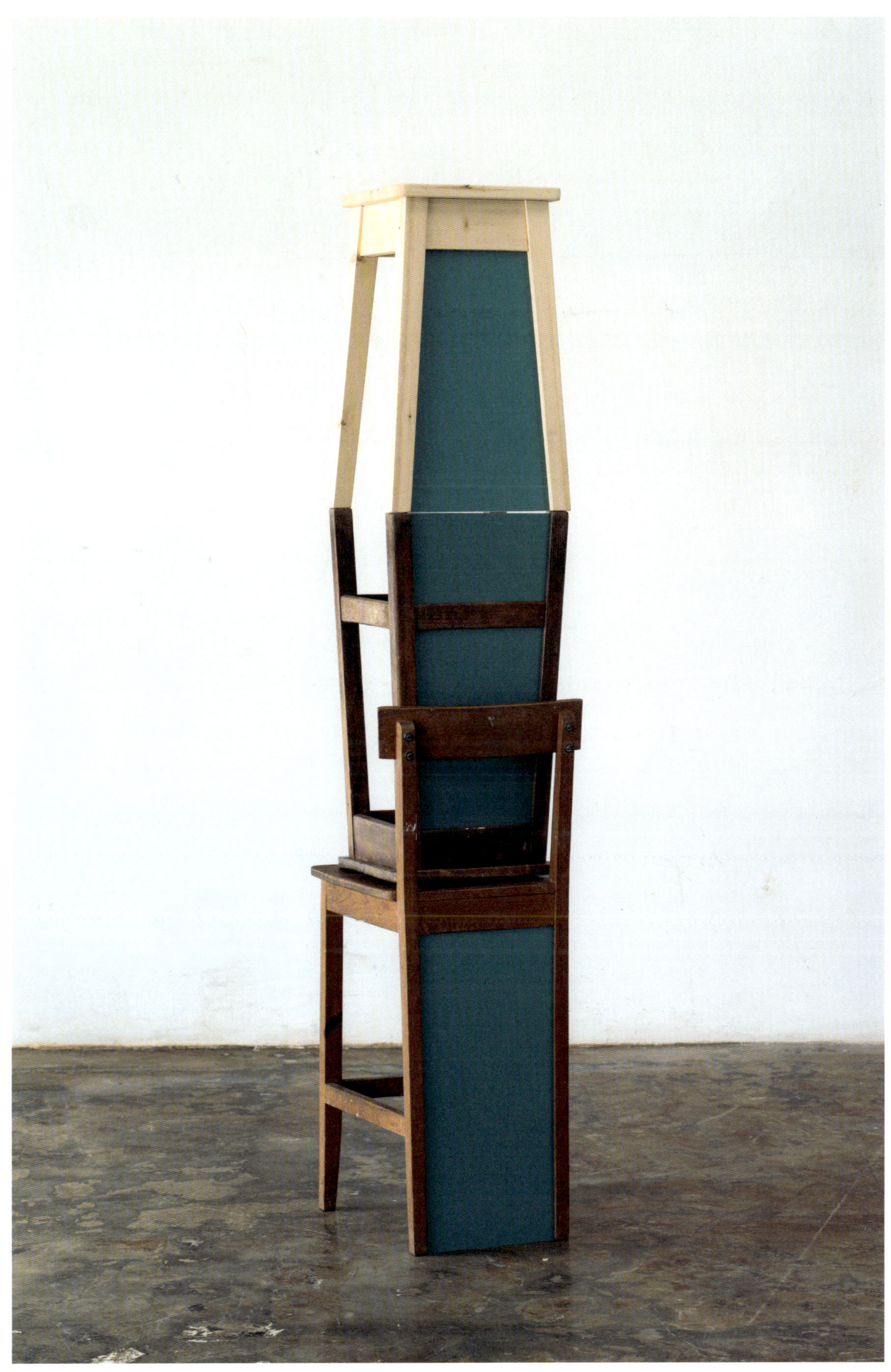

MIRROR UPON MIRROR

/

Isabel Matos Dias

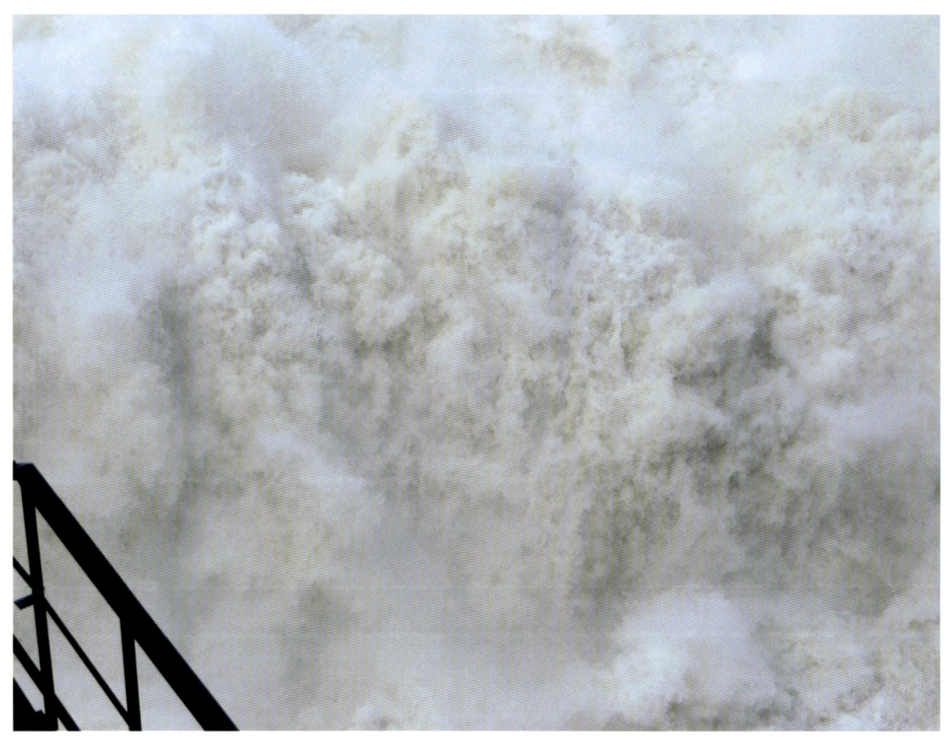

Baixo Sabor, Barragem do Feiticeiro, 2016
Feiticeiro's Dam

"Un poète qui commence par le *miroir*
doit arriver à *l'eau de la fontaine*".[1]
— G. BACHELARD

To look at Croft's most recent sculptures, based on water, a natural material and element, is to run the risk of losing your footing. But water has become a strong sculptural vector in itself, as in the Fountain, a project to be executed in the Giudecca in the Campo di Marte in Venice, or as mediated through glass and mirrors, as in the gardens of Villa Hériot, at the Rio Sabor Reservoir, in Portugal, or at Itaipava Lake, in Brazil.

Venice is an echo of water, a city where different waters converge: salt, fresh, marshy, muddy with the smell of earth. The lagoon has water's very own unstable equilibrium, of tides and winds, originating from an incessant rhythm of geological alterations. A city with its toes in the water in which the foundations of its buildings are embedded, making them seem, at times, to be floating like ships. The water flowing through the canals comes up against the solidity of the stone of the buildings and the bridges, but the essential landmarks of the city are the water and boats of the city, signs of voyaging or crossing, of an openness to infinite discoveries and possibilities.

Water, the matrix and source of life, cannot be simply reduced to its chemical formula, $H2O$. Enshrouded in mystery, it is infested with symbols and cults, with gods and nymphs. In the Greek mythology of water, Poseidon and Proteus are outflanked by the Naiads, nymphs of fountains and rivers, and the Nereids, sea-nymphs, the daughters of Doris and Nereus, the "Old Man of the Sea", and especially Thetis (Achilles' mother) for her power of transformation.

This text seeks to reveal affinities of water with the works of Croft. This may seem strange or even paradoxical given that the sculptures are made of solid elements – iron, bronze, stone, glass, mirror – set in the earth, while water, in all of its states, is always slippery, of the order of dissolution and fleetingness. Beside this, the sharpness of the geometric forms and of their limits is toned down in water, an amorphous and polymorphous mass, element of metamorphosis, an incessant to-ing and fro-ing of living and diffuse forms that, from the same impulse, appear, disappear and reappear, in an undulating rhythm, a sort of breathing of the water. It is certainly due to this impulsive energy that water has been associated with emotion, to reverie and dreams, to the unconscious. A deep union lived in our bodies that are made up mostly of water.

In Croft's sculpture there is a permanent confrontation with limits, edges, frontiers, and an accompanying gesture of drawing up, rubbing out, transgressing, crossing, challenging infinite virtualities. As with water, there is porosity at its limits and the freedom to navigate. The fleetingness and the idea of crossing – between the exterior and the interior, the surface and the depths, balance and instability –, and also reflexivity are inherent both to the dynamic of water and to the work of Croft. In this context the sculptures are like boats made of vulnerable materials, glass or mirror.

Sculptures in rectangular form, in mirror and in glass – transparent and colored – strategically distributed and placed vertically or horizontally – follow one another at the Villa Hériot, returning an image either of detail (vertical) or of panoramic breadth (horizontal) always in oblique positions, and out of true in relation to the balanced limits of the vertical iron supports which carry them. There is an instability similar to the tossing of a boat in the water. There are always inclinations, unbalances, cracks, diversions and challenges, signs of strength and movement. The sculptures seem ready to collapse at any moment onto the surface that supports them. The imminence of this fall is destabilizing for the observer.

Opposite the reservoir, along the road that follows it, a sequence of tilted mirrors with frames at their sides appear to levitate in the immensity of the arid landscape, suggesting imbalance and vertigo. The empty frame suggests a window, reminiscent of L. B. Alberti's *aperta finestra*, although nothing to do with it, because in the sculpture of Croft there is no perspective nor does the observer view from a fixed point in space, nor is the space homogeneous or geometric. Croft's observer is a moving body and the space is heterogeneous. The movement is registered in the tension between continuity and discontinuity, as the intermittent mirrors and frames reveal. The marking of limits has its reverse on the horizon, an unlimited pole that modifies and moves. The emptiness of the frame is transformed into a web of phantoms. In the sculpture – mirror and frame – the virtual mixes with the real, absence with appearance and appearing, imagination and the imaginary with perception, metamorphosing into certainty in uncertainty and the commonplace in the strange. All is in movement and at the same time dislocated in a game of (im)possibilities. The impossible becomes viable and the unpredictable occurs, provoking wonder and surprise. The image densifies and the visual intersects with the aural, tone with sound. The visual landscape in which the vastness of the land dominates in relation to the sky and the water merges with the aural landscape, as the different rhythms of water are seen and heard: silence (the lake), babbling (the flow of the river), the torrential rush when the sluice is opened.

The reservoir sculpture is a paradigm of Croft's work, from the process of seeing and perceiving the space, from

1 — Bachelard, G., *L'eau et les rêves. Essai sur l'imagination de la matière*, José Corti, Paris, 1942, p. 33.

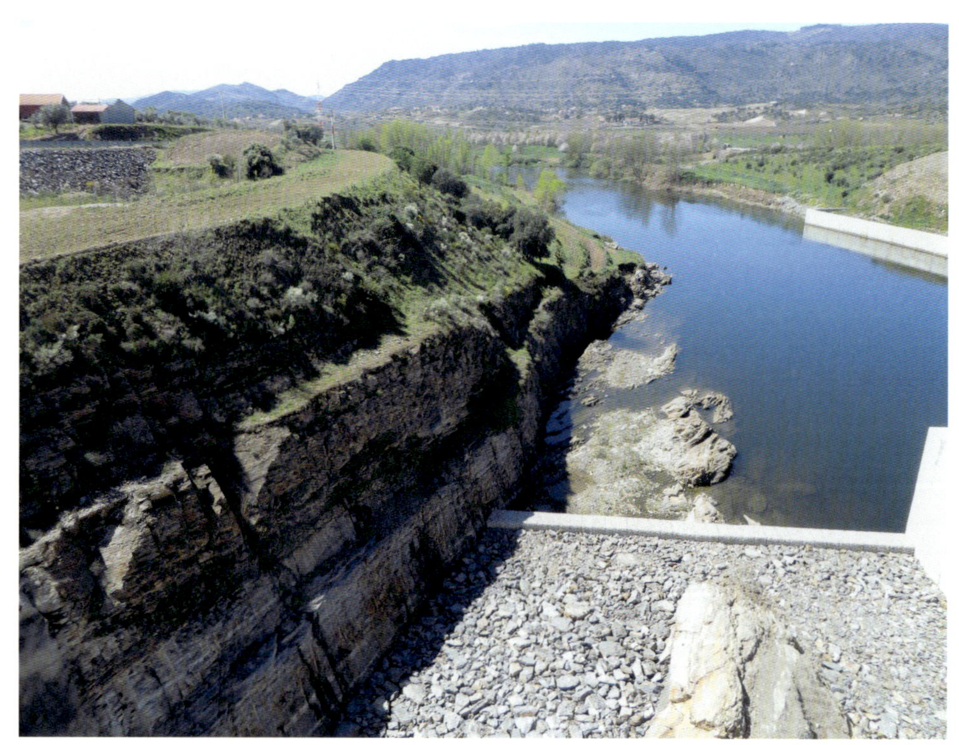

Baixo Sabor, Barragem do Feiticeiro, 2016
Feiticeiro's Dam

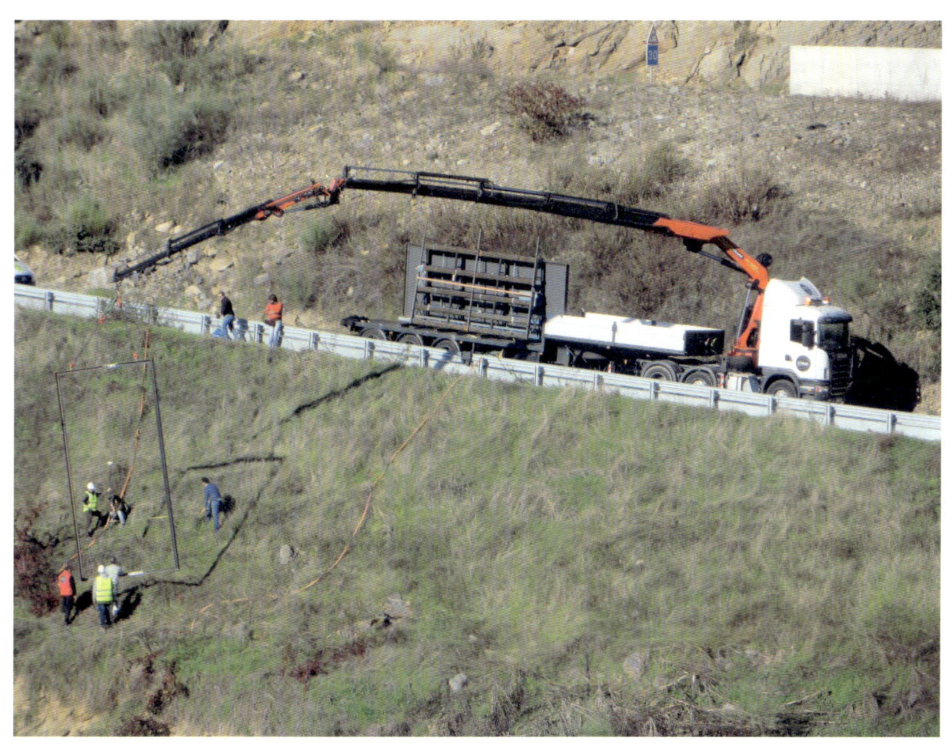

Baixo Sabor, Barragem do Feiticeiro, 2016
Feiticeiro's Dam

the rhythm of opening and directing the observer's eye in simultaneously different directions in a multiplicity of points of view. Like a visionary, the visible and invisible are revealed and eclipsed, becoming distinct in a relationship of inseparability and reciprocity in which the unpredictable rules; the spaces touch each other, change places, metamorphose, and are managed in a dynamic of images that are living, kaleidoscopic and fragmentary.

For Itaipava Lake Croft has created an amphibious sculpture: a number of rectangular mirrors, placed directly and horizontally on the water like a raft. The lake is "a great tranquil eye" and its water, a natural mirror, "the true eye of the earth", metaphors taken from G. Bachelard which are rooted in the world of vision and which can be applied to Itaipava and to Croft's sculpture. The sculpture reflects what it sees and is reflected in what it sees, forging the image, an equivalent, which is inverted and copied, doubled and redoubled, bringing to the surface the enigma of the eye and of vision, of the mirror and of the double. Mirrors upon mirrors, the material (the medium and the technique) and matter (vision and water) intertwine and permute in the visibility and in the play of returns between light, shade and reflection. The sky, the earth, trees, water, air are transmuted in a dynamic of anonymous depersonalized images, expressions of a world, itself a mirror, and of an ontological "cosmic narcissism". The sculpture of Croft in Itaipava is an exercise in reflectivity, an unstoppable transfiguration and a meeting point between dimensions of art and life.

In the Fountain project in Venice the experiment in spatiality is broadened, crossing the flow of water with the flow of time.

Fountains, from the miracle of the birth of water — springs — have a multiple symbology connected with the depths, with the invisible depth of the ancients, and with an impetuous outpouring, features which have an analogy with artistic creation. Do not the Muses, daughters of Mnemosyne, the goddess of memory, live near fountains? Croft's fountain, a construction, takes us back to the life of water and functions as the memory of a spring.

Amongst buildings emerges a fountain, circular in form, carved into a square stone. The circle is repeated in an iron railing which divides the exterior from the interior. The railing is off-center and this arouses a sense of dislocation at the same time as creating a space for water and a space for stone; the railing seems disconnected, separating and separate, but at the same time it unites different spaces. The fountain, out of line with the adjoining buildings, is raised off the ground on which it is laid. Paradoxically the stone and the iron, elements of stability and strength, acquire volatility and suggest mobility and instability.

Within the fountain the water doubles the circularity, whirling towards a center, also circular — a bottomless hole and invisible abyss. This centripetal whirling motion moves towards a spiral, the undulating figure of modulation and cyclical continuity, a secret of the fountain. The hidden pump allows this return, giving the illusion of the water being perpetually renewed. Croft has recourse to hydraulic mechanisms and his art is mixed with technical knowledge. The monotonous rushing sound of the water is guaranteed by the machine, in the same way that time lodges in a clepsydra. The water flows in the opposite direction to the hands on a clock, indicating another non-chronological time: the fleeing of water coincided with the fleeing of time. The water time of the fountain is not that of succession or distinction of temporal moments but of continuous passage, simultaneity, repetition: an eternal return.

What the sculpture of Croft shows is appearance and disappearance, life and death. Like water, it is an epiphany.

José Pedro Croft estudou pintura na Escola Superior de Belas Artes de Lisboa e escultura com João Cutileiro. Integrou a primeira geração de artistas revelados na década de 1980. Croft trabalha a partir de materiais como a pedra e bronze, apropriando também materiais e objectos quotidianos, enunciando relações de escala e espaciais. A partir da década de 1990 os seus trabalhos desenvolvem-se no desenho e gravura, transitando sem hierarquias entre as diferentes disciplinas. A sua escultura teve sempre dupla vocação, interior e monumental, trabalhando nesta última situação as relações do espaço público com a paisagem e a arquitectura. Está representado nas seguintes colecções: Alemanha: Banco Central Europeu; Áustria: Sammlung Albertina; Brasil: Museu de Arte Moderna do Rio, Pinacoteca do Estado de S. Paulo; Espanha: Banco de España, Caja Madrid, Centro de Artes Visuales-Fundación Helga de Alvear, Centro Gallego de Arte Contemporáneo; Fundación La Caixa, Museo Extremeño de Arte Contemporáneo, Museo Nacional Centro de Arte Reina Sofia; França: Centre Georges Pompidou; Portugal: Caixa Geral de Depósitos, Col. de Arte da Fundação EDP, Col. Cachola – Museu de Arte Contemporânea de Elvas, Col. Moderna do Museu da Fundação Calouste Gulbenkian, Fundação Luso-Americana, Fundação de Serralves, Ministério da Cultura/Secretaria de Estado da Cultura, Museu Berardo.

João Pinharanda é historiador, crítico de arte e comissário de exposições. Com numerosas monografias e catálogos publicados, organizou mais de duas centenas de exposições em Portugal, Espanha, Brasil, México e Rússia. Comissariou a presença das galerias portuguesas na Feira ARCO de Madrid, em 1998. Dirigiu o Museu de Arte Contemporânea de Elvas – Colecção António Cachola (2007-10), constituiu a Colecção de Arte da Fundação EDP, Lisboa (2000-2015) e foi programador do Museu de Electricidade (actual MAAT, Lisboa) no mesmo período. Exerce actualmente as funções de Conselheiro Cultural junto da Embaixada de Portugal em França e de Director do Centro Cultural Camões em Paris.

Aurora García é crítica de arte, comissária de exposições e professora universitária. Foi comissária do Pavilhão de Espanha na Bienal de Veneza de 1993 – onde Tàpies recebeu o Leão de Ouro pela sua instalação "Rinzen" – e esteve encarregada da representação espanhola à Bienal de São Paulo de 1985. Foi também coordenadora geral de exposições para "Madrid, Capital Europeia da Cultura" (1992) e tem numerosos textos publicados sobre arte contemporânea, além de ter comissariado múltiplas exposições em Espanha e no resto do mundo.

Luiz Camillo Osorio é professor de Departamento de Filosofia da PUC-Rio, pesquisador do CNPQ, curador do Instituto PIPA. Curador do MAM-Rio entre 2009 e 2015 e do Pavilhão Brasileiro na Bienal de Veneza de 2015.

Isabel Matos Dias é professora de Filosofia da Faculdade de Letras da Universidade de Lisboa. Investigadora do Centro de Filosofia nas áreas de Estética e Filosofia Contemporânea.

José Pedro Croft studied painting at Escola Superior de Belas Artes de Lisboa and sculpture with João Cutileiro. He was part of the first generation of 1980s Portuguese artists. Croft used materials such as stone and bronze, while also appropriating everyday materials and objects, to explore scale and spatial relationships. In the 1990s, he began exploring the disciplines of drawing and engraving, moving effortlessly from form to form. His sculpture has always had a double nature, dividing itself into interior and monumental pieces; the latter focus on the relationships between the public space, the landscape and architecture. His work is represented in the following collections: Austria: Sammlung Albertina; Brazil: Museu de Arte Moderna do Rio de Janeiro, Pinacoteca do Estado de S. Paulo; France: Centre Georges Pompidou; Germany: European Central Bank; Spain: Banco de España, Caja Madrid, Centro de Artes Visuales-Fundación Helga de Alvear, Centro Gallego de Arte Contemporáneo, Fundación La Caixa, Museo Extremeño de Arte Contemporáneo, Museo Nacional Centro de Arte Reina Sofia; Portugal: Caixa Geral de Depósitos, Col. de Arte da Fundação EDP, Col. Cachola – Museu de Arte Contemporânea de Elvas, Col. Moderna do Museu da Fundação Calouste Gulbenkian, Fundação Luso-Americana, Fundação de Serralves, Ministério da Cultura/Secretaria de Estado da Cultura, Museu Berardo.

João Pinharanda is an art historian, critic and exhibition curator. With many monographs and catalogs published, he has organized over two hundred exhibitions in Portugal, Spain, Brazil, Mexico and Russia. He curated the participation of Portuguese galleries in the 1998 Madrid ARCO Art Fair. He was the Programming Director of the Elvas Contemporary Art Museum (MACE) – António Cachola Collection (2007-10), organized the Art Collection of the EDP Foundation, Lisbon (2000-2015) and during the same period of time was the Programming Director of the Electricity Museum (now MAAT, Lisbon). He is currently the Cultural Advisor at the Embassy of Portugal in France and Director of the Camões Cultural Center, in Paris.

Aurora García is an art critic, exhibition curator and university professor. She was the commissioner of the Spanish Pavilion at the 1993 Venice Biennale – where Tàpies was awarded the Golden Lion for his installation "Rinzen" – and was responsible for the Spanish representation at the 1985 São Paulo Art Biennial. She was also the general coordinator of exhibitions for "Madrid, European Capital of Culture" (1992) and has published numerous texts on contemporary art, besides curating many exhibitions in Spain and abroad.

Luiz Camillo Osorio is a professor at the Philosophy Department of PUC-Rio, researcher at CNPQ, curator at Instituto PIPA. Curator of MAM-Rio between 2009 and 2015 and of the Brazilian Pavilion at the 2015 Venice Biennale.

Isabel Matos Dias is a senior lecturer in Philosophy at the School of Arts and Humanities, University of Lisbon. Researcher in Aesthetics and Contemporary Philosophy at the Center of Philosophy.

**JOSÉ PEDRO CROFT
MEDIDA INCERTA
*UNCERTAIN MEASURE***

Curador / *Curator*
João Pinharanda

Representação Oficial Portuguesa
na 57.ª Exposição Internacional
de Arte, La Biennale di Venezia
*Portuguese Official Representation
57th International Art Exhibition,
La Biennale di Venezia*
Villa Hériot, Calle Michelangelo, 54P,
Giudecca, Venice
13 Maio a 26 Novembro, 2017
May 13 to November 26, 2017

Organização / *Organization*
Ministério da Cultura de Portugal /
Ministry of Culture of Portugal
Luís Filipe de Castro Mendes,
Ministro da Cultura / *Minister of Culture*
Miguel Honrado, Secretário de Estado da
Cultura / *Secretary of State of Culture*

Comissariado / *Commissioner*
Direção-Geral das Artes /
Directorate-General for the Arts
Paula Varanda, Diretora-Geral /
General Director for the Arts

Sub-Diretora Geral /
Deputy Director for the Arts
Ana Senha

Produção Executiva e Comunicação /
Executive Production & Communication
Costanza Ronchetti
Margarida Silva
Catarina Saraiva
Sofia Baptista
Susana Neves

EXPOSIÇÃO / *EXHIBITION*

Gestão e Produção /
Project Production Managment
COR Arquitectos

Equipa Local / *Local Team*
João Moreira
Raul Betti
Greta Ruffino
Davide Cassandro
Fabio Cappellato
Valentina Vettori
Andrea Scibola

Arquitetura / *Architecture*
paula santos | arquitectura
Paula Santos
Guilherme Gil
José Bártolo

Maquetas / *Models*
José Bártolo
Nuno Nina Martins

Fundações e Estruturas /
Foundations and Structures
Strutconcept,lda
Miguel Guimarães

Execução e Transporte /
Construction and Transport
OTIIMA! – Ecosteel
Ana Leal
Carla Carvalho
Cristiano Filipe dos Santos Reis
Domingos Lopes Pereira
Germano Alexandre Martins Castro
Guilherme Braga da Cruz
José Maria Ferreira

Montagem / *Assembling*
Co.M.eS., S.r.l.

Assessoria mediática internacional /
Internacional media relations
Sutton
Filipa Mendes
Sophie Franco Mello
Jenny McVean

Filme / *TV Spot*
Leonel Sousa

Desenho Gráfico / *Graphic Design*
Atelier Pedro Falcão

CATÁLOGO / *CATALOGUE*

Este catálogo é publicado por ocasião
da Representação Oficial Portuguesa na
57.ª Exposição Internacional de Arte –
La Biennale di Venezia
*This catalogue is published on the occasion
of the Portuguese Official Representation
57th International Art Exhibition – La Biennale
di Venezia*

Textos / *Texts*
João Pinharanda
Aurora García
Luiz Camillo Osorio
Isabel Matos Dias

Editor / *Editor*
João Pinharanda

Revisão / *Copyediting*
José Gabriel Flores

Traduções / *Translations*
Jonathan Weightman
José Gabriel Flores
Maria do Rosário Moura

Desenho gráfico / *Graphic design*
Atelier Pedro Falcão
Proporção / *Proportion*
[3:4] – 22,3 x 29,7 cm
Tipos de letra / *Typefaces*
Antwerp; Fugue

Produção / *Production*
Ines Sutter, Hatje Cantz

Gestão de Projecto / *Project Management*
Carolin Schulz, Hatje Cantz

Fotografia / *Photography*
Antônio Garcia: pp. 23(2); 146; 188
Daniel Malhão: pp. 2-3; 6-7; 18; 23(1);
31-43; 46-49; 63-65; 80-81; 99-131; 135;
152; 157-171; 183-185; 191-192; 194-199
Isabella Matheus: pp. 72; 84-89
João Pinharanda: p. 147
Joaquim Cortés: p. 174
José Pedro Croft: pp. 11; 14-16; 19-21;
24-25; 27-28; 82-83; 92; 94-95; 137; 140;
142-143; 148-151; 154-155; 202; 204-205
Laura Castro Caldas: pp. 55; 78-79
© Robert Smithson, VAGA, SPA 2017,
pp. 56; 75
© Roy Lichenstein, ADAGP, SPA 2017, p. 59
© Sol Lewitt, ARS, SPA 2017, pp. 21; 177

Impressão / *Printing*
Longo SpA, Bolzano; Longo AG, Bozen

Papel / *Paper*
Arctic Volume white 150 g/m²
Munken Lynx 150 g/m²

© 2017 Hatje Cantz Verlag, Berlin
e autores / *and authors*
© 2017 obras reproduzidas de José Pedro
Croft: o artista / *for the reproduced works by
José Pedro Croft: the artist*

Publicado / *Published by*
Hatje Cantz Verlag GmbH
Mommsenstraße 27
10629 Berlin
Tel. +49 30 3464678-00
Fax +49 30 3464678-29
www.hatjecantz.de

A Ganske Publishing Group Company
Hatje Cantz books are available internation-
ally at selected bookstores. For more information about our distribution partners, please
visit our website at www.hatjecantz.com.

ISBN 978-3-7757-4288-7

Impresso em Itália / *Printed in Italy*

Os textos em português de João Pinharanda,
Aurora García, Luiz Camillo Osorio e Isabel
Matos Dias não respeitam o novo Acordo
Ortográfico.

Mecenas / *Sponsors*
Câmara Municipal de Lisboa
Câmara Municipal de Matosinhos
Fundação EDP
Fundação Millennium bcp
Lusitania, Companhia de Seguros, SA
OTIIMA!
Dimpomar – Rochas Portugesas, Lda.
Fundación Helga de Alvear
Fundação Carmona e Costa

Apoio ao Catálogo /
Catalogue Sponsor
MDS Corretor de Seguros, S.A.

Parceiros Institucionais /
Institutional Partners
Embaixada de Portugal em Itália /
Embassy of Portugal in Italy
Consulado de Portugal em Veneza /
Consulate of Portugal in Venice
Câmara Municipal de Veneza /
Venice City Hall

Apoio à Divulgação / *Communication Support*
RTP – Rádio Televisão Portuguesa

Parceiro Estratégico / *Strategic Partner*
TAP – Transportes Aéreos Portugueses

Apoios / *Supporters*
Turismo de Portugal, IP
AICEP – Agência para o Investimento
e Comércio Externo de Portugal

Agradecimentos especiais /
Acknowledgements
Álvaro Siza
José Maria Ferreira
Paula Santos
Eduardo Pinheiro
Fernando Rocha
Helga de Alvear
João Croft Moura
Edgar Pires
Domingos Lopes Pereira

Agradecimentos / *Acknowledgements*
Ana Barata
Ana Leal
António Mexia
António Paulo Gama
Bernard Bouche
Carla Carvalho
Carlo Battain
Carlos Duran
Catarina Vaz Pinto
Chus Roig
Donatella Perruccio Chiari

Elizabete Basílio
Fernanda Jumah
Fernando Cordero
Fernando Medina
Fernando Nogueira
Francisco Ribeiro Telles
Helena de Freitas
Helena Paula Pires
Isabel Matos Dias
Issa Benitez
José Filipe Moraes Cabral
José Manuel Dias da Fonseca
José Manuel dos Santos
Leonel Sousa
Luciana Colle
Luis Antonio Almeida Braga
Manuel Muller
Manuel Rosa
Marco Borghi
Maria Alcina Fernandes
Maria da Graça Carmona e Costa
Maria do Rosário Croft Moura
Miguel Coutinho
Natália Fernandes
Rodrigo Sousa
Stella Ramos
Teresa Villaverde
UIA – Università Internazionalle dell'Arte
Vera Cortês

Agradecimentos Institucionais /
Institutional Acknowledgements
O Ministério da Cultura agradece especialmente à Câmara Municipal de Veneza por
todo o apoio prestado ao acolhimento
da Representação Oficial Portuguesa.
*The Ministry of Culture is especially grateful to
the Venice City Hall for all the support provided
hosting the Portuguese Official Representation.*

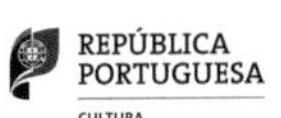
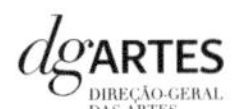

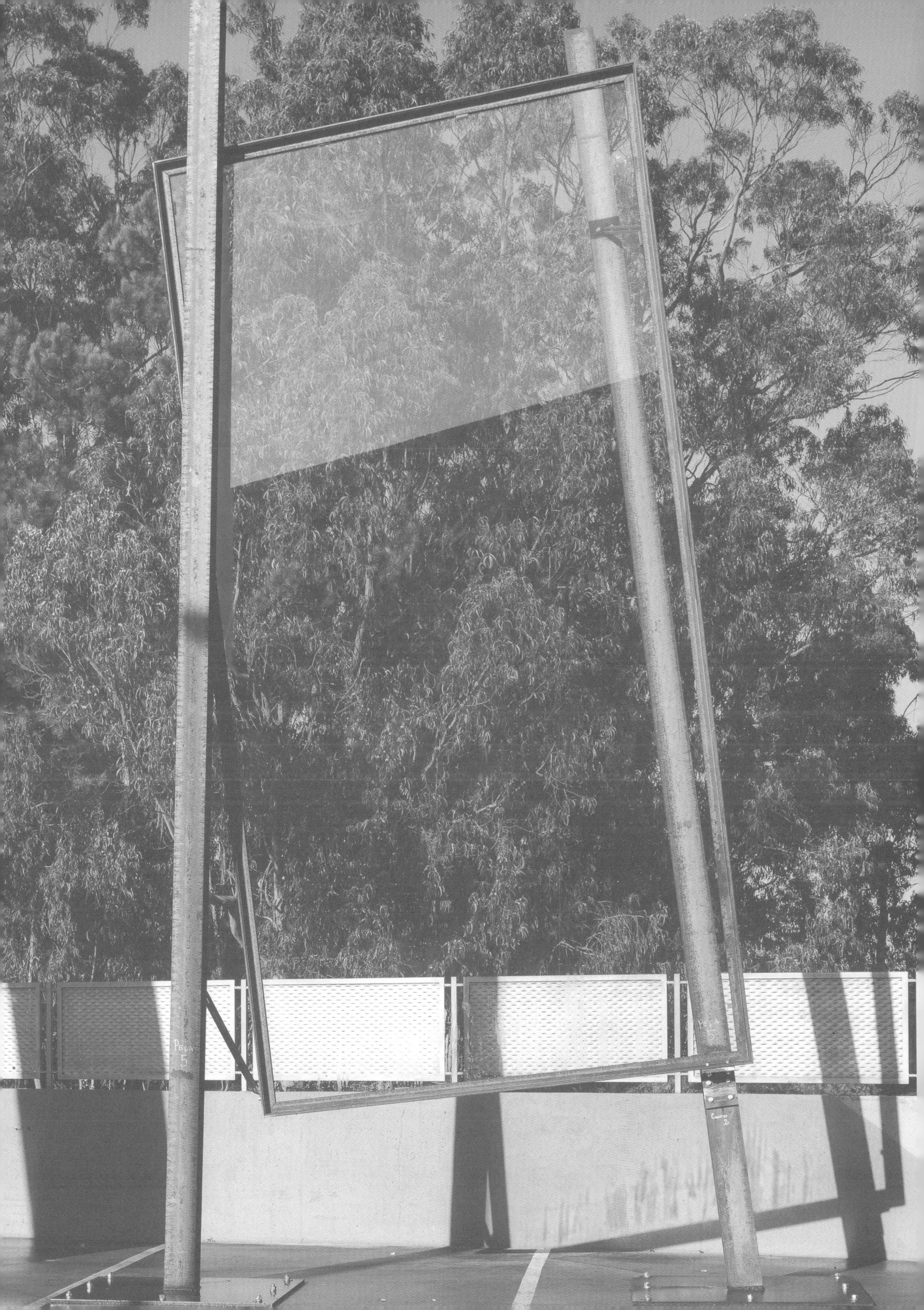